Rocío López de la Chica

La familia enlazada

imago mundi

Rocío López de la Chica

La familia enlazada

Cómo formar una familia tras la separación

Ediciones Destino Colección Imago Mundi **Volumen 383**

Ediciones Destino, un sello editorial de Editorial Planeta, S. A.
Avda. Diagonal, 662-664, 08034 Barcelona (España)
www.planetadelibros.com
www.edestino.es

Primera edición: abril de 2025
ISBN: 978-84-233-6738-2
Depósito legal: B. 4.327-2025
Composición: Realización Planeta
Impresión y encuadernación: Gómez Aparicio Grupo Gráfico
Printed in Spain - Impreso en España

A la niña que fui y a mis abuelos Carmen y Silverio,
referentes trascendentales de mi infancia
y ahora mis ángeles de la guarda.

ÍNDICE

III. HISTORIAS REALES

INTRODUCCIÓN

Cuando, enamorada de Miguel Ángel, hice una apuesta consciente por nuestra relación con el deseo de que esta prosperara, no tenía ni idea de dónde me metía en realidad.

La apuesta por la relación fue consciente. No obstante, iniciar una relación cuando ambos teníamos hijos de relaciones anteriores fue muy inconsciente.

Nuestros respectivos procesos de separación también fueron conscientes. Este fue el asunto de nuestro primer libro, *Separada*. Tras el divorcio nos enfrentamos a un gran desafío, el de enamorarnos siendo madre y padre de hijos de nuestras respectivas relaciones anteriores.

No es una tarea sencilla. No me refiero a enamorarse, que es fácil, sino a todo lo que vino después. En un mundo sin prejuicios ni creencias limitantes sí se trataría de algo sencillo, pero como cada uno de nosotros arrastraba una mochila llena de miedos, prejuicios y obstáculos mentales, pasar de ser una pareja a convertirnos en una familia enlazada fue un proceso más tosco.

Cuando nos enamoramos, no teníamos ni idea de qué camino tomábamos. Ambos conocíamos la situación del otro, pero no sabíamos hasta dónde iba a llegar lo que comenzamos a sentir un día cualquiera.

De hecho, a día de hoy considero que ciertas pequeñas

dosis de ignorancia no están mal en determinados momentos. En efecto, esta nos permite atrevernos y lanzarnos a la piscina desde la escucha interna: de haber sabido lo que vendría a continuación, probablemente no habríamos escuchado a nuestros corazones, solo a nuestra mente. Esa que puede vivir tan desconectada de quienes realmente somos y de lo que necesitamos para evolucionar y llegar a ser quienes hemos venido a ser.

A lo largo de estos años de relación, más de una y dos veces nos hemos preguntado, cada uno en su fuero interno: «¿Qué necesidad tenía yo de meterme en esto?».

Porque no elegimos enamorarnos de alguien: es algo que simplemente sucede, del mismo modo que no elegimos tener ganas de hacer pis, tan solo las sentimos.

Lo que sí podemos elegir es qué hacer con lo que sentimos, aunque no podamos decidir dejar de sentirlo. Podemos ocultarlo, negárnoslo, evitarlo..., pero en cualquier caso seguirá ahí.

Conocía un poco acerca de la realidad de las familias reconstituidas, pues en el centro terapéutico en el que trabajé los años anteriores a fundar junto a Miguel Ángel Creada, desde donde ayudamos a madres y/o padres a cuidar de sí mismos y de sus hijos durante la separación y a las nuevas parejas en su proceso de enlazar su familia, había algunas familias como lo es ahora la nuestra y era así como se las denominaba.

Pero claro, no me identificaba con ellas porque era una realidad que me quedaba muy lejos, o eso creía yo. Después comprobé que no era así.

A ratos, llegar hasta aquí como familia enlazada ya cohesionada ha sido desesperante..., pero solo a ratos. Visto en perspectiva, estoy convencida de que el camino recorrido, y que seguimos eligiendo y recorriendo a diario, es apasionante y una grandísima oportunidad.

Hoy afirmo, con pleno convencimiento, que no cambiaría absolutamente nada de lo vivido hasta ahora. Claro que habría agradecido contar con cierta información, guía o referentes que nos ayudaran en el camino. De ese modo habría sido más fácil, pues nos enfrentábamos a algo totalmente nuevo.

Al cruzar el umbral de los tres años como familia enlazada, comenzamos a cosechar lo que habíamos sembrado. Desde entonces, las cosas han ido más rodadas.

Esto no quiere decir que los tres primeros años fueran duros, pero sí carecieron de fluidez. Si hubiéramos tenido a nuestro alcance un libro como este, nos habríamos ahorrado muchos errores.

De hecho, al final del libro recojo los testimonios de seis familias enlazadas. Sus protagonistas abren su corazón para contarte su historia. Y lo que más me llamó la atención al recabar sus historias fue la existencia de un elemento común en todas ellas: las expectativas iniciales de todos eran mejores que lo que se encontraron en la realidad. Partían de una gran ilusión, pero también, como nos pasó a Miguel Ángel y a mí, de un desconocimiento mayor.

Lo que jugó a nuestro favor fue el autoconocimiento que cada uno aportaba, la autorresponsabilidad que cada uno ejerció, la complicidad que siempre hubo entre nosotros y la alta capacidad comunicativa.

Pero nos faltaron información y referentes. Justo por eso tienes este libro en tus manos: deseo que al menos tú y tu pareja contéis con información que os facilitará el camino como pareja y también como familia.

Este libro no es para madres y padres, sino para mujeres y hombres que tienen una relación de pareja en la que al menos uno de los miembros aporta hijos de una relación anterior.

También está orientado a profesionales del ámbito de

la psicoterapia y el crecimiento personal. En estas páginas podrán adentrarse en el corazón de las familias enlazadas y entender mejor su complejidad y necesidades, con la finalidad de poder acompañarlas con más conocimiento y menos prejuicios.

No te hallas ante un manual de psicología, sino ante un libro escrito desde la experiencia personal, con el trasfondo profesional de quien acompaña a personas y familias en su proceso de ser una familia enlazada.

No existe una única manera de ser pareja ni de constituir una familia enlazada, pero sí existen generalidades y cuestiones importantes que, si se tienen en cuenta, pueden allanar mucho el camino.

Así pues, te invito a que abras la mente y el corazón. Quédate con aquello que te resuene, y lo que no, déjalo en barbecho, cuestiónatelo, reflexiona acerca de ello y, solo entonces, retómalo o déjalo ir.

A fin de cuentas, no se trata tanto de encontrar las respuestas correctas como de hacerte preguntas y crear la forma que mejor le sirva a vuestra relación y a vuestra familia.

Confía siempre en tu instinto, más que en mí. Que este sea tu guía primera y última. De ese modo no perderás tu poder otorgándonoslo a quienes no conocemos tu situación ni tus circunstancias.

Esta no es tu primera relación de pareja, así que ya tienes experiencia en la materia. Sin embargo, las circunstancias de esta relación son muy distintas de las habituales. Por este motivo, dedico la primera parte del libro a la relación de pareja en sí.

En efecto, la pareja es el centro sobre el que se va a sustentar la familia enlazada. La calidad de la relación determinará el estado de salud de la familia en sí.

Por eso es muy importante convertir la relación de pareja en una relación consciente, donde la inercia se aban-

La pareja es el centro sobre el que se va a sustentar la familia enlazada. La calidad de la relación determinará el estado de salud de la nueva familia.

done para dar paso a la reflexión y el cuestionamiento individual y en equipo con la pareja.

Es importante atender las cuestiones de la pareja en primer lugar, y después las de la familia enlazada. En la segunda parte encontrarás abundante información al respecto, y te explicaré de forma amena los fundamentos teóricos que debes tener en cuenta.

Y para terminar, en la tercera parte del libro recojo testimonios reales de familias enlazadas, para que conozcas sus entresijos desde una visión cien por cien real y basada en vivencias.

Así pues, coge un lápiz, un subrayador o lo que necesites para señalar lo que te llame más la atención. Si lo puedes compartir con tu pareja, mejor que mejor.

Eso sí, no la convenzas para que se lo lea. En vez de eso, invítala desde la reflexión de lo que más llamativo te haya resultado. Conversadlo en equipo y deja después que la decisión de leerlo o no corra de su cuenta. Hazte cargo de tu parcela y déjale la suya, no trates de controlarla.

Antes de comenzar, quiero que sepas que las historias que plasmo en este libro son reales y responden a personas a las que hemos acompañado y asesorado desde Creada. He cambiado los nombres y pequeños detalles para preservar su anonimato.

Por último, quiero decirte que, aunque he tratado de utilizar el lenguaje inclusivo, en ocasiones me ha sido especialmente difícil. Por este motivo, y dependiendo de los casos que tenía en mente y de su género, he intercalado el masculino y el femenino en función de lo que narraba.

Ahora sí, comenzamos. Disfruta del viaje.

I

LA PAREJA

I

LA NUEVA RELACIÓN

La fortaleza de la familia enlazada es proporcional a la calidad de la relación de la pareja que la encabeza.

Por ello es importante darle espacio y tiempo a este tipo de relaciones, pues no suelen tener luna de miel ni un periodo largo de noviazgo, y suelen arrancar poniendo muchísimo esfuerzo en los hijos, en el entorno y en ocasiones también en la familia que se quiere crear o que se está creando.

En momentos así resulta fácil dejar de lado lo que tiene que ver con la relación de pareja, por lo que de manera inevitable se debilita el pilar principal sobre el que se sostiene la propia familia.

Por ello, y sobre todo cuando se pretende generar una convivencia, siempre es importante tomarse todo el tiempo que haga falta para sentar las bases de una buena relación.

En la familia enlazada entran en juego muchos agentes, pues no la conforman solo los adultos y los hijos que uno o ambos miembros de la pareja aportan, sino que también hay que tener en consideración y de manera especial a quien fue pareja y es madre o padre de las criaturas, así como las cargas que no se hayan resuelto de las relaciones anteriores.

Si hacemos un símil con los juegos malabares, nos será

más fácil entender por qué en el seno de las familias enlazadas el porcentaje de separaciones y de divorcios es mayor que en la familia tradicional.

Y es que de la misma manera que no es lo mismo hacer malabares con dos pelotas que con cinco, tampoco es lo mismo atender la realidad de una familia normativa que la de una enlazada, pues en esta última hay muchos más agentes y entonces factores en la ecuación. Siguiendo el símil al que me he referido, son muchas más pelotas con las que jugar para lograr un equilibrio armónico.

Por eso, la persona malabarista debe entrenar más si actúa con cinco pelotas que si lo hace con dos, pues parejas como la tuya y la nuestra requieren que pongamos mucha más atención y muchas más dosis de comunicación y atención en la pareja que en los casos de parejas con otro tipo de familias.

Tal vez este símil te ayude a admirar el reto que tenéis por delante como pareja. Así le daréis a vuestra familia el valor que se merece, pues está muy lejos de ser menos válida que cualquier otra.

En cualquier caso, resulta importante crear espacios de tiempo de la pareja a solas sin hijos. Con ello, no solo no se descuida a los menores, sino que se los cuida y protege al fortalecer la base de la nueva organización familiar.

Nos desarrollamos en sociedad en función de los códigos de esta. Por ello, las dificultades no son hechos aislados que ocurren en el interior de la pareja o de la familia enlazada. Por el contrario, responden a la realidad que vivimos todas las personas que estamos en un molde familiar diferente, pues hemos crecido bajo el mismo paraguas social y cultural.

Por eso es importante sustituir las prisas por tiempo y reflexión a la vez que mantenéis la perspectiva de lo que supone el proceso de iniciar una nueva pareja cuando alguno de sus miembros aporta hijos de su relación anterior, es decir, ser familia enlazada. Y hacerlo sin perder de vista la valentía que esto supone, ya que somos pioneras en crear este nuevo molde familiar en nuestro país.

Iniciar una nueva relación tras una separación con hijos no es fácil, y mucho menos si el enamoramiento se ha producido durante el periodo de duelo o cuando aún se estaba en pareja.

En cualquier caso, es muy habitual sentirse culpable por ser feliz tras el divorcio, en vez de estar de luto.

La falsa creencia de que una separación es un fracaso que traumatiza a los hijos no solo está muy viva en el inconsciente colectivo, sino que además tiene mucha fuerza.

De ahí que, ante la posible separación, tengamos una dicotomía: o eres inocente e infeliz o culpable y feliz.

Ser inocente e infeliz implica que, aun reconociendo la infelicidad derivada de seguir con la relación de pareja, esta se mantiene para no cargar con la culpa de tomar la decisión de separarse y exponer a los hijos al proceso de transformación familiar.

En el otro lado de la balanza, al reconocerse culpable y feliz se asume el dolor de la toma de decisión y del proceso en sí. De aquí se deriva la predisposición de cargar con la culpa para elaborarla poco a poco y, de ese modo, aspirar a ser feliz en algún momento.

El placer y el dolor que se comparten en la misma experiencia pueden generar una disonancia cognitiva importante.

Es importante cuestionar aquello en lo que creemos y dónde ponemos nuestra atención, para así asumir la responsabilidad precisa y salir de la culpa.

Cierto es que un proceso de separación y el posterior inicio de una nueva relación supone exponer a nuestros hijos a múltiples cambios; pero esto no es malo. El proceso requiere atención y cuidado para que se adapten a ellos sin que les supongan perjuicio alguno.

Para lograrlo es necesario asumir la responsabilidad propia sin cargar con la culpa. La responsabilidad, entre otros asuntos, implica ser feliz como madre o como padre.

La culpa atrapa e impide avanzar, mientras que la responsabilidad libera y favorece la progresión.

La culpa es como el ancla de un barco que echamos en medio de un océano inmenso. El barco se moverá al son de la marea y el viento, pero no se desplazará, permanecerá en el mismo lugar.

Por el contrario, la responsabilidad es el motor de esa ancla que la recoge para permitir que el barco avance hacia un nuevo destino, el que su navegante decida.

La culpa es un mecanismo que nos permite no asumir la responsabilidad de nuestra decisión. Si la asumimos, nos corresponde reconocer sus consecuencias y posibles errores. Por eso solemos mantenernos en la culpa, que alimenta la victimización.

Podemos ser víctimas de lo que vivimos, de lo que deciden otras personas o incluso de lo que sentimos.

Por tanto, es fácil que la culpa se convierta en un anclaje al victimismo, alimentado por el miedo a equivocarnos.

Poner luz al sentimiento de culpa es fundamental para avanzar, ya que, desde el momento en el que existe una nueva relación, el anclaje derivado de este sentimiento será un obstáculo para avanzar en ella.

Para que lo entiendas mejor, distinguiré entre dos tipos de culpa:

La primera es la CULPA con mayúsculas. Surge después de dañar o perjudicar a otra persona. Esta emoción funciona como una alarma para poder reparar el daño provocado.

Pedir perdón suele servir de ayuda. Si no se puede hacer de forma explícita está bien hacerlo de forma simbóli-

Es muy habitual sentirse culpable por ser feliz tras el divorcio.

ca, pues el símbolo es el lenguaje que mejor registra el cerebro humano.

Algo que sirve de ayuda a quienes consideran que han dañado o perjudicado a sus hijos con su decisión es escribirles una carta para contarles todo lo que piensan y sienten, guardarla en un sobre con la idea de entregársela al cabo de unos años.

Esa carta no suele entregarse al final, pues el paso de los años nos da una perspectiva diferente sobre lo sucedido. Sin embargo, tanto si se entrega como si no, eso es lo de menos. Su importancia radica en la liberación que supone pedir perdón.

Y es que este acto es realmente liberador y sanador. Su importancia radica en que al ser un acto intrapersonal se logra el perdón propio.

La CULPA suele ponernos en alerta porque hemos contravenido nuestros valores y principios y necesitamos perdonarnos por habérnoslos saltado.

A veces falta el autoperdón para, desde el acto íntimo que es, levar anclas y así avanzar en la etapa vital presente.

La segunda es la culpa con minúsculas. Esta es muy diferente de la anterior e implica necesidad de aprobación. Es la alarma que salta al tomar una decisión o ejercer una acción contraria a las expectativas de los demás o a lo que la sociedad considera normal.

En otras palabras, es el sentimiento que surge cuando nos salimos del redil y trata de impedir cualquier cambio.

Nuestra forma de pensar se sustenta en un sistema de creencias, en el que contamos con ideales: el ideal de madre, de ser familia, de forma de vivir, de trabajo... Cuando tomamos una decisión o ejercemos una acción que implican romper con alguno de estos ideales, surge la culpa, que se convierte en un autocastigo por no hacer lo que se debe o se espera.

Tanto afrontar una separación como comenzar una relación, incluso sin ser madre o padre, con una persona que sí lo es, supone romper no con uno, sino con varios ideales muy arraigados en nuestra sociedad. La única forma de vivir este proceso sin culpa y en paz es la flexibilidad.

Si somos flexibles, abrimos el espectro de creencias acerca de lo que es ser pareja, ser madre, padre, familia...

Si no revisamos y cuestionamos las creencias propias no podremos vivir este proceso en paz y, sobre todo, desde el merecimiento.

Esta situación ya es suficientemente compleja como para añadirle la carga de culpa por no cumplir con los ideales propios o con las expectativas de los demás.

Esta experiencia está cargada también de grandes y preciosos regalos, pero difícilmente se podrán reconocer o incluso gozar si no somos, o nos convertimos, en personas abiertas de miras.

Todos los humanos necesitamos sentirnos leales. En la infancia se la guardamos a nuestras figuras parentales, pero en la adultez, y más en un momento como este, debemos preguntarnos lo siguiente: «¿A quién le guardo lealtad, a mí misma o a los demás?». Debes decidir entre ti misma, que eres la única persona que te acompañará cada día de tu vida hasta el final, pase lo que pase, o los demás y, por tanto, sus expectativas sobre ti y tu vida.

Aunque debes saber que contentar a todo el mundo es imposible a largo plazo, así que mi recomendación sin duda es que te des permiso para vivir tu vida de forma coherente con lo que sientes.

Ser sincera contigo mismo ante esta dicotomía te permitirá asumir la responsabilidad de tu decisión. Eso te hará más libre y te permitirá avanzar en un sentido u otro en ese gran océano. Lo que decidas marcará la dirección de ese avance.

Desde la culpa no hay avance posible, el barco seguirá en el mismo lugar. Sin embargo, si actúas desde la responsabilidad pondrás rumbo hacia donde deseas y asumir las consecuencias de la decisión que has tomado será más fácil. En la vida adulta nos toca asumir las consecuencias de nuestras elecciones, pues todas las tienen. Insisto, elijas lo que elijas, y no decidir es también una elección, tendrás que asumir las consecuencias.

En nuestra sociedad, ser madre o padre separados parece incompatible con ser feliz. Hay una expectativa de luto que pareciera que debe guardarse de forma permanente. Si no se hace así, al menos debe quedar patente que hay un halo de sufrimiento perpetuo.

Parece como si hubiera que pagar un tributo o cumplir una condena por haber vivido este hecho. Esta aumenta si la decisión de separarse ha sido propia, y el que la motivación haya sido una persona despertador se considera un agravante.

Con este término denominamos en Creada a la persona que hace despertar sentimientos que se creían ya desaparecidos, lo que ayuda a ser consciente de la situación de letargo o muerte en la que se hallaba la relación preexistente. Recorriendo entonces una vida basada más en sobrevivir que en vivir.

Sea cual sea la motivación, es muy importante reconocer la culpa para convertirla en responsabilidad y así reconocer el derecho propio a ser feliz.

Fátima y Manuel son pareja y familia enlazada. Ambos superan los cuarenta años. Cuando rondaban la cuarentena, dejaron la relación de pareja que mantenían desde la adolescencia.

Eran amigos desde hacía mucho tiempo, pero en los últimos años comenzaron a sentir una conexión más profunda. Por aquel entonces, lo que mantenía sus respectivas relaciones de pareja ya no era la elección consciente y diaria sino la inercia.

Con el tiempo se separaron de sus respectivas parejas e iniciaron una relación que al cabo de un año les generaba más conflictos que momentos de bienestar.

Fátima asumía la responsabilidad de su decisión y tenía ganas de vivir los beneficios de la decisión tomada, mientras que Manuel no se daba permiso para estar bien, la culpa lo reconcomía por dentro.

Por eso, él tenía un pie en la relación con su ex y otro en su relación con Fátima. Todo ello le generaba innumerables conflictos con ambas, pues era él quien vivía en un permanente conflicto interior.

Su falta de claridad, motivada por la culpa, dejaba espacio para que la madre de sus hijos se entrometiera en su vida privada como hombre. Todo eso invadía espacios de la vida privada de Manuel y Fátima.

Como resultado, esta última vive situaciones muy desagradables y violentas, pero las permite porque considera que lo dejó todo por él y le resulta inconcebible poner fin a la relación por la que dejó al padre de sus hijos.

Esta es una situación compleja cuyos protagonistas están perdiendo de vista a los pequeños, quienes viven y sienten la ambivalencia y la falta de bienestar de sus respectivas figuras parentales.

A veces, como hombre y mujer podemos no tener claras nuestras decisiones porque nuestros miedos o heridas se anteponen. Pero estas decisiones no son inocuas para nuestros hijos. Si nuestro propio bienestar no es motivación suficiente para darnos lo que merecemos, debemos sacar fuerza de las responsabilidades parentales para asumir lo que nos corresponde de forma responsable y tomar las decisiones más beneficiosas para nuestro cuidado y, por tanto, el de nuestros hijos.

En nuestra sociedad,
ser madre o padre
separados parece
incompatible
con ser feliz.
Hay una expectativa
de luto que debe
guardarse de forma
permanente.

La persona despertador

En Creada acuñamos este término para referirnos a la que siempre se había denominado «tercera persona».

A veces una relación de pareja está muerta o en un letargo permanente que mantiene juntas aunque no unidas a ambas personas, guiadas por la inercia y la responsabilidad parental. En estos casos es muy fácil que una de las dos se tope con alguien que le haga sentir eso que creía olvidado.

En esta sociedad, que aspira cada vez más a lo inmediato y menos a la presencia, es muy fácil caer en un estado de supervivencia que nos convierte en algo más parecido a zombis que a seres vivos y felices.

Cuando hay una relación fuerte en la que ambas personas están unidas y comprometidas entre sí, no hay lugar para una persona despertador.

Cuando hay grietas en la relación o realmente esta no existe como tal aunque se mantenga la convivencia, es relativamente fácil toparse con alguien que haga sentir lo que se creía muerto.

Las frases que más oímos en las sesiones son: «No creí que pudiera volver a sentir esto» y «Vuelvo a sentirme viva, hacía mucho que no me sentía así».

La persona despertador no es la causa de la separación, sino la consecuencia del estado en el que se hallaba la relación.

No es lo mismo una infidelidad, en la que por definición la persona es desleal a su pareja, que empezar a sentir algo por alguien sin pretenderlo, sin haberlo deseado y mucho menos buscado.

La mayoría de las veces, la persona despertador pone de relieve aquello que no se quería o podía ver de la relación propia. Es la forma que tiene la vida de subir el volumen, pues antes ha susurrado aquello que correspondía atender.

Ante la sordera humana, sube el volumen y habla, pero si el mensaje no es recibido, entonces grita a través de una situación como esta, en la que se evidencia aquello que se trataba de negar.

Así pues, ¿cuándo comienza la falta de lealtad? ¿La infidelidad se da solo en el acto sexual o comienza con ciertas miradas y palabras? Tal vez comience antes, cuando se empieza a sentir esa atracción por otra persona. Sin embargo, hay quien considera que la infidelidad comienza en el momento en el que uno de los dos empieza a descuidar la relación.

No voy a darte una respuesta concreta sobre este particular. Solo trato de alimentar la reflexión y el cuestionamiento sobre un asunto que siempre se ha juzgado de una única manera y con sesgos, y sobre el que necesitamos reflexionar.

Teniendo en cuenta que la vida es nuestra aliada y está a nuestro favor, podemos entender que lo que sucede, conviene. Por ello nos pone por delante aquello que necesitamos aprender de modo que avancemos en nuestro propio camino vital.

Para saber hacia dónde caminar, nos susurra a través de lo que sentimos y vivimos. Cuando nos negamos, cuando preferimos no ver, cuando solo atendemos lo urgente y excluimos lo importante, sube el volumen hasta que por fin oímos lo que hacía tiempo no queríamos o podíamos percibir pese a que era necesario.

En muchos casos, la persona despertador representa esa subida de volumen. Es normal sentir culpa y traición cuando esta ha desencadenado la separación. Tal vez la separación emocional viniera ya de largo, pero no se le ha hecho frente hasta que apareció esta figura.

En estos casos es muy importante distinguir qué es CULPA con mayúsculas y qué es culpa con minúsculas. De ese modo, asumiremos responsabilidades, repararemos

La persona despertador no es la causa de la separación, sino la consecuencia del estado en el que se hallaba la relación.

lo que corresponda y emprenderemos el proceso relativo al segundo tipo de culpa.

Esta, la culpa con minúsculas, suele quedar adherida como parte de la persona. Contaminando entonces mucho la relación de pareja presente e impidiendo la sensación de que merecemos ser felices.

Llegados a este punto es importante asumir la parte de responsabilidad relativa a la relación de pareja anterior, cuyo estado propició la aparición de otra persona. De este modo, tendremos perspectiva y no haremos la lectura llena de sesgos que nuestra sociedad impone al hablar de infidelidad intencionada.

María y Sandra no se conocen, son dos mujeres que viven en distintas provincias de España. Ambas tienen cuarenta y pocos años, viven en pueblos pequeños, han sido las primeras de su entorno en separarse y ambas son madres de dos hijos, una de adolescentes y otra de peques muy peques.

María y Sandra llegaron destrozadas a las sesiones, y en una situación idéntica: la culpa les impedía casi respirar.

Se habían casado pensando que sería para toda la vida y las dos habían hecho todo lo que se supone que hay que hacer para ser un buen ejemplo.

Habían sido buenas niñas en su infancia, muy obedientes y responsables. A la larga, esto se había convertido en un enorme lastre, pues ambas habían empezado a sentir algo por otra persona estando aún casadas.

Ninguna de ellas se podía creer capaz de «hacer algo así», y con eso se referían a sentir, a enamorarse. Aquello se salía de todos sus parámetros de buena mujer, buena madre y, en definitiva, buena persona.

Necesitaron revisar su relación de pareja en el matrimonio

para entenderse a sí mismas, para reconocer los vacíos y carencias que habían pasado por alto durante tantísimos años en pro de cuidar a los demás.

Reconocieron cómo se habían olvidado de sí mismas y cómo la relación de pareja en equipo no existía desde hacía años, sino que era una relación desigual en la que la pareja como tal se había diluido. Esto las ayudó a comprenderse. Solo así entendieron que si sintieron aquello por la persona despertador fue precisamente porque hacía mucho que la relación de pareja estaba abandonada.

Cuanto más te hayan etiquetado como niña buena en la infancia, mayor es la carga de culpa que sientes. En estos casos, la culpa con minúsculas suele ser muy peligrosa, pues es fácil que se quede adherida para siempre si no se lleva a cabo un profundo proceso de discernimiento o sanación.

Ellas lo hicieron y pudieron perdonarse a sí mismas y abrirse al hecho de que ser mujer, madre, pareja y familia podía ser diferente de lo que creían, y que también estaba bien hacerlo de otra manera.

Ambas contaban con una dificultad añadida. En sus respectivos pueblos, todo su entorno les había dado la espalda, incluso sus familias de origen, pues en su opinión ellas se lo habían buscado y sus anteriores maridos eran víctimas de ellas.

Esta lectura puede hacer muchísimo daño, y sin duda alimenta la culpa.

Ellas necesitaron comprenderse desde la foto grande, es decir, mirando de dónde venían y qué rol habían asumido en la vida y en la familia, y preguntándose sobre qué base deseaban vivir: la de su ser o la de los demás.

María y Sandra habían sido excelentes estudiantes, habían cursado carreras universitarias reconocidas, trabajaban de ellas, habían sido madres, se habían comprado casa y coche, y eran aparentemente muy queridas por su entorno.

Hasta que vivieron lo impensable para ellas mismas y para las personas de su alrededor.

Las crucificaron, y de alguna manera se sentían merecedoras del castigo, por lo que aceptaban la culpa como su penitencia, el precio que debían pagar por haber sentido algo hacia otra persona y enamorarse.

Las personas solemos emitir juicios con una facilidad pasmosa. Esto tiene parte de explicación científica, pues el cerebro necesita simplificar los pensamientos, pero no entraré a abordar este asunto. Lo que sí quiero matizar es que somos libres de poner consciencia a nuestros juicios para reducirlos y no expresarlos.

La cuestión es que a veces juzgamos situaciones desde fuera con el convencimiento de que no nos sucederán, o que actuaríamos de tal o cual manera. Sin embargo, cuando las vivimos en primera persona, el peso de esos juicios nos cae encima como una losa que corre el riesgo de oprimirnos hasta perder el aire con el que respirar. Eso fue lo que les sucedió a estas bellas mujeres.

Y, en un estado de culpa como ese, es muy fácil caer en estados de sumisión con quien fue pareja y con los hijos.

Esto le pasó a una de ellas, Sandra, quien firmó un convenio desastroso en el que cedió a absolutamente todo y quedó en un estado de desprotección absoluta.

Y lo hizo porque se sentía culpable, pues, como ya he dicho, muchas veces la culpa es el autocastigo impuesto.

Esto fue muy perjudicial para ella por muchos motivos. Uno de los más evidentes fue que, sin ser consciente de ello, con ese nivel de culpa perpetuaba el discurso de quien fue su pareja: ella se situaba como verdugo, y a él como víctima.

Los hijos no son ajenos a casi nada de lo que viven sus padres. En este caso, ya eran adolescentes y se posicionaron junto a su padre, al entender que había sido la madre quien lo había hecho mal.

Pero ella se perdonó a sí misma, asumió su parte de responsabilidad y dejó ir la culpa. Solo entonces comenzó el acercamiento hacia los hijos y le puso límites al padre, quien aprovechando su posición de víctima había sobrepasado los límites de respeto que ella permitía.

Sandra logró sentirse en paz y recuperar la alegría y las ganas de ser feliz gracias a que asumió un papel diferente en su propia historia, en la relación consigo misma, con su entorno y, sobre todo, con sus hijos.

Entender lo dañino y perjudicial que puede resultar no hacerse cargo de la culpa es fundamental para no mancillar la nueva relación.

Es bueno tener esto bien claro antes de dar el paso de presentar a los hijos. Ayuda a sentar las bases de una buena relación entre todos.

En la segunda parte del libro detallo las cuestiones que debemos tener en cuenta para valorar cuándo es un buen momento para hacer las presentaciones, y cómo hacerlas.

Pero no empecemos a construir la casa por el tejado. Es importante que, si ha habido una persona despertador, ambos miembros de la pareja hagan una lectura constructiva sobre lo vivido para no lastrar su relación. Pues en ese caso los cimientos serán débiles y poco sostenibles.

Los hijos nos necesitan felices

Cuando una madre o un padre encuentra su lugar, los hijos son felices.

No necesitan una pareja conviviente que solo aguanta por ellos.

Un padre y una madre felices transmiten felicidad a los hijos. Algo se relaja en el corazón de las criaturas, y estas sienten que pueden descansar y ocuparse de sus cosas.

Por esto, tanto si ha habido una persona despertador como si no, tanto si el enamoramiento se ha producido antes de lo esperado como si no, lo importante es elaborar la culpa y, a partir de ahí, elaborar un discurso ordenado y coherente sobre lo que se vive. Solo así las personas protagonistas de esta nueva historia de amor podrán darse permiso para ser felices y hacerles ese regalo a sus hijos.

Los hijos tienden a ocuparse de la felicidad de sus figuras parentales cuando sienten que de alguna manera no están del todo bien, procuran en estos casos no hacer ruido y no molestarlos. De este modo descuidan su infancia y asumen cargas que en realidad corresponden a los adultos.

No puedes ocuparte de lo que hagan o dejen de hacer la madre o el padre, solo te puedes ocupar de tu parcela. Eso es todo lo que debes y puedes hacer por tus hijos, que es mucho por el impacto positivo que puede llegar a tener en sus vidas.

Antes que madres y padres, somos mujeres y hombres, y somos el espejo en el que nuestras criaturas se miran para convertirse en hombres y mujeres. Tu ejemplo debe mostrarles el camino del permiso para vivir sus propias vidas y ser felices.

No digo que los desatiendas, sino que no existe mayor responsabilidad que ocuparte de ti y tu propio bienestar. De ese modo tendrás mayor y mejor capacidad de identificar y atender las necesidades emocionales de tus hijos.

El enamoramiento temprano

Concha llegó a la sesión junto con Pablo porque este había decidido que debían separarse después de veinte años de lo que ella consideraba un feliz matrimonio.

Pablo le había explicado los motivos: ya no sentía amor de pareja hacia ella. Sin embargo, Concha no lo entendía. En su opinión, aquello era morir en vida.

Llevaron a cabo un proceso de separación consciente en equipo. Este le facilitó las cosas a Concha, pues le permitió elaborar poco a poco el duelo por el divorcio.

A los pocos meses me escribió pidiéndome cita con mucha urgencia.

En la sesión se mostraba muy preocupada y alterada, como si hubiera pasado algo muy grave, pero no se atrevía a decírmelo, hasta que lo hizo: se había enamorado.

Me pedía ayuda porque no consideraba normal enamorarse tan pronto y porque no se entendía a sí misma. Aún estaba de duelo por la familia que ya no serían, por el proyecto de vida que se había esfumado y acostumbrándose a la nueva forma de relación con Pablo. Por todo ello consideraba que aquel enamoramiento era demasiado prematuro.

Sentía que se fallaba a sí misma, a sus hijos adolescentes y al padre de estos. Sentía que los traicionaba.

La ayudé a entenderse y a encontrar paz en aquella dicotomía de vivir emociones encontradas. Por un lado estaba la tristeza por las pérdidas que conllevaba su separación, y por otro lado la alegría y la ilusión que sentía al enamorarse. Creía que, a su edad, esas cosas ya no pasan.

Vivimos en un sistema de creencias en el que las cosas tienen que ser de una manera determinada y todo lo que se salga de ellas no se entiende ni se acepta, se juzga como malo o erróneo. Esto nos lleva a hacer un autojuicio severo e imponernos castigos muy graves a través de la culpa.

La vida no es blanco o negro, no es luz o sombra, es una cosa y la otra, es alegría y tristeza, es dolor y alivio. Precisamente, la muerte existe porque hay vida y la vida puede darse porque hay muerte.

Solo comenzaremos a vivir más en paz cuando hayamos entendido que no existe una única manera de hacer las cosas y nos abramos a la gama de grises tan amplia que existe entre el blanco y el negro.

El enamoramiento de Concha no le restaba dolor al duelo que aún vivía por la separación, sino que lo hacía más llevadero.

En estos casos puede ser más fácil afrontarlo cuando te concedes permiso para sentir lo que sientes. Sin embargo, puede ser más complejo cuando se juzgan esas emociones tan agradables que se han despertado. En este caso, se genera un conflicto interno que le carga al proceso un padecimiento mayor que el que la separación ya genera de por sí.

Estos juicios y creencias acerca de cómo deberían ir las cosas suponen un lastre en todo momento y son una fuente segura de sufrimiento.

Vivir esta realidad es una enorme oportunidad para poner en tela de juicio aquello en lo que se cree y abrirse a que todo discurra de una manera diferente a como se había pensado.

Una cosa es el enamoramiento en sí, como hombre o mujer, y otra muy diferente es lo que inmiscuye a los hijos. Abordaré este asunto en la segunda parte del libro.

No existe un tiempo adecuado para enamorarse: es algo que sucede. Por eso insisto en que una infidelidad tiene poco que ver con una persona despertador. Esta no se ha elegido, son unos sentimientos que, sin haberlos previsto, se despiertan hacia una persona. Otra cosa bien distinta es lo que se elija hacer con aquello que se siente.

En cualquier caso, al comienzo (y no tan al comienzo) de la relación es necesario atender la culpa que suele despertarse en estos momentos para crear una relación sana y cultivar el amor de pareja, pues de ahí pueden nacer muchas oportunidades para todos los miembros de la familia.

El modelo de relación de pareja que a fecha de hoy puedo ofrecerles a mis hijos me satisface y enorgullece muchísimo: pese a que su padre y yo lo hicimos lo mejor que pudimos, dejamos mucho que desear como pareja.

Ambos cometimos muchas torpezas, pues en ningún caso hubo maldad. Tan solo nos relacionábamos desde dinámicas aprendidas sin consciencia alguna y que, más que construir, restaban.

Mi relación actual es plenamente consciente, es el amor el que nos une en una elección libre y diaria. Esto nos permite ofrecer un modelo de pareja que me alegra que mis hijos vivan, pues así les será más fácil crear relaciones sanas.

Soy responsable de la decisión que tomé y de la elección que hago cada día.

Y claro que mis elecciones los implican, como ya lo hacían mis decisiones anteriores a separarme. Por eso es importante asumir la responsabilidad y atender aquello que esconde la culpa. Mientras esta esté presente, supondrá un escollo para la relación presente y para la relación de los hijos con la nueva pareja.

A veces no soltamos la culpa porque, mientras esta existe, no nos ocupamos de otras cuestiones. Por ello habría que preguntarse: ¿para qué me aferro a la culpa?

Aunque suene extraño, en muchos casos da miedo sentir felicidad. Estamos acostumbrados a vivir en la sombra, y entonces preferimos lo malo conocido, por ello atrevernos a brillar nos da vértigo.

Asumir la responsabilidad supone dejar de tener motivos para quejarnos o lamentarnos, supone ser plenamente conscientes de que estamos donde estamos como consecuencia de las decisiones que hemos tomado hasta el momento, pues no es el azar el que nos hace ocupar un lugar u otro en la vida, sino las elecciones tomadas hasta el momento presente.

Una relación de pareja sana tras la separación conlleva el permiso para ser feliz.

Este es un camino en construcción constante y sin final, por eso puede resultar agotador en ocasiones. Y cierto, lo es, pero también es motivador, pues vemos cómo evoluciona y además hay muchos regalos por el camino, tantos como desafíos.

Asumir la responsabilidad de lo que fue

Un fenómeno mucho más frecuente de lo que te imaginas es que muchas parejas existen no por amor, sino por el deseo de formar una familia. Esto conlleva que la relación de pareja contenga numerosas grietas ya desde el inicio.

Me viene a la mente el caso de Laura. Llegó a Creada desesperada porque, cuatro años después de separarse, se sentía incapaz de superar la ruptura de la relación.

Aún le molestaban las mismas cosas del padre de sus hijos que le frustraban cuando eran pareja, pero le molestaba más aún verlo tan feliz con su novia, con la que había comenzado una relación al mismo tiempo que se estaban separando, mientras ella aún estaba (con sus propias palabras) tan amargada.

Hicimos un trabajo en profundidad que la llevó a una toma de conciencia dolorosa pero esclarecedora: en realidad, nunca

Asumir la responsabilidad supone dejar de tener motivos para quejarnos o lamentarnos, supone ser plenamente conscientes de que estamos donde estamos como consecuencia de las decisiones que hemos tomado hasta el momento.

estuvo enamorada del padre de sus hijos, sino de la idea de formar una familia con él.

Durante toda la relación, ella ejerció el rol de madre y él el de hijo. De una manera u otra, siempre se hacía lo que ella decía; a él todo le daba igual y todo le parecía bien.

Este hecho, que contado ahora parece tan fácil y sencillo, requirió de un proceso lento y profundo en el que ella elaboró un nuevo discurso sobre lo que había pasado en su relación de pareja.

Y es que no fue que se metiera otra persona en la relación como ella se había contado hasta el momento, eso fue solo la consecuencia de una relación de pareja que no funcionaba como tal y que carecía de solidez.

En el discurso que había mantenido hasta el momento, eran una feliz familia de cuatro, con sus problemas cotidianos pero felices. La familia que siempre había soñado.

Sin embargo, a través del proceso terapéutico comprendió que él nunca había participado en la relación de pareja como tal, pues ni él se daba un lugar ni ella favorecía que él pudiera dárselo.

No existía una pareja en sí. Más bien parecían una familia de una madre con tres hijos: uno adolescente y dos pequeños.

Solo al tomar consciencia de estos aspectos de su relación y de la motivación por la que se emparejó con él, inexistente en su narrativa hasta ese momento, Laura pudo dejar atrás su rol de víctima para asumir su parte de responsabilidad. De este modo fue capaz de perdonarse, perdonar y avanzar siendo dueña de su vida sin que él y la vida de este condicionasen la suya.

Llegar hasta donde llegó ella no es fácil y suele ser doloroso, pues implica reconocer una parte de sombra de la propia personalidad.

Hacen falta mucha honestidad y valentía para llegar hasta donde ella llegó contándose verdades. Por eso no todo el mundo está predispuesto a ir a terapia, pues no es fácil hacer frente a nuestras sombras.

Lo cierto es que el rol de víctima suele resultar más cómodo. Pero se trata de una falsa comodidad, pues equivale a vivir en una celda. Controlas parte de la situación a costa de perderte grandes oportunidades.

Desde nuestra experiencia profesional, muchas personas inician una relación de pareja no por amor a la otra persona, sino por las expectativas de lo que podría ser, por la idea de lo que se podrá lograr, como una familia normativa. Muchas personas avanzan en la relación al casarse o tener hijos por pura inercia, porque, por utilizar una expresión recurrente, «es lo que tocaba».

Mirar hacia atrás con perspectiva y asumir la responsabilidad, no solo de la relación, sino también del tipo de relación que se logró llevar a cabo, es fundamental para no caer en las lamentaciones y el victimismo; en definitiva, para salir de la culpa.

Y para ello es fundamental establecer una nueva narrativa desde la responsabilidad. Esta debe basarse en la compasión, no en el juicio.

La explicación es sencilla. Cada cual lo hace lo mejor que sabe y puede, con la información y la experiencia de que dispone en ese momento.

Juzgarte en el presente por las decisiones que tomaste en el pasado no es justo, pues no contabas con la experiencia con la que ahora cuentas.

No eras la misma persona.

Es evidente que ahora harías las cosas de otra manera, igual que dentro de diez años no lo harías igual a como lo haces ahora, pues tendrás más conocimientos y experiencias que las que tienes actualmente.

En resumen: más compasión y menos juicio, tanto para ti como para los demás.

2

PATRONES RELACIONALES

El verano en que escribí este libro estuvimos de viaje familiar en Cantabria. Estábamos en los Picos de Europa y me emocionaba admirando el paisaje y trayendo a la memoria a la Rocío de hacía nueve años.

Entonces era madre de un solo hijo y este tenía un añito. Su padre y yo estuvimos allí mismo, y me dije que volvería cuando nuestros hijos (pues siempre tuve claro que tendría más de uno) fueran más mayores y pudieran admirar la belleza de aquellas montañas siendo conscientes de ella.

Pero, no tanto tiempo después, me separé y todo se truncó.

Mis sueños se hicieron añicos, y pensé que ya no podría hacerlos realidad.

Pero no ha sido así. Recorrí un camino con muchísimos aprendizajes y autoconocimiento en el que, dejando de victimizarme y asumiendo la responsabilidad sobre mi vida, volví al mismo lugar, pero desde un lugar interno muy distinto y con un contexto familiar que jamás imaginé.

En esta ocasión me sentía completa y con mi familia en un molde diferente sintiéndola perfecta tal y como es.

Claro que estar en el mismo sitio y pasear por los mismos lugares me trajo muchos recuerdos que ni siquiera sé si antes los había recordado en algún momento o si simplemente fueron momentos que viví y nunca más volví a ellos. Intuyo que es más bien esto último.

Mi cerebro funciona mucho por imágenes y sensaciones, por lo que los recuerdos van acompañados generalmente de estos dos ingredientes.

Y cuando pasábamos por determinados lugares, me venían a la mente fotografías de aquellos momentos y con mucha más nitidez mis sensaciones internas.

El paso de los años, el proceso de crecimiento personal tan grande que he desarrollado en este tiempo y el ser responsable de lo que siento me permiten contarme verdades que antes no me contaba. Estas me ofrecen una perspectiva más amplia y completa.

Por eso, a partir de aquel viaje al pasado comprendí que la relación de pareja con el padre de mis hijos nunca fue completa ni cómplice.

No lo fue porque yo no estaba completa, estaba muy herida y por eso me emparejé persiguiendo un ideal que había construido sobre la relación de pareja de mis padres y que a su vez tampoco se ajustaba a la realidad, sino más bien a lo que yo deseaba que fuera.

A los pies de los Picos de Europa existe un pueblo que parece sacado de un cuento de hadas, Potes. Es precioso y me recuerdo paseando con mi bebé y el padre de mis hijos, soñando ser una de esas parejas que estaban sentadas en algunas de sus terrazas y a las que se veía muy enamoradas.

A lo mejor no lo estaban, pero yo proyectaba en ellas mi propio anhelo.

«Pero tú ibas con tu pareja, podíais sentaros allí mismo y tener lo que deseabas», me dijo Miguel Ángel, mi pareja actual cuando paseábamos por esas mismas calles años después mientras le confiaba todos esos recuerdos.

No, no podía tenerlo porque éramos pareja, pero no éramos cómplices.

Ahora veo que ya entonces nuestra relación hacía aguas por todos lados y que carecía de una base sólida. Ninguno de los dos se daba cuenta de ello.

O era yo quien no quería darse cuenta.

Es muy importante que nos contemos verdades de la manera más honesta y valiente posible, pues de lo contrario nos exponemos a repetir las mismas dinámicas insanas o errores que en la relación anterior.

Para ello necesitamos tener la foto grande de lo que vivimos, no quedarnos con un hecho o con varios, sino hacer un recorrido sincero desde que nos conocimos hasta el momento actual, pasando por el inicio de noviazgo, por lo que nos motivó a estar con esa persona y formar una familia, por lo que vivimos como pareja en la crianza, etcétera.

Es más, puedes hacerlo mientras te preguntas cuánto de lo que viste en tus padres era un anhelo que deseabas cumplir o justo el deseo de hacer todo lo contrario.

Y es que lo que vimos en nuestros padres y otros referentes adultos de nuestra infancia nos condiciona también en gran medida, ya sea porque queramos replicar algo igual o todo lo contrario. De una u otra manera, esto nos condiciona.

En el transcurso de aquel viaje, compartía con Miguel Ángel todo lo que me venía a la memoria y reflexionaba junto a él.

A él, que viene de una historia vital muy diferente de la mía, le costaba comprender gran parte de lo que le contaba. Por eso me hacía preguntas.

Ya no recuerdo cuál me hizo en un momento dado, en el que tuve una toma de consciencia reveladora e importante para mí: «Yo no me daba cuenta de que nuestra relación no estaba bien porque crecí normalizando cuestiones entre la pareja que no son sanas, pero vi aquellas dinámicas y crecí con ellas, por lo que di por hecho que una relación de pareja basada supuestamente en el amor era lo que él y yo teníamos, pues se parecía mucho a lo que había visto en mi infancia».

Ahora puedo entender que por eso tardaran tanto tiempo en saltarme las alarmas. Al ver la complicidad en otras parejas, yo la añoraba. Soñaba que algún día tendría una relación de pareja en la que la complicidad fuera la protagonista, pero no me cuestionaba nada acerca de la relación que mantenía en el presente mientras añoraba otra forma de ser y estar en pareja.

En la relación con Miguel Ángel he aprendido muchísimo. A su lado he construido un nuevo concepto de relación de pareja basado, este sí, en el amor y no en ningún sucedáneo del amor, como pueden serlo, por ejemplo, la necesidad de aprobación o la dependencia emocional.

Ese amor que cuida, respeta y te da alas para que seas tú en tu versión más auténtica.

Un amor que no solo no condiciona, sino que además alienta.

Siento su amor como ese soplido al diente de león, que agarra su tallo con suavidad al tiempo que sopla para asegurarse de que seguirá esparciendo sus semillas.

Deconstruir la visión del amor romántico, dependiente, complaciente, sumiso o cualquier otro sucedáneo es una enorme oportunidad cuando afrontamos una nueva relación tras la separación.

De no hacerlo es muy probable que se vuelva a caer en dinámicas que no solo no benefician, sino que además perjudican a la relación e impiden que esta perdure como se desea.

A esta vida hemos venido a aprender, no hemos venido a otra cosa; y a través de las relaciones con otras personas es como más aprendemos.

Hubo quien me dijo que hemos venido a aprender a amar.

Me he cuestionado mucho esta afirmación, pero cada vez estoy más segura de que es cierta, pues el amor no es un sentimiento, sino un verbo, y en la vida solo podemos hacer, pensar, decidir... desde el miedo o desde el amor.

El amor no va de cupidos, ni de osos amorosos y arcoíris. Hablo del amor real, ese que es profundo y que va más allá de la forma de la relación.

Ahora tienes ante ti la oportunidad de construir una relación basada en el amor, en lugar de construirla en el miedo a la separación.

Las personas no somos libres, hacemos lo que podemos con la mochila que traemos, y esta no se crea solo a partir de lo que vivimos en la infancia, sino que viene ya cargada en una parte, de serie, pues ninguno de nosotros es ajeno a las dinámicas relacionales de nuestros ancestros y ancestras.

Amaya recordaba cuando siendo adolescente e iniciar su primera relación de pareja, tomó consciencia de cómo todos los hombres, parejas de las mujeres de su familia, se esfumaban de sus vidas.

Algunos se iban muy lejos por trabajo, otros morían, algunos se habían suicidado y otros habían desaparecido sin dejar rastro.

Las mujeres de su familia siempre hablaban mal de los hombres y, de un modo u otro, ninguno se quedaba.

Como mujer, ella creció con un sentimiento de superioridad frente a ellos, a quienes de alguna manera trataba como seres incapaces de valerse por sí mismos y de asumir sus responsabilidades.

Pero aquella superioridad le impedía comprender los perjuicios derivados de ella, pues había normalizado comportamientos y actitudes insanas.

Había crecido con aquella mirada y desconocía que existieran otras posibilidades. Por ello ejerció un rol de controladora muy grande en la relación con el padre de sus tres hijas.

Nos pidió ayuda porque, al igual que le había sucedido a Laura, pese a llevar años separada del padre de sus criaturas, todavía le afectaba mucho lo que él hacía y dejaba de hacer.

Entonces analizamos juntas su genograma familiar y estudiamos las dinámicas relacionales de su familia de origen. De ese modo pudo tomar conciencia de cuestiones reveladoras acerca de su forma de relacionarse con los hombres, y sobre todo en pareja.

Solo al ampliar la foto de lo que ella vivía y de lo que le molestaba adquirió una perspectiva mucho más completa que le proporcionaba más información y suficiente para elaborar una nueva narrativa y cambiar ciertas dinámicas que dañaban a toda la familia, pero sobre todo a ella.

Y es que tomó consciencia de las dinámicas manipuladoras que ejercían las mujeres de su familia (incluida ella) desde el rol de víctimas. Lo que le hizo anclarse en un sufrimiento que no le permitía construir relaciones sanas, pues sin ser consciente de ello las coaccionaba a través de la tristeza y la culpa.

Ser consciente de todo esto tuvo un beneficio directo en su relación de pareja actual, pues tenían muchos conflictos y la relación no avanzaba como ella deseaba.

Han pasado años desde aquel proceso. Amaya me escribe de vez en cuando y se ha convertido en una mujer llena de luz. Su vida ha mejorado en muchos aspectos, y aunque la relación con el padre de sus hijas aún es distante y fría, ella puede aceptarlo desde la compasión, hacia sí misma y hacia él.

La relación con sus hijas ha mejorado. Consiguió un nuevo trabajo donde se sentía valorada y tenida en cuenta, con unas condiciones, además, excelentes.

Puso distancia con su madre, pues nunca comprendió ni aceptó sus cambios e insistía de manera indirecta en que mantuviera las dinámicas que habían llevado a Amaya a sobrevivir en vez de vivir.

Ahora es una mujer libre que vive su propia vida sintiéndose en paz.

Es muy frecuente que, cuando hacemos un proceso de sanación o de cambio profundo, se produzca el efecto dominó en nuestras vidas y mejoren muchos aspectos de estas.

Pero esto no es posible sin haber atravesado antes la sombra propia. Existen diferentes dinámicas que podemos reconocer.

Algunas de ellas beben de lo que hemos visto o recibido de nuestra infancia, y que se establecen a partir de la propia relación.

En cualquier caso, conviene que observes con perspectiva y reflexiones acerca de qué dinámicas relacionales han predominado en tu forma de relacionarte en pareja. Solo así podrás deshacerte de ellas, pues de lo contrario se traducirán en dificultades para vuestra relación.

Otro asunto que puede ayudarte mucho y sumar a vuestra relación de pareja es identificar tu lenguaje del amor predominante y secundario y los de tu pareja. Con ello evitarás interpretaciones erróneas que os llevarán a discusiones agotadoras.

Gary Chapman describió en su libro *Los 5 lenguajes del amor* las distintas formas que tenemos los seres humanos de transmitir el amor que sentimos hacia nuestra pareja. Son las siguientes: palabras de afirmación, tiempo de calidad, actos de servicio, contacto físico y regalos.

Tendemos a interpretar los actos de los demás desde nuestra forma de hacer. Cuando hacemos esto en pareja tenemos una potencial fuente de conflictos, pues podemos dejar de ver y reconocer el amor que nos profesa nuestra pareja, al no responder a las expectativas propias, expectativas basadas en nuestras necesidades o en nuestra forma de proceder habitual.

Reconocer tus lenguajes del amor predominante y secundario es una oportunidad de acercamiento, porque así podrás entenderte y entender también a tu pareja si reconoces los suyos.

Mi lenguaje predominante del amor es el contacto físico, mientras que el de Miguel Ángel son los actos de servicio. Si yo midiera su amor por mí en función de sus muestras de afecto pensaría que me quiere más bien poco. Esperar que me ame a través del lenguaje que más y mejor domino equivale a exigirle algo que no tiene nada que ver con él.

Por el contrario, si él pretendiera interpretar mi amor por él a través de mis actos de servicio, sería incapaz de entender hasta qué punto lo amo, pues los actos de servicio brillan por su ausencia en mi manera de ser y de estar en pareja.

Identificar el lenguaje del amor propio y del otro nos permite ver muestras de amor donde antes no las veíamos.

Por ejemplo, cada vez que hace la cama o prepara la comida, sé que detrás no hay una obligación de cumplir con las tareas del día a día, sino que lo hace desde un lugar mucho más profundo. Con ello responde a su forma de expresarme su amor.

Es una oportunidad que en esta nueva relación aprendas a identificar tu forma de amar y así también a leer la forma de amar de tu pareja para trascender lo que hacéis o dejáis de hacer y poder ver mucho más allá.

Así os podréis reconocer en el ser de cada uno y encontraros como pareja desde un lugar mucho más profundo y, por tanto, verdadero.

3

EL FALSO MITO DE LA MEDIA NARANJA

Hay que remontarse a la literatura griega para descubrir de dónde nos viene la loca idea de que ahí fuera existe una sola persona que encaja a la perfección con nosotros.

Digo *loca idea* porque eso supondría que los seres humanos estamos muy limitados por nuestro destino, que podría ser cruzarnos con esa media mitad o no.

Vayamos un poco más allá.

Si necesitamos una media naranja, eso significa que somos personas incompletas, que carecemos de lo básico y que además necesitamos a otra persona para encontrar la plenitud.

El mito hunde sus raíces en más de dos mil años de historia de Occidente, y eso supone que desde hace muchas generaciones reproducimos una quimera inalcanzable.

De ahí que no nos extrañe que lleve tanto tiempo acompañándonos y por lo tanto, sea tan extremadamente complicado deshacernos de este ideal.

Parte de la complejidad que encierra se relaciona con la percepción de que somos seres imperfectos, en lugar de perfectamente imperfectos, y de que podemos soslayar dicha imperfección al volvernos a relacionar con otro ser semejante, que además nos completa en todas nuestras imperfecciones.

Pues no. No es necesario completarnos con otro ser humano.

No somos mitades inconexas que vamos por ahí buscando encajar como piezas de un puzle con determinadas personas. Somos seres completos que evolucionamos y crecemos a través de nuestro propio proceso personal de aprendizaje, que solo termina con la muerte de nuestro cuerpo físico.

Para completar el absurdo, una persona incompleta busca con la relación de pareja sentir el amor de otra persona de igual naturaleza, es decir, incompleta. Huelga decir que el milagro que se esperaba no llega, porque no hay manera de formar una figura perfecta con trozos que no lo son.

La pareja debe ser uno de los escenarios donde puedes seguir creciendo en armonía, pero sin necesidad de compartir exactamente el mismo camino. En ocasiones nos encontraremos, y en otras no será posible ni necesario.

Yo lo veo más bien como la metáfora que un día inventé desde mi propia experiencia, sumada a lo que veía en las sesiones.

Y es que nos parecemos más a trozos de queso gruyer, pues con nuestros vacíos y heridas intentamos encajar con otro trozo imperfecto. De ese modo, cada miembro de la pareja tapona las heridas del otro.

Esto sucede cuando nos emparejamos desde la inconsciencia y movidos por la inercia de esas dinámicas heredadas o aprendidas.

No se trata de encontrar a personas que carezcan de heridas o vacíos, sino de reconocer las propias heridas para hacerte cargo de ellas y no esperar que la otra persona cubra tus carencias, ni viceversa.

Es más, las heridas de tu pareja pueden ser una oportunidad para que crezcas, y tus heridas una oportunidad en el sentido contrario.

No somos mitades inconexas que vamos por ahí buscando encajar como piezas de un puzle con uno u otra. Somos seres completos que vamos evolucionando y creciendo a través de nuestro propio proceso personal de aprendizaje.

Así aprendimos a vivirlo Miguel Ángel y yo. Tras una crisis importante, desarrollamos una mirada que trascendía lo que nos molestaba del otro, para ver la raíz de ese comportamiento que tanto nos enervaba.

Así pude reconocer en él al niño que desarrolló aquel comportamiento como mecanismo de adaptación a su entorno, y él vio lo mismo en mí.

De esta forma aprendimos a reconocer la torpeza del otro y no tomarnos como algo personal esa conducta que no nos gustaba del otro.

Y es que a través de un proceso personal e individual podremos admirar dichas diferencias e imperfecciones como parte del magisterio que nos ofrece la pareja.

No se trata de encontrar a la persona perfecta, pues esta no existe, ni a tu persona, como si solo existiera una en todo el planeta con la que pudieras crear una relación cómplice y fructífera.

Se trata de aceptar a la persona que tu corazón ha elegido. Si confías en la sabiduría de la vida, que os ha cruzado en un momento concreto de vuestras vidas, te podrás hacer cargo de lo que te molesta o irrita para encontrar la manera de aprender de la situación o de la persona.

Vivir una relación de pareja desde la consciencia es como cursar un máster en crecimiento personal.

Lo fácil es señalar a la otra persona con cualquier adjetivo que te ayude a culpabilizarla y lavarte las manos. Sin embargo, como a esta vida hemos venido a aprender, la situación se repetirá de una u otra forma hasta que aprendas lo que esta te pone por delante.

Volviendo al mito de la media naranja, quiero contarte que en las sesiones que ofrecemos en Creada nos encontramos con demasiada frecuencia con mujeres y hombres que se enamoraron desde ese lugar, un tanto ingenuo por otro lado, pues depositaban sus esperanzas y la confianza en que la otra persona, o la propia relación, solucionaría las carencias y vacíos propios.

De ese modo, dejaban en manos ajenas la responsabilidad, es decir la capacidad de responder desde un punto de vista adulto.

El concepto de media naranja ha sido ensalzado por una de las industrias más potentes de nuestro mundo: Hollywood, y por Disney, que nos hizo ansiar la llegada de nuestro príncipe azul.

Recuerdo que antes de ser madre negaba la influencia de Disney sobre mí. Por contra, esta era de tal magnitud que había normalizado un montón de cuestiones. Todas ellas me impedían reconocer el perjuicio que habían ejercido sobre mi manera de entender, entre otras, las relaciones de pareja y el rol de mujer en ellas.

Adoraba todas sus películas, y en casa de mis padres éramos privilegiados por tener muchas en VHS, así que las veíamos una y otra vez sin parar.

Mi princesa preferida era Ariel, la Sirenita. Como no encontraba ninguna semejanza entre ella y yo, para mí estaba claro que lo que yo buscaba en una pareja era lo obvio, lo normal, pero nada más. Eso me decía a mí misma, porque consideraba evidente que no esperaba que nadie me rescatara, pues no estaba en peligro.

Inocente de mí.

Recuerdo con ternura a aquella Rocío que, ignorante de sus propias heridas, desconocía lo mucho que estas la condicionaban en sus elecciones.

Solo cuando me convertí en madre y la vida me dio la vuelta como un calcetín, reviví de alguna manera mi infancia desde mi nacimiento. Entonces tomé perspectiva y conciencia de mis heridas. A partir de ese momento pude ver con claridad la influencia que esta industria y el contexto

Vivir una relación
de pareja desde
la consciencia es
como cursar un máster
en crecimiento
personal.

social y cultural habían ejercido sobre mis decisiones. Esta influencia solo es comparable con la de la religión.

Por supuesto que en mi fuero interno esperaba encontrar a mi príncipe. Ese hombre que me salvaría de las tinieblas de mi corazón y sabría atender mis necesidades.

Ahora me es fácil reconocerlo, pero durante gran parte de mi vida me parecía que eso ni me había pasado ni me estaba pasando.

Las mujeres tenemos una desventaja en este sentido, pues se nos hace sentir seres incompletos e imperfectos desde bien pequeñas, y crecemos inmersas en ese contexto.

De esto ya se ha hablado mucho, así que no voy a profundizar en ello. A modo de muestra, te dejo algunos datos que me dolieron en lo más profundo de mi corazón cuando los leí hace unos meses.

Las cirugías estéticas han aumentado en España un 215 por ciento en ocho años. El 85 por ciento de los tratamientos los reciben mujeres, y el 15 por ciento, hombres.

La media de edad del primer retoque estético son veinte años.

El 70 por ciento de las jóvenes se identifica con un trastorno alimentario.

Este es el panorama que tenemos. Y no es nuevo, pues antes de las cirugías estéticas teníamos las cremitas para nuestras imperfecciones. La publicidad, en este sentido, siempre ha estado dirigida hacia nosotras, que debemos tapar hasta nuestro mal olor en determinado momento del ciclo...

Y no sigo, que me enciendo y me desvío del tema.

Lo que trato de decirte con todo esto es que la sensación de ser imperfectas ha calado en lo que Carl Jung llamaría nuestro inconsciente colectivo. Por eso nos relacionamos esperando a que llegue alguien, nuestro salvador, que nos complete.

Es importante que ahora te dediques tiempo a ti más allá de la pareja, para reencontrarte contigo, y así reconocerte como lo que eres: un ser completo que todos los días tiene varias oportunidades para aprender y, de ese modo, seguir creciendo.

Tu pareja, tú, yo y todo el mundo hemos venido a lo mismo y tenemos el mismo origen, formamos parte de un todo que nos une.

Solo que, como dice la hija mayor de Miguel Ángel, cada uno de nosotros viene con un estuche diferente: nuestro cuerpo.

Las relaciones humanas nos permiten aprender, que es a lo que hemos venido, y entonces crecer.

No te olvides de que los seres humanos somos seres interdependientes, y que de la misma manera que nuestros órganos internos no pueden funcionar de forma aislada y el daño en uno de ellos perjudica al resto, nosotras, las personas, funcionamos igual.

Nos necesitamos los unos a los otros. La independencia no es real para los seres humanos, mientras que la autonomía sí es necesaria.

Debemos tener claros estos conceptos para no confundirlos. Así nos será más fácil reconocer nuestras necesidades.

Esta realidad, unida al mito de la media naranja, nos ha hecho mucho daño en las relaciones de pareja, pues en muchos casos ha sido fácil desarrollar dependencia emocional y confundir el amor con uno de sus múltiples sucedáneos.

Y es que hemos confundido la necesidad de aprobación y la dependencia emocional con el amor, y ninguna de estas se parece a una relación amorosa, sino que más bien se acerca a una relación basada en las carencias y vacíos propios.

Si te identificas con algo de lo que te cuento, no te fustigues, no te lo cuento para que te culpes ni culpes a nadie. Por el contrario, se trata de que puedas ampliar la perspectiva y entenderte a ti y, si es posible, a tu pareja, y así podáis establecer formas más sanas de relacionaros.

Si no hacéis ese ejercicio previo de reflexión y cuestionamiento consciente que te proponía al inicio, es fácil que incurráis en el mismo error.

No entiendo la vida sin libertad. Las relaciones, cuando no se cuidan, nos encadenan desde patrones aprendidos o nuevos que se establecen con ataduras que no tienen por qué venir de la otra persona. Es más, pueden proceder de nuestras propias creencias y de la inercia a la hora de relacionarnos.

Claudia se separó con cuarenta y tres años como parte de su camino para reencontrarse con ella misma, volvió a salir con amigas, costumbre que se volvió difícil de mantener con la maternidad y que por ello terminó abandonando.

Con el paso del tiempo, en una de las sesiones nos contaba cuán horrorizada estaba porque había conocido a muchas personas nuevas, y todos los hombres se parecían al padre de sus hijos.

Lo cierto es que tenía tendencia a mirar hacia fuera y señalar a las situaciones y a otras personas como responsables de lo que ella vivía.

Tendía a quedarse en la superficie de lo que le sucedía porque le costaba conectar con el dolor y con cualquier emoción que no fuera agradable de sentir.

Cuando comenzó a conocer hombres, solo veía réplicas de su anterior pareja. Sin embargo, aún no había hecho una lectura responsable y consciente de lo que habían vivido mientras estaban juntos.

Achacaba todos los problemas a lo que había pasado con los padres de él y su falta de corresponsabilidad, y cómo aquello había deteriorado su relación hasta que ella decidió no aguantar más.

Y ella, ¿había aprendido algo? ¿Había algo que aprender?

Al principio no lo veía, pero, para encontrar las respuestas, ahondamos con cuidado en ese dolor que trataba de dejar escondido y que le hacía quedarse en lo superficial.

A Claudia le costaba conectar con sus auténticos sentimientos y vivía más en su área racional. Eso tenía mucho que ver con el apego evitativo que había desarrollado en su infancia.

Por ello huía ante cualquier posibilidad de conexión profunda, y se lamentaba de eso como si fuera algo ajeno a su forma de relacionarse, a sus miedos y a ella misma.

Darse cuenta de su estilo de apego y de cómo este condicionaba su manera de relacionarse con los demás le permitió sanar aquello que daba por hecho que formaba parte de ella y con lo que debía aprender a vivir. Curiosamente (o no tan curiosamente), al poco tiempo se topó con un hombre que no tenía nada que ver con lo que nos había descrito con desgana y cierta irritación en las sesiones de meses anteriores.

Claro que, antes de encontrarse con él, había llevado a cabo un proceso profundo de autoconocimiento y de encuentro consigo misma.

No es magia: las varitas mágicas no existen.

El apego es la forma en la que nos relacionamos y vinculamos con otras personas y este puede ser seguro o inseguro según la forma en la que nuestras figuras de mayor referencia, normalmente la madre y el padre, se han relacionado con nosotros en nuestra infancia.

Se determina no solo por la forma en la que se relacionan, sino por su capacidad de identificar y atender nuestras necesidades.

Existen varios tipos de apego inseguro: el evitativo, el ansioso o ambivalente y el desorganizado, que bebe de los dos anteriores.

De una forma tremendamente escueta te diré que las personas con *apego evitativo* tienden a no conectar con lo que sienten y huyen de las situaciones que las llevan a conectar más, mientras que las personas que han desarrollado un *apego ansioso* temen perder a la persona con la que mantienen una relación y dan poco lugar al espacio personal por temor a ser abandonadas.

La forma de relacionarnos en el mundo y con el mundo está condicionada por la forma en la que se relacionaron con nosotros nuestras figuras de referencia, pero esto no es algo estanco. Desde el inicio vamos desarrollando un estilo de apego predominante, pero no tiene por qué ser el único apego. Sería como las porciones de una pizza: podemos tener varias porciones del evitativo, muchas del ansioso y alguna del seguro. Y esto no siempre será así, podemos revertirlo a través de un proceso terapéutico y por tanto de sanación y crecimiento personal.

Por eso el cambio que experimentó Claudia no se debió en ningún caso a un hecho mágico, sino que fue consecuencia del proceso que ella realizó utilizando lo que estaba viviendo como una oportunidad para tomar consciencia y sanar.

Y es que existe un orden que rige la vida, unas leyes propias o hilos invisibles que nos conectan y nos permiten recibir cosas nuevas cuando aprendemos lo que necesitamos aprender.

En cierta ocasión, le oí a mi amiga Eva Sandoval que la vida es como un videojuego y que necesitamos llegar hasta el último nivel, que es donde cada cual se encuentra con su propio monstruo. Por supuesto, este no es más que la persona que encarna la herida que más nos ha condicionado hasta el momento.

Cada nivel está lleno de obstáculos, y cada persona decide cómo sortearlos: con pesar, viviéndolos como algo que está en su contra y maldiciendo lo que forma parte de la vida misma, o asumirlos como retos de los que aprender.

Solo entregándote a la situación y preguntándote qué puedes aprender de esta subirás a otro nivel. En este habrá más aprendizajes, pero cada vez te resultarán más ligeros gracias al entrenamiento adquirido en los niveles anteriores.

Los obstáculos son más pesados en los primeros niveles, pues cuentan con la carga transgeneracional, con la propia de la infancia y con todo el peso social y cultural.

En la medida en la que sanas de tus heridas y te cuestionas todo aquello en lo que crees, los obstáculos, es decir, aprendizajes, serán cada vez más ligeros.

Y esto solo lo puedes hacer desde la responsabilidad.

Claudia se hizo responsable de sus heridas y, como consecuencia de su mirada introspectiva, pasó algo. Hubo cambios fuera.

Y esos cambios la llevaron a conocer a un hombre que se convirtió en su pareja y con quien estableció una relación con una base mucho más libre de patrones relacionales.

Lo tengo clarísimo, y no es una creencia, sino una absoluta certeza: cuando hacemos cambios sustanciales de piel hacia dentro, se producen cambios de piel hacia fuera.

Claro que nunca sabemos qué tipos de cambios serán, ni cuándo ni cómo se darán.

De alguna manera, la vida tiene un lenguaje propio y nos pone por delante lo que necesitamos, con independencia de si lo deseamos o no. No hemos venido a vivir unas vacaciones paradisíacas, sino a crecer y evolucionar. Esto solo es posible por medio de los aprendizajes.

Si hay algo que no aprendemos a través de un obstáculo, la vida nos lo vuelve a poner con un obstáculo distinto.

Así pues, no esperes a que la vida te suba el volumen. Escúchala cuando te susurre y confía en que, si no te enteras, te subirá el volumen y te hablará. Si entonces tampoco la escuchas, ya te gritará para que te quede claro.

No es que la vida vaya en tu contra. Todo lo contrario, la vida está a tu favor. Pero no a favor de tus deseos y anhelos, sino a favor de tu ser, de que recibas lo que necesitas en este proceso vital.

Cuanto más desarrollada tengas esta mirada amorosa de la vida, más fácil te resultará escuchar sus señales y mensajes. De este modo podrás recorrer el camino de tu ser. Te acercarás a tu autenticidad y dejarás atrás a la persona que tus condicionantes familiares, sociales y culturales te obligaban a ser.

El cambio fuera sucede cuando se ha dado el cambio dentro.

Según dicen algunos, esto se debe a que somos energía, por lo que nuestra frecuencia de vibración cambia y atraemos situaciones y a personas que vibran en nuestra nueva frecuencia.

No puedo afirmar que esto sea cierto. Podría ser, pero no he investigado lo suficiente como para tener una opinión formada al respecto.

En definitiva, no existen las medias naranjas, ni una persona prototípica que responda de por vida a tus necesidades. Más bien, las personas que encontramos en nuestro camino vital varían al son de nuestra evolución.

El cambio fuera sucede cuando se ha dado el cambio dentro.

4

¿PARA SIEMPRE?

¿Te has parado a observar alguna vez la similitud entre las palabras *matrimonio* y *patrimonio*?

El matrimonio tiene su origen en el acuerdo que se establecía para salvaguardar el patrimonio familiar. Ni que decir tiene que no era un acuerdo consensuado por los protagonistas del enlace, sino por sus padres.

Cada vez hay menos invitaciones de boda tradicionales, porque la mayoría son digitales o tienen un aspecto mucho más actual, pero ¿has visto alguna?

En las esquinas de la parte superior de las antiguas invitaciones de bodas aparecen el nombre y apellidos del padre y de la madre de cada miembro de la pareja. A continuación, en el centro se lee algo así: «los invitan al enlace de» y entonces se dan los nombres de la pareja.

Esto se hacía así porque, en origen, el matrimonio no era una elección propia. Eran los padres quienes cerraban este acuerdo matrimonial para salvaguardar sus intereses económicos y materiales.

Cuando hablo de padres no me refiero a las madres y a los padres de ambos, sino a los padres de quienes se casaban, pues ellas solo interferían para secundar la decisión de sus respectivos maridos.

Es más, el matrimonio no se consideraba válido hasta

que ya se había consumado, es decir, hasta que se tenía la primera relación sexual. Esto se debía a que, para salvaguardar el patrimonio, hacía falta al menos un heredero.

¿Por qué te cuento todo esto? Porque considero fundamental mirar hacia atrás en nuestra historia para comprender de dónde venimos y de dónde beben nuestras tradiciones.

Solemos dar por sentadas verdades legítimas e inamovibles, cuestiones que hunden sus raíces en contextos muy diferentes de los actuales.

Sin embargo, aunque el contexto haya evolucionado en su mayor parte, nuestras creencias no lo han hecho al mismo tiempo.

Revisar de dónde venimos y nuestras creencias actuales nos puede ayudar a entendernos y a cuestionarnos aquello en lo que creemos y a abrirnos a otras posibilidades

Solo de ese modo podremos abrirnos a la posibilidad de que tal vez lo que consideramos bueno y correcto frente a lo que consideramos malo e incorrecto no sea tan así.

El matrimonio no es ni bueno ni malo, calificarlo así sería pecar de simplistas. Lo que determina su calificación es cuánto bien produce a las personas que forman parte de él o, por el contrario, cuánto perjuicio puede provocar.

En los tiempos remotos a los que nos referíamos más arriba, los protagonistas del matrimonio no tenían nada que opinar: era una decisión de sus padres y debían acatarla. Esta situación se mantuvo durante muchos siglos.

Solo en el siglo XVIII se introdujo el concepto del amor romántico, que tardó mucho en expandirse. Es más, todavía en pleno siglo XXI hay culturas en las que los matrimonios aún son contratos entre los padres y no se tiene en cuenta ni los deseos ni las emociones de los miembros de la pareja.

La visión del matrimonio bajo el paraguas del amor romántico tenía, cómo no, el sesgo de la cultura machista de la época. En ocasiones se convirtió, pues, en una fuente de esclavitud para el sexo femenino, aunque a veces era la única manera de salir del hogar familiar.

Así pues, el contrato económico dio paso, de alguna manera, a un contrato social en el que la libertad seguía brillando por su ausencia.

En ambos casos era un contrato para toda la vida y solo podía deshacerse en determinadas circunstancias; por ejemplo, cuando no había herederos, pues se entendía que el objeto del matrimonio no se había podido llevar a cabo.

Pero no quiero ahondar más en este asunto. Mi única pretensión con esto es mostrarte la foto grande para que puedas entender de dónde viene la dificultad que tenemos de entender hoy en día que las relaciones, también las de pareja, son cíclicas. Y es que la idea del «para siempre» surgió en un momento en el que el matrimonio tenía más que ver con un contrato mercantil que con el amor.

Fue este origen el que obligaba a que el matrimonio fuera de por vida, pues de ese modo el patrimonio permanecía en la familia a través de los herederos. El condicionante religioso afianzó aún más este sello eterno, pues «lo que Dios ha unido, que no lo separe el hombre».

La religión impregnó la cultura sin dar la opción de vivir al margen de sus mandatos. Mediante el recurso de la culpa lograba que las personas se mantuvieran en el redil e hicieran lo que esta consideraba correcto. Sin importar si había situaciones de violencia o de cualquier otra índole, un matrimonio se consideraba sagrado y nadie, pasara lo que pasara, tenía justificación alguna para romper lo que Dios había unido.

Así pues, solo cabía la opción de aguantar, manteniendo relaciones que no solo no sumaban, sino que restaban y a veces destruían el alma de las personas, haciéndolas vivir una vida de lamentaciones y desgracia.

Hollywood en general y Disney en particular alimentaron este monstruo. El príncipe rescataba a la princesa, ambos se casaban y vivían felices para siempre. La historia terminaba ahí.

Lo cierto es que, si acaso, la historia comienza en ese momento, al casarse. Ahí se embrolla la historia de cualquier relación, por lo que supone la cotidianeidad del día a día y por mantener la relación al tiempo que cada miembro de la pareja sigue su propio proceso de crecimiento y evolución personal inevitable.

Yo era una enamorada del «para siempre». En mi obra *Separada* cuento cómo por ello cuando el padre de mis hijos me planteó la posibilidad de separarnos para mí fue como una bomba que traté de evitar. Y después la misma creencia del «para siempre» fue un gran escollo a la hora de decidir separarnos definitivamente.

Sin embargo, no solo mi propia experiencia personal, sino también la profesional al acompañar a tantas personas en las sesiones, me han hecho comprender que realmente es muy difícil crecer juntos en pareja al unísono.

Desde mi punto de vista, la única manera de lograrlo, o acercarse, es poner consciencia. De lo contrario será imposible.

La relación puede sostenerse gracias a la inercia, pero entonces habrá dejado de ser un espacio nutricio para sus protagonistas: podrán estar juntos, pero eso no significará que estén unidos.

Mariam y Víctor. Una pareja joven y muy vital. Llevaban veintisiete años juntos, desde el inicio de su adolescencia.

Llevaban toda la vida juntos y eran madre y padre de una pequeña de diez años.

Ella llegó muy triste, y él, abatido.

Después de pensárselo durante unos años, ella había decidido dejar la relación. Esa decisión le pesaba muchísimo porque seguía queriéndolo un montón, pero notaba que la relación ya no tenía sentido.

Hacía mucho que funcionaban más bien como hermanos. Ella ocupaba el rol de hermana mayor y sentía que quería vivir su propia vida y que había crecido mucho en los últimos años. Por el contrario, él aún era casi el mismo a quien conoció en la adolescencia.

Reconocía la bondad de él, su gran corazón y lo buen padre que era para su hija. Pero eso ya no la llenaba a ella, que se consideraba incapaz de crecer más junto a él.

Y sobre todo, sentía que ya no compartía nada con él como mujer, solo como «hermana».

Y esto pasa muy a menudo. Uno de los miembros de la pareja crece a un ritmo muy diferente del otro. No de una forma mejor o peor, sino en un sentido diferente. Esta disparidad crea una distancia que puede ser insalvable.

¿Cuál es el sentido de la pareja? ¿Para qué estar en pareja?

A esta vida hemos venido a aprender, y existen pocas formas de aprendizaje más completas que las relaciones, ya sean de amistad, familiares, laborales o de pareja.

Por eso, cuando una relación (ya sea de amistad o de pareja) suma, es decir, nos complementa, puede ser tremendamente enriquecedora.

Eso sí, el que nos complemente no significa que nos haga sentir completas, pues ya somos personas completas de por sí. Pretender que alguien nos complete es caer en el concepto erróneo de la media naranja que te expliqué en el capítulo anterior.

Pero cuando esto no sucede, cuando la relación en sí nos limita y nos impide crecer y evolucionar, se produce en nuestro interior una disonancia que nos avisa de que existe una discrepancia entre las necesidades de nuestro ser (es decir, lo que nuestra alma necesita para evolucionar) y nuestros actos (o sea, lo que estamos haciendo).

Ante esa disonancia surgen la inquietud, cierto malestar, desgana, falta de paz interior... El alma se expresa a través de las emociones. Por eso es tan importante aprender a escuchar lo que cada emoción nos quiera decir.

Y cuando no nos escuchamos, el cuerpo comienza a somatizar, subiéndonos así el volumen para que paremos a escucharnos internamente.

Durante un tiempo, este conocimiento, unido a mi propia experiencia y mi dedicación profesional, me generaba cierta inquietud sobre mi relación de pareja actual.

La relación de pareja que tenemos Miguel Ángel y yo me parece un sueño hecho realidad. Sin embargo, en mi fuero interno me repetía (y compartía con él) que quería estar con él toda la vida, pero que asumía que nuestra relación podría terminar en un futuro lejano o no tan lejano.

Aquella idea comenzó a convertirse en un escollo. En mi interior fraguó un miedo muy profundo ante la posibilidad de que nuestros respectivos crecimientos personales nos alejaran al uno del otro y entonces nuestra relación careciera de sentido.

Había crecido mucho gracias a mi primera separación. Tenía clarísimo que quería ser libre. Me negaba a quedarme en un lugar o en una situación por miedo o por no querer asumir las consecuencias de un cambio. En su lugar, quería ser dueña de todas y cada una de mis decisiones, asumir la responsabilidad de estas y sus consecuencias.

Por todo ello sabía que, si en algún momento entendía que nuestra relación ya no sumaba, no iba a quedarme en ella, ni por pena ni por ningún otro motivo.

Y eso era lo que me asustaba: que mi propia lealtad a

Cuando no nos escuchamos, el cuerpo comienza a somatizar, subiéndonos así el volumen para que paremos a escucharnos internamente.

mí me hiciera perder algo que tanto me aporta y que considero un sueño hecho realidad.

Así pues, opté por lanzarme a la piscina, es decir, aceptar que algún día se podría terminar la relación, pero que mi apuesta en el presente era para siempre.

Pero no lo hice desde la visión del amor romántico tan alimentada por Hollywood y las novelas románticas, que en muchos casos muestran una relación de dependencia emocional más que otra cosa.

En su lugar, lo hice desde el deseo de que este vínculo tan precioso que tenemos pueda perdurar durante toda nuestra existencia.

Así que aposté por el «para siempre», sabiendo que será un «para siempre que haya amor».

Recuerdo que, después de reflexionar, bajé al porche de casa llena de determinación, miré a Miguel Ángel y con los ojos llorosos le dije (y vuelven las lágrimas mientras te lo cuento): «Te quiero, te amo, adoro nuestra relación, lo que sumamos, no quiero que termine nunca, pero asumo que puede terminar, y asumiendo esta verdad, te digo que quiero estar contigo siempre. Que me atrevo a decirlo, que no me lo voy a callar más porque racionalmente sepa que será o no posible. Mi corazón me dice que esto es un "para siempre" y yo me atrevo a sentirlo y expresarlo y lo que venga, vendrá, pero hoy te digo que quiero estar siempre contigo».

Desde ese momento sentí que me quitaba un peso de encima.

Yo misma me limitaba en mis sentimientos con mi razonamiento, y eso limitaba no solo la expresión de nuestro amor (a él le pasaba algo similar y desde entonces abrimos un candado que permitió que nuestra relación aflorara aún más), sino también el propio crecimiento de la relación.

No se trata de aceptar un concepto u otro, el «para

siempre» o que las relaciones son cíclicas, sino de que te cuestiones el sentido de estar en pareja, cuál es vuestro «para qué» y qué apuesta hacéis.

En nuestro caso, aceptamos que puede llegar el día en que nuestra relación ya no nos sume. Entonces podremos seguir amándonos, pero no en forma de pareja.

Una vez que aceptamos que esa es una realidad que puede suceder, nos entregamos a nuestra relación cuidándola en el día a día, sobre todo en los pequeños detalles, para que el «para siempre» sea posible.

No importa si después el «para siempre» es anterior a lo que hoy deseamos, importa que en el presente somos conscientes de que no estamos juntos porque sea lo que tenemos hacer, porque sea lo correcto o por cualquier otro motivo, sino porque es lo que elegimos cada día.

Y lo elegimos no solo en lo fácil, sino que nos elegimos también en los momentos de crisis, también cuando nos enfadamos y entramos en conflicto.

Esta es la parte más importante, ser capaces de hacer esa elección consciente también en los momentos difíciles, en los que sale lo que realmente hay, un amor profundo y real o alguno de los sucedáneos del amor.

En la familia enlazada, todo gira en torno al estado de la relación de la pareja. Por ello le dedico tantas páginas en este libro, pues es fundamental que tengáis un buen acople y sentéis las bases de una buena relación.

Aún recuerdo con cierta tristeza una relación de amistad íntima que tuve y que se esfumó con la llegada de mi maternidad.

No cerramos la relación, ella desapareció y a mí me dolió en lo más profundo. La eché mucho de menos durante años, y solo con el paso del tiempo y la experiencia he comprendido que mi propio crecimiento personal me distanciaba de algunas relaciones.

Porque esas personas y yo crecíamos de manera diferente. Eso hacía que a ratos me enfadara porque al parecer tenía que pagar el peaje de la soledad al sanar y crecer en mi interior.

Ahora entiendo muchas cosas.

Que es ley de vida.

Que la vida tiene sus propias leyes y normas.

Y que nos resistimos a aceptar esta realidad con el ansia de control y de que nada ni nadie cambie.

Algo tan absurdo como pretender que los árboles de hoja caduca no pierdan sus hojas en otoño.

¿A que sería absurdo tratar de retener esas hojas en sus ramas?

Pues lo mismo sucede con las relaciones que ya no nos suman.

Se desprenden de nuestra vida para dar espacio a lo nuevo. Y lo nuevo llega precisamente porque guarda coherencia con lo que necesitamos para seguir recorriendo el misterioso camino de esto a lo que llamamos vida.

De la misma manera que el planeta gira alrededor del sol y por eso existen las estaciones del año, que al día le sucede la noche, y que cada árbol, planta y ser humano tiene sus propios ciclos (algo evidente en las mujeres), las relaciones interpersonales también son cíclicas.

Que saber esto no te suponga lo que me supuso durante un tiempo, no entregarte a tu relación, sino para aceptar que lo que tienes en el presente es lo que el significado de esta palabra indica, un regalo.

Debes cuidarlo y regarlo como quien reconoce el tesoro que alberga y desea conservarlo para siempre. Tienes que saber y confiar en la sabiduría de la vida misma para entregarte a lo que sea en cada momento.

Yo cumplo con mi parte: cuidar mi relación conmigo, con mi pareja, con mis hijos y con los míos como lo que son, un regalo inmenso que me nutre y me ayuda a crecer.

En la familia enlazada, todo gira en torno al estado de la relación de la pareja. Por ello le dedico tantas páginas en este libro, pues es fundamental que tengáis un buen acople y sentéis las bases de una buena relación.

Y dejo a la vida el designio de estas relaciones. Me ocupo así de mis asuntos, suelto los asuntos de los otros y dejo que la vida se ocupe de los suyos, que es todo lo demás, pues confío plenamente en ella.

Así que puedo decir que, para mí, el «para siempre» es que haya amor de pareja. Para siempre es también que nuestra conexión exista y que juntos podamos ser más que sin el otro.

Percibo con total claridad, y son muchas las situaciones que me lo han mostrado, que actualmente soy más con Miguel Ángel al lado y él es más conmigo al lado.

Crecemos y aportamos más a la sociedad por el hecho de estar juntos en pareja que desde nuestra condición de individuos.

Estar junto a él me permite crecer en el *yo soy* de una manera inigualable por el momento.

Siento que junto a él me siento más yo, más libre, más capaz de brillar desde mi autenticidad.

Su aliento me ayuda a atreverme a desplegar mis propias alas y alzar un vuelo mucho mayor. Mientras sea así, quiero seguir a su lado.

Pues juntos sumamos más.

Y si algún día nuestra relación limitara mi vuelo, entonces quiero ser capaz de aceptar que el «para siempre» llegó hasta ese momento.

Y mientras tanto, como no sé si ese momento llegará en el lecho de muerte de alguno de los dos o antes, me entrego y vivo como si el «para siempre» cruzara el umbral de la eternidad.

5

LOS CONFLICTOS EN LA RELACIÓN

Primero escuchar y después validar emociones.

Algo con lo que solemos encontrarnos en las sesiones es que toda persona, ya sea hombre o mujer, desea que su pareja entienda la realidad tal como la entiende él o ella.

Pareciera que las personas, en numerosas ocasiones, pretendiéramos implantarle a la pareja una especie de chip o unas gafas para ver la realidad como la ve una misma.

Con ello obviamos que cada ser humano tiene una percepción propia de cómo son las cosas, es decir una interpretación, pues no contamos con la visión unívoca de la realidad.

En cualquier relación, sobre todo en la de pareja, es fundamental distinguir lo que llamamos mapa del territorio. Cada cual tiene un mapa mental diferente y sujeto a interpretaciones.

Javier nos comentaba sus dificultades para entender a su pareja, Inés.

—La otra tarde —dijo—, llegó para contarme un problema muy serio que había tenido en el trabajo. La cosa acabó en una fuerte discusión con un compañero y luego otra con su jefa. Al verla tan sofocada, trataba de ayudarla, pero no había manera.

Le ofrecí soluciones, como que al día siguiente hablase con una superior jerárquica, que se apartase de ese compañero..., pero nada daba resultado. Es más, ante mis sugerencias dirigió su ira hacia mí y me gritó que yo no entendía nada. Y lo que creo que sucede es que no la entiendo a ella.

A Javier le resultaba muy complicado entender que, cuando Inés le contaba lo que le había pasado, no esperaba que él le ofreciera soluciones, sino simplemente apoyo moral y emocional.

Inés solo quería que su pareja la escuchase de corazón a corazón. Ni siquiera necesitaba que le diera la razón.

Pero Javier no ha sido educado emocionalmente, como casi nadie, para conocer las necesidades más profundas de su pareja y solía confundir el mapa personal de cada uno con el territorio de los dos.

La situación de Javier e Inés ilustra a la perfección un hecho frecuente en la comunicación de pareja entre hombres y mujeres.

Y es que, en términos generales, a los hombres, fruto de la sociedad patriarcal en la que crecemos, les resulta difícil establecer una conexión emocional y han desarrollado un pensamiento más directivo del tipo causa-efecto.

Al entender que, si hay un problema, hay que solucionarlo, obvian el pensamiento multidimensional que las mujeres desarrollamos con más facilidad.

El territorio es el mismo, pero el mapa con el que cada uno cuenta es bien diferente.

Cuando nos comunicamos en pareja, damos por hecho que nuestro compañero o compañera se mueve en el territorio con el mismo mapa, y entonces la hemos liado.

A partir de ahí, el entendimiento es casi imposible, y esto ocurre en el instante en que uno de los dos comienza a hablar.

En cualquier relación, pero mucho más importante es en la de pareja, distinguir el mapa del territorio es fundamental. Cada cual tenemos un mapa mental diferente para interpretarlo.

Pretendemos que la comprensión se dé, porque la otra persona nos entienda por el mero hecho de escucharnos, porque debería entendernos porque sí, porque es muy fácil.

Déjame decirte que no, que para ti es fácil entenderte porque te mueves con soltura en tu mapa, pero para que tu pareja te entienda debes reconocer primero tu mapa y saber identificarlo para que sea lo primero que le muestres.

Solo así te entenderá con arreglo a tus necesidades cada vez que te escuche, y viceversa, pues la escucha es una parte fundamental de la comunicación y la más obviada en la mayoría de las ocasiones.

El desarrollo emocional comienza con una verdadera escucha activa. Claro que aquí se une una dificultad añadida: el analfabetismo emocional de los adultos de hoy en día, que hemos necesitado cierta madurez lúcida para aprender a movernos en el área emocional.

Los seres humanos contamos con cuatro áreas: la física, la mental, la emocional y la espiritual. Para vivir en equilibrio tenemos que cuidar las cuatro.

Solo cuando la supervivencia estaba asegurada (área física) comenzamos a cultivar el área mental, y cuando esta es fácil de alimentar nos ocupamos de la emocional, imprescindible para avanzar en la vida y construir una vida serena de acuerdo con el área espiritual.

Lo espiritual no equivale a lo religioso. Puede vivirse a través de la religión o de cualquier otra manifestación que le dé forma a lo que vivimos y que vaya más allá de lo que los ojos alcanzan a ver y las manos a tocar.

Volviendo al tema de la pareja, quiero confesarte que escuchar con el corazón es uno de los asuntos que más dificultades me han granjeado en mi relación de pareja actual. Bueno, lo cierto es que siempre ha sido así, solo que junto a Miguel Ángel he sido consciente de esta dificultad mía que llegó a suponer un obstáculo en nuestra relación, aunque cada vez tengo esta habilidad más desarrollada y el obstáculo ya no es tal.

Para escuchar debemos abandonar la interpretación. Desbloquear esta barrera puede cambiar la totalidad de la conversación y evitar malos entendidos y discusiones.

Esto se debe a que nuestra interpretación parte siempre de lo que creemos, no de lo que escuchamos. Hacemos esto desde nuestro mapa, sin tener en cuenta el mapa de la otra persona.

Al interpretar no vemos a quien nos habla, sino que nos reafirmamos en nuestras creencias relativas a la otra persona y en la situación que nos expone.

Esto se traduce en que no aceptará nuestra respuesta como válida y abrirá distancias ante la sensación de que «no me ha escuchado» o «no me ha entendido».

Por eso, el primer paso cuando vas a escuchar a tu pareja es conectar con quien es y tener en cuenta su mapa.

Al bajar el volumen de tu mente subirás el de tu corazón y, una vez conectados, la escucharás.

De esta forma no te quedarás solo con la información audible que llega a través del lenguaje verbal, sino que además podrás ver a tu pareja, tener en cuenta el lenguaje no verbal y también el contexto de la situación y el vuestro mientras habláis.

Para lograrlo, antes habréis tenido muchas conversaciones en las que hayáis podido conocer y reconocer el mapa del otro.

En nuestra sociedad es fácil hablar y opinar, sin embargo escuchar resulta más difícil. Por eso, las primeras veces que hagas lo que te propongo puede resultar un poco impostado.

Pero si lo hacéis juntos, si practicáis desde la inocencia

de quien se reconoce aprendiz y puede ver en la otra persona torpeza y no maldad, podréis utilizar los desencuentros como una oportunidad para crecer individualmente y en pareja. A fin de cuentas, ese es el sentido de estar en pareja.

Si antes ha habido un proceso profundo de conocimiento de la otra persona, en los momentos de escucha podrás traer al niño que fue, al adolescente, al joven y al adulto que es y ha sido.

De esa manera podrás tener en cuenta todas sus facetas, sus heridas y sus miedos en la conversación o el conflicto, y así no tomarte como algo personal eso que te cuenta y que no tiene que ver tanto contigo, sino con él o ella.

De ese modo, al trascender la mirada, tu escucha será un abrazo, será cobijo y, así, encontrará lo que busca en ti.

A fin de cuentas, eso es lo que los seres humanos necesitamos al comunicarnos: comprensión.

Pero nada de ello será posible si no ha habido antes un proceso idéntico (o, al menos, similar) hacia dentro, es decir, introspectivo. Esto se debe a que no puedes reconocer a tu pareja en profundidad si antes no ha habido un autoconocimiento amplio.

No puedes verla con toda su mochila si no reconoces la tuya. Si no lo haces incurres en el riesgo de proyectar, es decir, ver en la pareja cuestiones que en realidad son tuyas.

Por eso la primera acción externa que podemos hacer tras escuchar es validar.

Validar lo que siente nuestra pareja en aquello que nos cuenta.

Validar es la forma de decirle: «Te veo» y «Estoy contigo».

Vuestros puntos de vista no tienen por qué coincidir, pero eso no impide que entiendas a tu pareja al verla vivir las cosas, es decir, moverse, en su mapa.

Recuerdo que, no hace mucho tiempo, me enfadé mucho. Hacía mucho tiempo que no me enfadaba tanto.

En un momento dado, Miguel Ángel me ofreció un abrazo y le dije que no me apetecía. No obstante, su ofrecimiento me dio espacio para expresar con ira el enfado que sentía. Él se limitó a escuchar, y eso era lo que necesitaba.

No necesitaba que me diera la razón, ni que me dijera nada, solo necesitaba sentir la comprensión de alguien que me viera con todo lo que soy y pudiera sostener el volcán emocional que sentía en aquel momento.

Necesité verbalizar mi enfado durante varios minutos, llorar por la impotencia que sentía. Después me di una ducha. Una vez autorregulada, lo hablamos con calma y, entonces sí, acepté su abrazo, que seguía disponible.

Fue agradable, y siempre lo es, sentirlo ahí cuando lo necesito. Sentir esa escucha desde la conexión. Pero no siempre ha sido así. Llegar hasta este punto ha supuesto un largo aprendizaje a base de errores por parte de ambos, de muchísimas conversaciones y de un profundo autoconocimiento.

Al principio, él me ofrecía soluciones o intentaba que yo no les diera tanta importancia a cosas que en mi opinión sí la tenían. A cambio, yo pretendía que él me entendiera por arte de magia sin que yo le hubiera explicado cómo vivo y siento determinados asuntos.

Lo que trato de decirte es que hay cuestiones básicas en la comunicación de pareja, pero no se trata tanto de una fórmula precisa como de:

Autoconocimiento para poder identificar tus propias necesidades y expresarlas sin pretender que la otra persona las sepa por el arte de la adivinación.

Responsabilidad emocional para hacerte cargo de lo que necesitas antes de demandarlo. Recuerdo con ternura cuando le pedía a Miguel Ángel que me sostuviera y él no tenía ni la menor idea de a qué me refería.

Para mí, el sostén no es más que el saberme acompañada

Si practicáis desde la inocencia de quien se reconoce aprendiz y puede ver en la otra persona torpeza y no maldad, podréis utilizar los desencuentros como una oportunidad para crecer individualmente y en pareja.

en una situación de vulnerabilidad. Él se esforzaba por ayudarme a resolver la situación y yo solo quería que me entendiera desde la conexión de quien es mi compañero.

El entendimiento puede darse, aunque se viva la situación de otra manera. En nuestro caso, cada uno da importancia a cosas que al otro le parecen irrelevantes. Sin embargo, al ver a la persona en conjunto, nos entendemos el uno al otro en situaciones que vemos bajo un prisma diferente.

No necesito que nadie solucione mis dificultades por mí. Si lo necesito, pido ayuda. Antes de llegar a eso, lo más importante es esa comprensión.

Eso es sostener, eso es también validar.

Validar la emoción que siente la otra persona se puede hacer con una mirada, con un abrazo o con palabras.

La **comunicación** es la tercera pata de este trípode. Es imprescindible para llevar a cabo todo lo anterior. La escucha añade eficiencia a la comunicación.

Escuchar también es cuidar. Si solo una de las partes escucha y comprende, el desequilibrio será cada vez mayor y las fisuras en la relación serán inevitables.

Reconocer lo que somos es fundamental. Para ello, acogemos la historia de vida completa de cada persona, pues de lo contrario nos parecerán irrelevantes algunas cosas que nuestra pareja considera de suma importancia.

Las personas nos somos libres, hacemos lo que podemos con la mochila que traemos, y esta mochila puede ser muy pesada cuando venimos de una relación anterior con hijos.

En la comunicación, aunque no estemos de acuerdo, no podemos negar lo que la otra persona siente, pues lo que sentimos es innegable e incuestionable.

Es más fácil que la escuches atendiendo a lo que siente y que te escuche si validas lo que siente. Sobre esta base, puedes preguntarle qué necesita, si quiere tu opinión o lo que pueda sumar en ese momento: unas veces, un abrazo; otras, el silencio; otras, un consejo.

Tener en cuenta esto en situaciones de conflicto es mucho más difícil. Por eso, tratar de ponerlo en práctica en el día a día será de gran ayuda ante conversaciones complejas o incluso hostiles.

A veces creo que tengo un trastorno aún desconocido, porque mi incontinencia verbal ha llegado a ser brutal en algunos momentos de mi vida (entiéndase la ironía), y es que tiendo a hablar muchísimo y en las discusiones de pareja mi capacidad de escucha se reducía a la mínima expresión.

Y en situaciones normales, antes de que Miguel Ángel terminara yo ya contaba cuántos segundos le faltaban; así podría replicar sin demora.

Con ello me perdía todos los matices de la comunicación no verbal y, por supuesto, dejaba de verlo a él para verme solo a mí a través de lo que quería expresar.

Esto es toda una catástrofe en cuanto a comunicación de pareja se refiere.

Cuando reparé en mi torpeza y en lo mucho que dificultaba nuestra conexión, entendí que tenía por delante una gran oportunidad de aprendizaje.

Me supe aprendiz cada vez que conversábamos, y reconozco que en muchas ocasiones me sentía como si tuviera un esparadrapo en la boca.

Las palabras querían salir a borbotones, y entonces lo miraba a los ojos y traía a su niño. De ese modo me era mucho más fácil conectar con él y la escucha se daba sola.

Gracias a la práctica que desarrollé en el día a día, pude tenerlo en cuenta y llevarlo a cabo en situaciones de conflicto. Así, mientras lo escuchaba, me repetía la teoría una y otra vez. Fue de este modo como me convencí de que debía respirar para conectar y escucharlo.

Al hacerlo me perdía matices de la conversación, pero eso era preferible a darle rienda suelta a mi incontinencia verbal.

Los conflictos en la pareja

Hay quien mide la calidad de la relación por un reducido número de discusiones, de la misma manera que hay quien la mide por el número de relaciones sexuales.

Ninguno de los dos criterios es una medida fiable de la calidad de la relación. Lo que sí puede ser un termómetro de falta o no de equilibrio en la relación es la ausencia de conflictos.

Los conflictos no son más que la muestra de una falta de acuerdo. Por eso ante un conflicto necesitamos llegar a un acuerdo o revisar el que existe, pues el estar dándose la controversia es el síntoma de que el existente no es válido o es insuficiente.

Es más, la ausencia de conflicto suele indicar el nivel de desequilibrio de una relación porque una de las partes complace a la otra sin tenerse a sí misma en cuenta.

La mayoría de las veces esto se hace por evitar un conflicto, pero entonces lo que sucede es que la persona se queda con un conflicto interno.

Una situación muy frecuente que sucede ante la falta de escucha interna y por lo tanto la falta de atención a las necesidades propias.

Sea como fuere, la existencia de conflictos en la relación no es mala de por sí, ni tiene por qué ser un mal síntoma. Lo que sí puede ser dañino es gestionarlos mal.

Un conflicto no tiene por qué ser agresivo, basta con que haya un desacuerdo. De hecho, las personas solemos vivir bastantes conflictos internos a lo largo de nuestra vida ante la dicotomía de lo que necesitamos hacer y lo que finalmente hacemos por responsabilidades externas, como puede ser la de cuidar o la de complacer.

La mayor dificultad en los conflictos de pareja se da cuando se quiere tener la razón.

Cuando comprendas que luchas por tener razón o porque la otra persona entienda que tienes razón, se te debería encender una luz roja a modo de alerta: ese es el camino de la perdición.

Si ambos os empeñáis en querer tener razón, todo puede degenerar en una discusión sin fin o en un conflicto sin resolver que corre el riesgo de crecer como una bola de nieve.

Cuando Miguel Ángel y yo comenzamos, una de las primeras cosas que le dije que consideraba fundamentales en la relación de pareja era que lo habláramos todo, que no se quedara ninguna piedra en el zapato.

¿Alguna vez te ha entrado una piedra muy chiquitita en el calzado y has seguido caminando por no pararte a quitarla?

Cuando por fin te paras y la sacas, sientes un alivio inmenso. Entonces comprendes que era más molesta de lo que creías y que, si te hubieras parado antes a sacarla, podrías haberte ahorrado unos minutos de molestia.

Pues bien, en las relaciones, y sobre todo en las de pareja, sucede lo mismo.

Cuando no le damos importancia a una cosa pequeñita que nos ha molestado o no nos ha gustado, acumulamos otras cuestiones pequeñitas que carecen de importancia. Por volver a la analogía de la piedra en el zapato, corremos el riesgo de que al descalzarnos salga un montón de piedras y el daño causado sea mucho mayor que el de una sola piedra.

No os hagáis esto, habladlo todo y tratad de hacerlo desde la escucha activa, desde la conexión de vuestros corazones y entendiendo que la otra persona no actúa contra ti, por lo que en vez de maldad lo que hay en tu pareja es torpeza.

Ahora bien, tan importante es que habléis de todo lo que haga falta como que elijáis el momento de hablarlo.

No todos los momentos son buenos. Por ejemplo, en plena erupción volcánica emocional no es buena idea establecer acuerdos o hablar de un conflicto.

Tal vez necesitéis un espacio individual antes de hablarlo.

Dependiendo del estilo de apego que cada miembro de la pareja tenga, postergar la conversación será más o menos fácil.

Por ejemplo, uno de los dos puede requerir espacio y silencio antes de hablarlo con calma y profundidad, pero el otro puede necesitar que la conversación tenga lugar en el momento y todo quede resuelto antes de dejar espacio individual o llevar a cabo cualquier otra actividad.

Hacer una cosa u otra puede suponer pasar por encima de una de las partes. Ello solo conseguirá avivar el conflicto en sí.

Es importante que ambas partes se sientan tenidas en cuenta, para poder aplazar la conversación y retomarla con más escucha y conexión.

He aquí algunas cuestiones prácticas que se pueden tener en cuenta a la hora de hablar en pareja sobre un asunto delicado:

- Salir a pasear mientras se conversa, algo que ya hacían los peripatéticos en la antigua Grecia. Así se activan la circulación y la oxigenación del cerebro, lo que favorece la autorregulación y el equilibrio emocional.
- Acordar un momento concreto para tratar el asunto, un momento en el que poder hablar sin prisa y sin interrupciones.

- Conversar antes de las ocho de la tarde. Pues podríamos decir que de forma natural a partir de esa hora nuestro cerebro comienza a desconectarse, además de que el nivel de cansancio emocional es alto y entonces la probabilidad de escuchar de forma asertiva se reduce al tiempo que aumenta la posibilidad de crispación.
- Lo ideal es dormir después de haber resuelto el conflicto. Cuando no sea posible hacerlo desde la calma, entonces puede ser mejor dejarlo de forma excepcional, es decir sin que se convierta en una norma, para el día siguiente.
- Reconocer la torpeza para resolver cualquier asunto ayuda a conectar con la compasión. Así, la capacidad de maldecir a la pareja o a sí mismo se reduce de manera exponencial. Por eso insisto tanto en esta visión.
- Por último, pero no por ello menos importante, en el conflicto es importante no señalar a la otra persona como responsable. Hablar desde el yo y desde lo que se siente, con la predisposición de encontrar una solución, facilita la resolución.

Una buena fórmula es expresarse desde el «yo siento... / me siento...», seguir con «yo necesito...» y terminar con «yo propongo...».

Te lo cuento con un ejemplo que lo ilustrará mejor:

Cada mes de septiembre, Miguel Ángel y yo revisamos todos los cajones de nuestra casa y armarios para deshacernos de aquello que ya no nos es útil. Así evitamos acumular pertenencias.

No acumulamos casi de nada, salvo en el trastero, que año tras año se llena de trastos inservibles.

Así que hace un año me empeñé en ordenarlo de una forma sencilla y simple para que se mantuviera el orden.

Y el acuerdo entre nosotros dos fue mantener dicho orden.

Pues bien, la tercera vez que entré en un mes y vi cosas fuera de su lugar me enfadé bastante.

Dejé pasar la primera confiando en que fuera solo algo puntual, la segunda deseé que volviera a ser algo puntual, pero la tercera vi que no, que el acuerdo no se estaba cumpliendo.

Como me conozco (autoconocimiento), supe que con aquel nivel de enfado me exponía a hablarle de una manera que le sienta fatal y que el conflicto creciera sin necesidad, así que me dispuse a respirar hondo y relativizar lo que había pasado (autorresponsabilidad emocional), para así hablarlo con él (comunicación) de forma asertiva y que encontráramos el acuerdo que nos valiera a ambos.

Así que cuando lo tuve delante le pude expresar lo siguiente:

—Me siento superenfadada porque nos habíamos comprometido a mantener el trastero en orden y he visto que por tercera vez había cosas fuera de su sitio.

»Necesito que mantengamos el orden, que puede ser este o cualquier otro que nos valga a ambos.

»Así que propongo que busquemos otro orden que te resulte más fácil de mantener, o lo que sea que se te ocurra.

Él validó mi enfado y se comprometió a mantener el orden.

Es interesante destacar que el conflicto fue una oportunidad para revisar nuestro acuerdo y que gracias a ello el trastero estuvo mejor ordenado que en años anteriores.

No en el orden que a mí me gustaría, pero sí al máximo nivel que ambos somos capaces de mantener de forma conjunta. Lo cual me recuerda que la exigencia no suele ser una buena compañera de viaje. Y es que *tolerancia* y *flexibilidad* son dos palabras claves para mantener una buena relación de pareja.

Con este ejemplo pretendo mostrarte cómo en mi forma de expresarme no cabía el reproche. Es fundamental tener esto en cuenta en la comunicación de pareja, pues somos dados a los reproches, lo que activa las defensas de quien los recibe, con lo que la escucha se anula y la discusión está asegurada.

No se trata de buscar la manera de ser la pareja ideal, sino de utilizar cada situación como una oportunidad para crecer juntos.

Al inicio de nuestra convivencia, muchos de los conflictos tenían que ver con los hijos de cada uno. En la segunda parte del libro te hablaré de esto con más detalle. Por ahora, te adelanto que esos conflictos eran inevitables y necesarios porque faltaban muchos acuerdos que establecer. Acuerdos que ante la falta de conocimiento de lo que es convivir como familia enlazada no habíamos establecido con anterioridad.

Gracias a los conflictos, reparábamos en la ausencia de determinados acuerdos y los establecíamos.

No hay un manual que te diga a qué acuerdos hay que llegar. Estos se detectan con el día a día, aunque con lo que te contaré en la segunda parte del libro confío en que puedas adelantarte a algunos genéricos y fundamentales que os facilitarán el día a día.

La mayor dificultad llega cuando tomamos cada conflicto como un síntoma de que la relación va mal y lo asumimos como un nuevo fracaso, entonces la capacidad de aprendizaje se esfuma y la probabilidad de volver a chocar aumenta.

Por eso, no permitáis, ni como individuos ni como pareja, que el conflicto sea al termómetro de la relación. Profundizad en las necesidades subyacentes al conflicto, id a la raíz de este.

Si vivimos cada conflicto como un síntoma de que la relación va mal y lo asumimos como un nuevo fracaso, la capacidad de aprendizaje se esfuma y la probabilidad de volver a chocar aumenta.

II

LA FAMILIA ENLAZADA

6

AMOR VS. MIEDO

No puedo hablar de familias enlazadas sin introducir antes este asunto. Por inercia, vivimos desde el miedo el proceso de enlazar familias. En estas condiciones es muy difícil lograr el éxito del nuevo molde familiar.

Conviene preguntarse si queremos vivir desde el miedo o desde el amor cada elección que hacemos en nuestro día a día; pues nada de lo que expreso a continuación es exclusivo de este momento vital.

Es más, te invito a que extrapoles todo lo que te resuene a tu vida en general, no lo limites al proceso de ser una familia enlazada.

Porque, a fin de cuentas, solo tenemos dos opciones a la hora de afrontar cómo queremos vivir la vida: desde el amor o desde el miedo.

Esta elección se produce de manera constante en el día a día. Si no elegimos con consciencia, lo hacemos desde la inercia. En todo caso, elegir es inevitable.

Y por regla general actuamos más desde el miedo, pues nuestro sistema se basa en la carencia y en la desconfianza. Sumémosle que nuestro cerebro está diseñado para la supervivencia, por lo que tanto el ego como el cerebro funcionan desde el miedo.

No existen emociones positivas o negativas: absolutamente todas las emociones cumplen una función, tienen un sentido. Lo que ocurre es que algunas nos resultan agradables y otras nos incomodan.

No es posible vivir una vida exenta de emociones incómodas, pues estas tienen la misma función que el dolor físico: ponernos en alerta sobre posibles desequilibrios en nuestro cuerpo que conviene atender.

Gracias al dolor, prestamos atención a la parte del cuerpo físico que la requiere. Y lo mismo sucede con el dolor emocional, pues gracias a que nos incomoda podemos pararnos a escuchar lo que esta emoción viene a decirnos.

Hace poco falleció mi abuela materna y su muerte me trajo una tristeza con la que no contaba al ser un duelo esperado.

¿Para qué sentía esa tristeza? ¿Qué venía a decirme? Cuando me entregué a lo que sentía sin juicio alguno, pude responder a estas dudas y con el tiempo agradecer haberla sentido.

Y es que esa tristeza me trajo la oportunidad de hacerme preguntas, de revisar mis prioridades y entonces tomar decisiones, como ir más despacio en mi día a día y reducir los asuntos que atendía.

Además de que me ayudó a relativizar algunas cuestiones que en las últimas semanas me habían martilleado.

Así que esa tristeza que en un momento dado me incomodó fue necesaria en mi camino vital. Y es que los aprendizajes derivados de las situaciones dolorosas y de las heridas nos hacen crecer y evolucionar y nos ofrecen acercarnos cada vez más a quienes realmente somos.

Las emociones incómodas nos hacen saber dónde debemos poner atención para seguir haciendo lo que hemos venido a hacer a este lugar llamado vida: aprender.

Nuestro crecimiento es inevitable, y la única forma de evolucionar es sanando y aprendiendo.

Precisamente las emociones desagradables son las que nos alertan de que las situaciones incómodas encierran un aprendizaje en nuestro camino de vida.

Cuando tratamos de evitar la emoción o luchamos por que esta pase lo antes posible, perdemos una oportunidad. La vida, en su infinita generosidad, nos pondrá otra vez por delante una situación similar para que podamos aprender lo que en la ocasión anterior no nos detuvimos a reconocer.

Es importante entender que, por ahora, los seres humanos aprendemos a través de las experiencias que nos incomodan. Es decir, los grandes aprendizajes no derivan de situaciones placenteras, sino todo lo contrario.

Por ello, ante esta población analfabeta emocional, necesitamos, más que aprender a sentir, atrevernos a sentir.

En algún momento hemos creído que es posible vivir una vida fácil y sencilla donde *todo esté bien*, y ese *bien* se ha traducido en vivir bajo un estado de anestesia emocional en el que nos quedamos en la superficie para no contactar con la realidad emocional que se acumula en nuestro interior.

Cuando distraemos nuestra mente para no conectar con la realidad emocional que albergamos, o restamos importancia a nuestros sentimientos juzgando que no deberían dolernos tanto o que ya deberíamos haberlos superado, somos como ese perchero que acumula, acumula y acumula hasta romperse.

Y cuando las personas nos rompemos, explotamos como un volcán en el momento más inesperado, con la persona menos indicada y de una forma desproporcionada.

O eso, o nos rompemos hacia dentro y nuestro cuerpo reacciona con ansiedad o depresión.

Al igual que ocurre con el cuerpo, las emociones son nuestras aliadas y nos ponen en alerta sobre aquello que necesitamos atender.

No es fácil cuando no estamos acostumbrados a pararnos para sentir y escuchar lo que cada emoción tenga que decirnos.

He aquí algunas nociones que pueden servir de guía:

- Date permiso para sentir.

A veces, la intensidad emocional puede ser tal que nos parece que vamos a morir de dolor. Debes saber que, aunque la sensación es real, no morimos por sentir.

- No juzgues lo que sientes.

Por insignificante que te parezca lo que ha sucedido, si te ha generado una emoción incómoda, déjala estar. No eres peor por sentirla, tiene un sentido y tiempo habrá de analizarlo, pero primero deja estar lo que sientes.

- Una vez que sientes la emoción en el cuerpo y dejas que exista dentro de ti, puedes preguntarte qué quiere decirte.

Esta es la parte más interesante. En casos de dolor corporal o fiebre intensa y duradera tratamos de localizar la fuente del desequilibrio físico para ayudar a nuestro organismo. Con nuestra área mental y emocional necesitamos hacer lo mismo.

Si ves un jabalí en el campo o en la ciudad y sientes miedo, gracias a este te pondrás en alerta y correrás para ponerte a salvo. Así pues, bendita emoción incómoda es el miedo, que te ha salvado de un posible accidente al cumplir su función y permitirte actuar en consecuencia.

Lo mismo sucede con las demás emociones y situaciones más cotidianas.

En el proceso de crecimiento personal de Alejandra hubo un periodo en el que se enfadaba con más facilidad. No le gustaba.

Quería ser la misma Alejandra afable y risueña que había sido hasta entonces, pero no le salía: se indignaba y frustraba como nunca.

¿En qué momentos le sucedía esto? Cuando los demás le pedían algo.

Uno de los mandatos que más protagonismo habían adquirido en su vida era el de ser complaciente. Se había sometido a él en su relación con los demás y en las decisiones que había tomado hasta ese momento.

Al indagar reparó en que se enfadaba consigo misma para no enfadarse con los demás, y se enfadaba porque era incoherente.

En realidad, no quería estar tan disponible para todo el mundo, deseaba decirle a todo el mundo que no, pero no se atrevía porque no quería molestar a nadie.

Como consecuencia, se molestaba consigo misma. En el proceso, se negaba a sí misma y sus necesidades para atender las de los demás.

Ese enfado cumplía una función relevante: ponerla en alerta de que descuidaba sus necesidades para satisfacer las demandas ajenas.

Esta forma de comportarse le había funcionado durante una gran parte de su vida. Le permitió sobrevivir en su infancia y en la vida que había llevado hasta el momento.

Pero en su proceso de evolución, este comportamiento ya carecía de sentido y no era funcional. Por ello, al tratarse de las mismas situaciones «de siempre», su estado emocional reaccionaba de manera diferente.

Ese enfado era una señal de alerta: necesitaba revisar ese aspecto de su vida.

Esa manera de complacer a los demás, por incómodo que le resultara, le sirvió para descubrir algo. Alejandra comprendió que solo pensaba en la aprobación de los demás, y que no ponía límites al resto para evitar confrontar con ellos.

Pero a costa de no vivir conflictos externos, permanecía en uno interno cada vez mayor. A partir de darse cuenta decidió comenzar a darse permiso para decir que no a los demás para decirse que sí a ella misma.

De este modo, encontró el nuevo equilibrio que le permitía estar en paz.

Lo que nos vale en un momento dado de la vida, no tiene por qué valernos en otro, y mucho menos para siempre.

Por esto también te comentaba que no juzgues lo que sientas en cada momento: no eres la misma persona que eras hace unos años, y mucho menos la que eras hace cinco, diez o quince años, ni eres la misma persona que serás dentro de otros tantos.

Lo que ahora sientes en cada momento te muestra algo que puedes atender o que necesitas sanar para seguir alineada en tu camino de vida.

Por eso, en el camino del amor también existe lo incómodo. Elegir vivir desde el amor no supone vivir en el mundo de arcoíris de los Osos Amorosos.

Supone poner consciencia a lo que piensas, decides, haces, eliges, dices... y hacerlo desde el amor, y no desde el miedo.

Podemos tomar una decisión desde el amor y sentir miedo al hacerlo. Es habitual, y mucho más en procesos como el que recojo en este libro.

Puedes entender la vida observando el carácter cíclico de la Naturaleza. Por ejemplo, observa la meteorología a lo largo del año. Hay temporadas en las que los días grises abundan, mientras que en otras predominan los días soleados. Sin embargo, en invierno nos podemos topar con

Al igual que ocurre con el cuerpo, las emociones son nuestras aliadas y nos ponen en alerta sobre aquello que necesitamos atender.

un día muy soleado e ir sin abrigo, mientras que en verano hay días en los que a lo mejor necesitamos una rebeca porque refresca o incluso llueve.

La vida es así, no es blanca o negra. Entre un extremo y otro, existen multitud de colores y distintos tonos.

Vivir la vida desde el amor supone pasar por todos los colores, no te garantiza vivirlo todo bajo el mismo tono. Te permite vivirla con mucha más paz, y esto supone que, en los momentos de tormenta y nubarrones, podrás sentir en tu fuero interno un pozo de paz que te hace saber que todo está bien.

Que duele, que incomoda, que asusta, pero lo que vives forma parte del orden natural de las cosas.

Se trata de que asumas la responsabilidad de tu vida y elijas con consciencia desde dónde la quieres vivir.

Las situaciones desagradables seguirán existiendo, pues el aprendizaje es inevitable, pero eres libre de decidir desde dónde quieres afrontar tu día a día.

Esa elección marca una gran diferencia, pues, cuando sientes que no tienes ni puedes hacer nada, te pones en un lugar de víctima donde solo cabe el lamento.

Por el contrario, si asumes que hay una parcela de libertad de la que siempre te puedes hacer cargo, puedes convertirte en la dueña de tu vida.

Elegir vivir una vida bajo el paraguas del amor no significa que te conviertas en una persona complaciente que siempre dice que sí y que, además, pone la otra mejilla.

En absoluto: el amor es una forma de vivir que empieza y termina en la relación contigo. Por eso debe comenzar por cómo te hablas a ti, cómo te ves y cómo te haces respetar. Después, sigue el mismo camino de amor de piel hacia fuera.

Cuando en vez de exigirte te tratas con compasión, podrás exigir menos a tu pareja y entonces tratarla con más compasión. En situaciones de conflicto como la expuesta en el capítulo anterior, te resultará más fácil ver torpeza en lo que hace o dice tu pareja en vez de ver maldad.

Vivir un conflicto en la relación desde el amor es muy diferente a vivirlo desde el miedo.

Al hacerlo desde el amor, sintiendo rabia, impotencia o lo que sea, hay espacio para reconocer al otro y ver la dificultad de la pareja para encontrar el acuerdo que permita seguir avanzando.

Desde este lugar no se pierde de vista a la persona que se tiene enfrente: la pareja y cómplice en esta etapa de la vida.

Por otro lado, cuando se vive desde el miedo es muy fácil atacar a la otra persona o sentir que esta te agrede. Entonces las corazas de cada uno cobran protagonismo y también la actitud defensiva.

Llegados a este punto, la capacidad de escucha se vuelve inexistente, y la probabilidad de hacer daño aumenta.

Lo mismo sucede en el día a día con los hijos, o con los hijos de la pareja. Podemos hacerles un regalo espontáneo o bien desde el amor, porque hemos visto algo que le encanta y nos apetece sorprenderlo, o bien desde el miedo. Ahora bien, ¿qué miedo?

Puede ser miedo a que no sepa lo mucho que lo quiero, o miedo a no ser suficiente, o miedo a que quiera más a quien fue pareja, o miedo a que no nos apruebe... El gesto será el mismo, pero el lugar desde el que se toma la decisión y se ejecuta será otro muy diferente, y en absoluto recomendable.

Pues uno suma y el segundo resta. Alimenta un miedo propio que no se está atendiendo, que persistirá durante tanto tiempo como se tarde en identificar y atender.

Lo mismo sucede con todo en esta vida: con lo que se piensa, lo que se decide y lo que se hace.

El lugar desde el que se toma la decisión y se ejecuta será otro muy diferente, y en absoluto recomendable.

Se trata de que te preguntes y elijas qué gafas te vas a poner, las del amor o las del miedo, y asumas la responsabilidad de tu decisión. Este sistema en el que vivimos nos hace llegar a la edad adulta con las gafas del miedo. Solo podemos cambiarlas desde un ejercicio de reflexión y consciencia.

Con las gafas del amor podemos obtener al menos una enseñanza para cada situación que la vida nos pone por delante. Podemos entender que la vida, aunque a veces no lo parezca, se confabula a nuestro favor. Lo que vivimos forma parte de lo que necesitamos para seguir evolucionando y creciendo.

Pero con las gafas del miedo nos lo tomamos todo como un ataque contra nuestra persona. Vivimos a la defensiva y desde la victimización.

Podemos vivir situaciones que nos victimizan, pero la forma de afrontarlas nos puede dejar como víctimas o nos puede permitir aprender y crecer. De ese modo avanzaremos en la vida sin lastres.

La sombra

Cuando tu corazón ha elegido al de tu pareja y el suyo al tuyo, sin duda tenéis mucho que aprender el uno del otro. Que aprendas de lo que admiras de tu pareja es muy fácil, pero aprender de sus sombras es otro cantar.

Desde el miedo, criticarás lo que no te gusta y juzgarás como error, mientras que desde el amor puedes abrirte al aprendizaje que su sombra te aporta en tu proceso de crecimiento.

Casi todo en las relaciones de pareja depende del prisma desde el que se observe. Esa es la parcela de libertad de que dispones para no quedarte en el lamento ni en la resignación ante lo que sea que viváis juntos.

Podemos vivir situaciones que nos victimizan, pero la forma de afrontarlas nos puede dejar como víctimas o nos puede permitir aprender y crecer. De ese modo avanzaremos en la vida sin lastres.

En mi forma de afrontar la vida tiendo a la intensidad emocional, tanto lo que es agradable como lo que no lo es. Sin embargo, a mi pareja le sucede todo lo contrario.

Estas dos realidades no son ni buenas ni malas: simplemente son. Él podría juzgar mi intensidad emocional como algo negativo y desesperante, y yo su hermetismo como un problema que le hace perderse gran parte de la belleza de la vida.

Al fin y al cabo, este tipo de juicios no nos permiten acercarnos al otro y además nos hacen sentir poseedores de la razón.

Esta forma de afrontar la vida tiene su lado de luz y su lado de sombra. En el juicio solo vemos la sombra del rasgo de cada uno, mientras que desde el amor podemos ver mucho más allá del personaje que cada cual se ha construido a lo largo de su vida, para poder identificar al niño y la niña que fuimos y que nos llevó a esta forma de afrontar la vida.

Así podremos abrirnos, con mirada curiosa, a aprender el uno del otro.

La sombra del hermetismo de Miguel Ángel me permitió crecer en mi capacidad de autorregulación y a relativizar mis vivencias. De esta forma, la curva de subida y de bajada entre lo agradable y lo desagradable fue menor.

Y mi intensidad emocional le ha aportado la capacidad de conectar mucho más con el mundo emocional. Ahora aprecia detalles que antes le pasaban desapercibidos, como la belleza de un amanecer o de una noche estrellada.

Con las gafas del amor es mucho más fácil identificar lo que la sombra de tu pareja te aporta en tu crecimiento personal, mientras que con las del miedo es fácil que te quedes en la queja y en el deseo de que cambie y deje de ser o de hacer aquello que te incomode.

Esto es de suma importancia cuando ya venimos de otra

relación. Es fácil que lo que no sanamos en aquella se reproduzca en esta. Si no aprendiste nada del rasgo que te incomodaba de quien fue tu pareja, te arriesgas a vivirlo de nuevo en tu relación actual.

No es que tengas mala suerte, ni que la vida te lo ponga difícil, sino que no supiste ver la oportunidad de aprendizaje que tenías delante. Por eso la vida te lo presenta de nuevo, pero en un contexto diferente aunque con algunas semejanzas. Ello te ofrece posibilidad de adquirir ese aprendizaje tan necesario en tu camino de vida.

Antes de terminar este capítulo, quiero confesarte el episodio más duro que hemos vivido como pareja.

Fue una crisis que casi termina con la relación.

Como te decía al final del capítulo anterior, nuestros conflictos en los primeros años tenían que ver con la convivencia y nuestros hijos. A medida que llegábamos a acuerdos que nos ayudaban a regular la convivencia en familia, el camino para ser pareja se allanaba.

Pero había una piedra en el zapato que a la postre se convirtió en roca.

Una roca que, cada vez que aparecía en nuestras conversaciones, derivaba en discusiones que con el tiempo se agravaban ante la falta de encuentro en dicho asunto.

Era horrible y muy desagradable, pues en todo lo demás había orden y armonía. La única excepción era este tema, que tenía que ver con algo ajeno a la relación de dos.

Tratar el asunto se nos hacía cada vez más cuesta arriba y hacía cada vez más daño a la relación.

Hubo un momento en el que comencé a asumir que esa era nuestra realidad, y que o lo asumía o no tendría más remedio que aceptar el final de la relación de pareja.

Por mucho que habláramos no nos entendíamos, pues ya habíamos dejado de ver al otro. No había comunicación porque cada cual estaba centrado en su mapa.

Ambos pusimos mucho de nuestra parte para entendernos, pero no era suficiente.

Así pues, acepté como algo inminente la posibilidad de vivir una segunda separación de pareja.

Lo tenía tan claro que me planteé cómo y dónde podría vivir, cómo se lo diría a los niños... En fin, que mi cabeza siempre va muy por delante y ya me visualicé en el siguiente escenario.

No era lo que quería, pero no estaba dispuesta a seguir así. Para entonces ya llevábamos meses en un estado de crisis muy desagradable, pues el tema coleaba desde hacía años.

Hasta que me hice la gran pregunta: *¿Qué puedo aprender de todo esto?* Hacía tiempo que creía haber aprendido todo lo relacionado con esta situación, pero algo se movió en mi interior y me pregunté si de verdad no podía aprender nada más.

Probablemente él también, pero no era asunto mío. Mi asunto, de lo que me podía hacer cargo, era de mi aprendizaje, no del suyo, pues este se escapaba de mi control.

Y debo decirte que aún me quedaba mucho que aprender de aquello, pese a llevar meses convencida de lo contrario.

Pero se trataba de un aprendizaje superdifícil para mí. Por eso me costó identificarlo, pues me llevaba a vivir la vida, no solo la relación, desde un lugar muy diferente al que había aprendido hasta el momento.

Mi escenario vital de entonces y el actual no tienen nada que ver con el contexto de mi historia, y eso requería vivir desde un lugar bien distinto. Yo no lo estaba haciendo.

Fue un camino difícil que pudimos hacer en pareja porque ambos, en equipo, nos abrimos a lo que la situación nos enseñaba a cada uno de manera individual.

En mi caso, necesitaba aprender a aceptar, soltar y respetar el ritmo en esta situación de mi pareja. Dejar entonces de asumir ese rol de salvadora y dejar de luchar para cambiar la situación.

Cumplí primero con mi parte y me ocupé de lo que me correspondía aprender. De ese modo me abrí a él, y a partir de ahí nos dimos la mano también en lo que había sido, y ha sido, el momento más difícil de nuestra relación.

Y sucedió así porque, para abordar ese asunto, elegimos quitarnos las gafas del miedo y ponernos las del amor.

Sé que no es fácil, pero resulta necesario cuando realmente deseamos crecer juntos y en pareja. De este modo, el crecimiento de cada cual no abrirá una distancia capaz de separarnos.

Esta situación, que se había convertido en una roca en el camino de nuestra relación, tocaba heridas de cada uno. Por eso era tan difícil de resolver, pues requería que cada uno sanara lo que a todas luces había que reparar.

Solo al vivirlo desde el amor nos encontramos con más complicidad y conexión aún de la que habíamos tenido hasta el momento y que ya nos parecía insuperable. Así a medida que sanamos y nos convertimos en individuos más completos, pudimos también acercamos como pareja y conectamos a un nivel muy profundo que no sé describir con palabras. Una conexión y un encuentro que no había experimentado antes y que solo he conocido en esta relación, y es algo que se evidencia también en las relaciones sexuales.

Relaciones sexuales

En mi primer libro, *Separada*, hablo acerca de lo extremadamente habitual que es que las mujeres tengamos o hayamos tenido relaciones sexuales sin desearlo. Acceder a ellas por sentimiento de culpa, por considerar que es nuestra

Por mucho que habláramos no nos entendíamos, pues ya habíamos dejado de ver al otro. No había comunicación porque cada cual estaba centrado en su mapa.

responsabilidad satisfacer a la pareja, para evitar que este se enfade o por muchas otras cuestiones que no tienen nada que ver con el deseo es mucho más frecuente de lo que *a priori* nos podamos imaginar.

Tener relaciones sexuales sin desearlo crea heridas que es importante sanar, pues solemos dejarlo pasar y restarle importancia cuando lo cierto es que la tiene, y mucha.

La educación sexual de la mayoría de la población adulta actual fue casi inexistente en nuestra infancia y adolescencia. Lo peor de todo es que, en muchos casos, lo más parecido que se tuvo a la educación sexual fue el porno.

Y este no educa precisamente.

Algunos dirán que exagero o que hablo con un sesgo evidente. Sin embargo, la experiencia de todo el equipo de Creada al acompañar a mujeres me permite constatar que nos queda muchísimo que aprender sobre sexualidad y mucho más que sanar si queremos alcanzar relaciones sexuales satisfactorias y plenas.

Y con esto no me refiero a llegar al orgasmo o alcanzarlo con facilidad, sino a algo mucho más profundo, a conectar desde la vulnerabilidad, desde la ternura y amabilidad. Desde la conexión de corazón a corazón.

Si no ha existido un proceso terapéutico donde sanar la experiencia anterior, es importante ir despacio en la nueva relación en lo que al sexo se refiere. Sobre todo, para no caer en dinámicas aprendidas y desarrollar una sexualidad basada en la escucha interna, sin que esta suponga pasar por encima de una misma, sino parando a escuchar las necesidades propias y de la pareja.

A veces una experiencia distinta en un contexto de seguridad y confianza ayuda a reparar lo que se dañó. En otras ocasiones es necesario un contexto terapéutico para atender la herida.

Pocos días antes de escribir estas líneas, preguntaba por esta realidad en el perfil de Instagram de Creada e invitaba a quien quisiera a compartir su experiencia desde el anonimato. Fue desgarrador leer algunos testimonios.

He aquí una muestra:

Mi ex me violó borracho a los cuarenta días de nacer mi hija por cesárea. Dice que no se acuerda.

Yo sufrí abuso desde el inicio de la relación y, cuando empecé a decir NO, todo se fue al traste.

Mi marido eyaculó dentro de mí sin mi permiso y me sentí violada. Dice que exagero.

No era mal hombre, pero se enfadaba si no quería sexo con él. Incluso apuntaba las veces que sí lo hacíamos en un calendario y me sentía presionada. A veces accedía. Dejé de quererlo por eso.

Sexo espantoso en supuesta reconciliación. Prácticas que nunca habíamos hecho antes. Me sentí una tonta y ridícula por ceder.

Condicionada por situación económica, consiento tener sexo sin deseo ni ganas.

Lo más duro de trabajar en terapia tras mi divorcio fue darme cuenta de todas las veces que tuve sexo sin quererlo y sentirme abusada.

No me respetaba cuando decía que no me apetecía, así que yo cedía para que me dejara en paz.

> En el posparto accedí a tener sexo sin ganas porque me decía que él también tenía necesidades. Ahora me avergüenzo de haberlo permitido.

> Algunos creen que tener pareja es un bufé libre de sexo. Ha estado sin dirigirme la palabra durante semanas y después se acerca para que le haga un favor, incluso cuando estábamos en proceso de separación.

> Ahora el padre de mis hijos me da asco, pues acepté tener relaciones en muchas ocasiones porque me insistía en sus necesidades.

> Me quedé embarazada después de tener sexo no consentido con mi entonces marido. Lo tuve y adoro a mi hijo, pero me sigue doliendo que sucediera así.

> Ahora siento culpa y frustración por haberme traicionado, pues tuve mucho sexo sin desearlo.

Esto sucede como consecuencia de la falta de educación sexual y, sobre todo, por el sesgo cultural y social que vivimos las mujeres, a quienes durante siglos se nos ha tratado como objetos sexuales. Es fundamental que ante una nueva relación de pareja no se vuelva a dar de lado el deseo y las necesidades propias.

Hay situaciones verdaderamente traumáticas que conviene atender, pues esas heridas siguen ahí. Cuando algo ha herido hasta ese punto, reconocer lo vivido es importante para establecer una nueva base en esta relación.

Hace falta una dinámica sana en la que no haya ningún tipo de abuso, pues todas estas situaciones reflejan abusos sexuales. En el seno de las relaciones de pareja, estos se dan con mucha más frecuencia de la que quisiéramos admitir como sociedad.

El sexo entre la pareja es una forma más de comunicación, es una forma de estar desde la intimidad. Esta comunicación requiere de escucha interna y externa tanto, o incluso más, que la comunicación verbal.

Somos lo mismo en la cama como fuera de esta, sobre todo porque las relaciones sexuales comienzan fuera del lecho, en la forma de escuchar, en la manera de mirar, en la atención emocional... Ahí comienza todo.

El acto sexual en sí es una consecuencia de lo que se ha iniciado antes. El respeto, la escucha y el amor deben ser los pilares de estos momentos, en los que han de primar la confianza, la seguridad y la libertad.

Y, justo al hilo del tema de este capítulo, «Amor vs. miedo», se trata de desarrollar una sexualidad en pareja basada no en el miedo, sino en el amor.

Con relación a este tema, me parece importante aclarar dos conceptos básicos a los que me referiré en numerosas ocasiones a partir de ahora. Por eso considero necesario profundizar en ellos para afrontar el proceso de familia enlazada con la mayor calma posible.

Me refiero a la aceptación y la compasión.

Aceptación

Aceptar una situación que no nos gusta no es fácil porque supone rendirse a lo que es, dejar ir la falta de control sobre la situación misma.

Los seres humanos vivimos en una continua falsa ilusión de control. Aceptar algo que no es como nos gustaría supone asumir la pérdida de ese control que en realidad no tuvimos, no tenemos ni tendremos.

Para lograr la aceptación y dejar ir de una manera real, es decir, integrada en vez de meramente racional, a veces debemos transitar todo el revuelo emocional que acarrea. Me refiero a la frustración, tristeza, rabia, nostalgia, dolor o lo que sea derivado de la situación.

A partir de ahí será más fácil rendirse a la situación, pero no desde el perder, sino desde la entrega confiada de quien es conocedor de algo fundamental para vivir en paz: la vida sabe.

La vida tiene sus propias normas y un orden propio. Nuestra capacidad mental, es decir, egoica, es tremendamente limitada. Rendirnos a lo que es nos acerca a la paz y, por tanto, a la ansiada felicidad.

El ego tiende al control, es esa parte de nuestra mente que pese a ser tan corta de miras nos hace creer que nadie sabe mejor que nosotras mismas lo que nos conviene en cada momento.

Pero lo condicionan nuestros miedos, creencias y juicios, además de nuestras heridas de infancia. Por todo ello, sus probabilidades de errar son altísimas.

Sin embargo, nuestra mente necesita al ego como nuestro cuerpo al corazón. Por eso es importante aprender a vivir día a día con él. Hay que identificarlo para reconocerlo y decidir con consciencia, sobre todo porque el ego actúa mucho desde el miedo y poco se guía por el amor.

La aceptación implica entregar lo que es. Sin embargo, casi nadie quiere rendirse, por entender que eso es propio de personas perdedoras y que hay que luchar y pelear hasta el final, aunque eso suponga un desgaste emocional importante. Rendirse es de personas poco trabajadas, poco motivadas...

Sin embargo, rendirse no pasa por dejarse ganar. Rendirse va muchísimo más allá.

No tiene que ver con ser una persona fracasada o perdedora, sino que nos coloca en una posición de absoluta confianza en nosotros mismos y en la vida.

Como dice mi amiga Eva Sandoval en su libro *Descubre tu abracadabra*: «Más tarde o temprano nos damos cuenta de que la vida es algo que ocurre, no es algo que hacemos que ocurra. Pasa a través nuestro y nos ofrece dos opciones: vivirla o resistirnos; con la primera nos expandimos, con la segunda sufrimos».

Aquello que genera rabia o algún malestar interno esconde una verdad importante que conviene atender. No se trata de aguantar, ni tragar, ni callar, porque eso no te hará bien. Es un ejercicio mucho más profundo y tiene que ver con descubrir la verdad que hay tras ese enfado o molestia para atenderlo.

Después hay que entregar lo que implica dejar de luchar y dejar que se transforme. En esta transformación sucede lo importante, lo que favorecerá tu crecimiento y evolución.

La vida es muchísimo más que lo que nuestra mente egoica alcanza a entender, va mucho más allá de lo que los ojos pueden ver y las manos tocar. La vida tiene su propio orden y sus leyes. Luchar contra ellas para que las cosas sean como crees que deben ser equivale a entablar una lucha sin fin que te acercará más a la supervivencia que a la posibilidad de vivir.

En tu mano está entregarte a lo que es. De ese modo te abrirás a lo que la vida viene a enseñarte, y así podrás aprender en cada momento de tu vida.

Aunque a veces te cueste creerlo, la vida está a tu favor. Has venido a este mundo, como el resto de los mortales, a aprender el verdadero camino del amor. Por eso necesitas pasar por algunas experiencias que te van a acercar a este.

Compasión

La compasión, más que una palabra cada vez más oída y leída en el entorno del desarrollo y el crecimiento personal, es una forma de vivir, de mirarse y de mirar a los demás.

Si buscas «compasión» en internet, encontrarás una definición perfecta y multitud de explicaciones. A mí me costó mucho entenderlo o, más bien, integrarlo.

Al leer el significado de esta palabra me parecía algo obvio, me sonaba mucho a lo que me decía mi madre de pequeña: «No hagas a los demás lo que no quieres que te hagan a ti», o a ese mandamiento cristiano que dice: «Amarás a tu prójimo como a ti mismo».

Sin embargo, me preguntaba cómo se traducía en la práctica eso de ser compasiva en el día a día. Me parecía un concepto teórico difícil de integrar en mi realidad cotidiana.

Hubo un momento en el que esa palabra aparecía cada vez más en mi vida y la veía en multitud de foros, formativos o informales. Así pues, quise averiguar por mí misma el significado de la compasión.

Entonces entablé un proceso de autoobservación con mucha consciencia para tratar de aplicar la teoría, que no comprendía del todo, a las situaciones que la vida me ponía por delante.

De ese modo, con el tiempo lo entendí y me maravillé con el cambio que se producía en mi interior al desarrollar la compasión en dos direcciones: hacia los demás y hacia mí misma.

Por eso puedo explicarte con mis propias palabras qué es la compasión: mirarte y mirar a los demás con amor. Pero no con el amor romántico de pareja, ni con el fraternal derivado de los lazos sanguíneos que nos unen, ni con el de la amistad.

Es el amor verdadero, el amor que venimos a descubrir en esta vida. Un amor que entiende que todas las personas y todo somos uno, que somos lo mismo y que cada ser contiene un alma que recorre un camino de vida para evolucionar.

Rendirse no pasa por dejarse ganar. Rendirse va muchísimo más allá. No tiene que ver con ser una persona fracasada o perdedora, sino que nos coloca en una posición de absoluta confianza en nosotros mismos y en la vida.

Esta misión es difícil de entender para nuestra mente egoica y limitada. Sin embargo, resulta fundamental para dejar de sufrir.

Cada ser humano con el que te cruzas por la calle, cada ser humano en quien pienses ahora mismo, está librando su propia batalla interna. Una lucha entre su ser y quien su mente le dicta que es, un conflicto enmarañado por las heridas infantiles y también las transgeneracionales.

Cada cual carga con un enorme peso sobre sus espaldas, hasta que es capaz de reconocerlo y comienza a deshacerse de él.

No eres la salvadora de nadie. Cada persona debe hacer su propio recorrido. Tu responsabilidad consiste en ocuparte de ti, de tu carga, y aprender a mirarte y mirar con compasión.

Es decir, ver más allá de lo que hace y deja de hacer cada persona, de cómo se comporta, y de lo que dice y calla, para mirar mucho más allá y entender que esa persona lidia con una batalla interna desconocida para ti, y puede que también para él o ella.

Si eres capaz de verlo como el niño o la niña que fue y con lo que vivió, si puedes ampliar la perspectiva y reconocer el linaje y sistema familiar del que viene, así como reconocer sus miedos, entenderás que nada de lo que hace o dice tiene que ver contigo, sino con sus miserias internas.

Comprender a la persona por el conjunto que es y ha vivido te ayudará a adquirir perspectiva y desarrollar una mirada compasiva. Esto es lo más cerca que los seres humanos hemos estado hasta ahora del amor verdadero.

Y claro, todo esto debes aplicarlo a tu persona y tu ser, pues tú también debes comprenderte, sin juzgarte ni exigirte.

Compasión no debe traducirse como lástima, pues ese punto de vista nos devuelve al ego, donde, de manera inevitable y a veces inconsciente, nos colocamos en un lugar superior frente al resto del mundo o a esa persona en concreto.

Ese ser humano viene a recorrer, como tú, un camino de vida concreto que le permitirá toparse con las situaciones vitales necesarias. Así adquirirá los aprendizajes básicos para que su alma evolucione y haga lo que ha venido a hacer en esta vida.

Por eso es plenamente responsable de sus decisiones y elecciones, del mismo modo que tú lo eres de las tuyas. Tal vez tú elijas aprender para crecer y evolucionar, pero él o ella no. A lo mejor ha escogido el rol de víctima. Hay muchas posibilidades.

En cualquier caso, tú no eres responsable de dónde está ni de dónde se coloca a fecha de hoy. Eres responsable de tu bienestar. Por eso es importante que te cuides y te protejas en tu relación con esa persona en caso de que cargue contra ti.

Pues una cosa es desarrollar la mirada compasiva, un regalo que te haces porque te libera y te llena de amor, y otra bien diferente es exponerte a personas o situaciones que te pueden dañar.

El hecho de mirar con compasión no tiene como finalidad que permitas y aguantes cuando algo o alguien no te hace bien, sino que puedas despersonalizarlo, ver más allá y, en caso necesario, poner los límites que correspondan.

Al mirar atrás, reconozco que desarrollar la mirada compasiva me cambió la vida y me ayudó a vivir con mucha más paz y ligereza.

De hecho, cuando alguien hace un comentario sobre mi persona, del tipo que sea, ya veo de forma casi automática qué me dice de sí mismo.

Si veo a esa persona, puedo no tomármelo como algo personal y no ofenderme ni crecerme si son halagos, sino verlo de forma completa y comprenderlo, pues lo que expresa tiene mucho más que ver consigo misma y con su historia que con quien yo soy.

En este caso, yo solo soy un instrumento en la vida de esa persona para que adquiera con mayor facilidad los aprendizajes necesarios para su evolución, y a la inversa. Por eso nos encontramos unos seres con otros, para servirnos los unos a los otros en este juego que es la vida.

La compasión me ayudó a tomarme la vida menos en serio, y ojalá que a ti también, pues desde entonces me río y disfruto mucho más con cada regalo que esta me ofrece y vivo con menos intensidad los agravios de la vida, que no son más que oportunidades para mi propio crecimiento.

Crear una familia enlazada es una apuesta que has hecho, una apuesta que no se ejecuta ni en un día ni en dos, es una apuesta de vida y todavía te queda un largo recorrido por delante, así que no tengas prisa. Y si lo haces, hazlo desde la compasión, porque de ese modo resultará muchísimo más fácil.

De esta manera disfrutarás de lo que tienes por delante. Una mirada curiosa y expectante por el próximo aprendizaje te acercará un poquito más al amor auténtico y a quien realmente eres.

Pues vivimos la vida desde la identificación con nuestro falso yo, lo que creemos ser en función de lo que hacemos, de la dedicación profesional, de los roles familiares que ocupamos, de las etiquetas que nos han puesto y que hemos perpetuado. Este falso yo se construye desde el miedo a no ser amado y no contar con la aprobación del entorno. Todo eso es ego.

El verdadero yo es el gran reto que debes descubrir en esta vida. Solo contactaremos con él desarrollando una mirada compasiva, atreviéndonos a cuestionar aquello en lo que hemos creído hasta el momento y aprender de cada situación que la vida nos ponga por delante.

Compasión no debe traducirse como lástima, pues ese punto de vista nos devuelve al ego, donde, de manera inevitable y a veces inconsciente, nos colocamos en un lugar superior frente al resto del mundo o de esa persona en concreto.

7

SER FAMILIA

Deseaba ser madre desde lo más profundo de mi ser. Deseaba serlo de cuatro o cinco peques, soñaba con estar rodeada de criaturas y cuidarlas en todas las etapas de su crecimiento, e imaginaba hacerlo siendo capaz de reconocer sus necesidades y atenderlas como requirieran.

Y deseaba que al menos una de estas criaturas fuera niña.

Como la vida es sabia, me dio lo que realmente necesitaba para aprender. De ese modo, mi alma evolucionaría en función de sus requerimientos. Por eso me regaló dos maravillosos hijos y una familia amplia. Era lo que soñaba, pero no de la manera que yo había imaginado.

Crecí con la idea tradicional de que ser familia era una cosa muy concreta, y que nada que no fuera aquello podría denominarse familia, ni remotamente.

La familia era mucho más que una forma de estar o de vivir. En el contexto en el que crecí, la familia era un valor fundamental.

Mi madre tiene ocho hermanos y mi padre cinco. El contexto de ambas familias estaba impregnado por la tradición judeocristiana, así que en mi mente no cabía otra opción que casarme, tener hijos y ser felices para siempre.

Y ahí, como en tantas películas Disney, acababa la historia. Pero no: en la vida real, no solo no acaba sino que más bien comienza.

Ser madre fue una auténtica revolución en mi vida.

Cada uno de mis hijos me confrontó con distintos aspectos de mi infancia que había olvidado o que no sabía que me habían herido. Me mostraron vacíos y heridas que necesitaba atender si quería cuidarlos de la manera en que deseaba hacerlo.

Me resultó difícil verme en según qué situaciones. Mis hijos me hacían de espejo y veía en mí cosas que no me gustaban y que no solo me incomodaban, sino que además me colocaban en un conflicto interno, al sentir rechazo hacia mí misma en ciertas ocasiones y hacia ellos en otras.

En algunos momentos deseaba ser más inconsciente para no darme cuenta de según qué cosas, pues de esa manera podría hacerlos responsables de mis sentimientos y castrar algunos de sus comportamientos.

Pero no, yo quería ser una madre capaz de identificar y atender sus necesidades, y la única manera de no hacerlos responsables de lo que sus actitudes despertaban en mí era reconociendo el origen de mi malestar.

Constaté sobre la marcha que, al mismo tiempo que aprendía a ser madre, aprendía también a automaternarme y así darle a la niña que fui lo que en su día no supieron darme ni mi madre ni mi padre.

Pese a hacerlo lo mejor que supieron y pudieron, no contaron con la información y la formación suficientes para sanar sus heridas y de ese modo poder identificar y atender las necesidades emocionales que la niña que fui requería.

Criar a mis hijos me dio la oportunidad de sanar mis heridas mientras los atendía. Los maternaba y me automaternaba al mismo tiempo, un proceso nada sencillo y muy revelador.

Así pude convertirme en la madre que soñaba ser y sentirme plena en ese rol, aun cometiendo mis errores por el camino.

No fue cosa de dos días ni de dos meses, sino de años, y entre medias me separé. Ahora puedo ver que esa situación formaba parte de mi proceso de sanación para llegar a ser quien soy y dejar de tratar de ser quien se esperaba que fuera.

Lo que no podía imaginarme era que, al enamorarme de otro hombre padre, sus hijos me harían también de espejo.

Esa fue una gran sorpresa, y nada grata.

Cuando creía que ya estaba todo resuelto en lo relativo a mi infancia, cuando creí que mis heridas de rechazo, abandono, humillación e injusticia ya habían sanado y podía comenzar a disfrutar de la vida desde un lugar mucho más amable porque tenía una relación óptima conmigo misma y con mi nueva pareja, ¡zas!, la vida me volvió a sorprender.

Y es que el carácter de las personas se configura a partir de las heridas de la infancia, que son cinco posibles. Según la historia personal podemos portar una o más, incluso las cinco.

Con la maternidad tomé consciencia de cuáles eran las heridas que habían forjado mi carácter y la raíz de algunas de ellas, pero no todas. Hubo algo que no había resuelto y que la relación con la hija de mi pareja me puso por delante.

Desde el inicio diferencié mucho entre lo que sentía por él y lo que sentía por sus hijos. Era evidente que los aceptaba, pero no los había elegido ni me había enamorado de su hija y de su hijo, sino del hombre, de Miguel Ángel.

Por eso, cuando comenzamos a convivir en pareja con

sus criaturas y las mías, me sentía muy capaz de ello, porque lo vivía con poca implicación emocional.

Teníamos muy claros los roles de cada uno, yo madre de los míos y él padre de los suyos. Estableceríamos normas de convivencia y límites, y a partir de ahí sería fácil, más allá de los conflictos típicos al vivir bajo el mismo techo y de los miedos naturales ante las casuísticas propias de una familia enlazada.

No era del todo ajena a lo que implicaba ser familia enlazada, gracias a las experiencias que había conocido de lejos en el centro terapéutico en el que por entonces trabajábamos ambos.

Pero sí era por completo ajena a la implicación emocional que puede y suele suceder. Esto fue lo más difícil.

Y es que nunca imaginé que convivir con la hija de mi pareja me confrontaría con mi infancia al mismo nivel en que lo habían hecho mis hijos. Al ser chica, ella puso de manifiesto mi herida infantil más profunda y desoladora.

Para entonces ya había transmutado gran parte de mi niñez gracias al espejo que mis hijos me habían hecho.

Pero por una cuestión de género, dejé atrás este conflicto. Entonces la presencia de ella en el día a día me puso ante la parte más dolorosa de mi infancia.

Aquello fue duro, doloroso y desgarrador. Fue tan difícil que puso en jaque mi relación de pareja, por la que tantísimo había apostado tras la separación del padre de mis hijos.

Recuerdo con lucidez una sesión en la que le contaba a mi psicólogo lo que me reflejaba su presencia en la convivencia y cómo me sentía.

—Pero ella no es mi hija, no tendría que traerme todo esto que siento —le dije.

Y él, con tanta convicción como serenidad, me contestó:

—¿Y qué? Sois familia. La biología es solo eso, biología.

No recuerdo nada más que estas tres frases de aquella sesión y la sensación que me invadió al oír sus palabras y sentir su efecto en mí.

Familia... ¿Qué es realmente ser familia? ¿Hasta dónde llegan los límites de ser o no familia de algunas personas? ¿Qué supone ser familia de otra persona? ¿Ser familia rige los códigos de la relación?

Recuerdo cómo en mi mente se abría el campo de este concepto transgrediendo los límites con los que había crecido, en los que la biología era el orden bueno y todo lo demás eran nimiedades de quienes no podían gozar de una *familia en condiciones*.

Una vez más, me cuestionaba mis creencias para acoger lo que vivía sin etiquetarlo de ninguna manera, tan solo abrazando lo que sentía con actitud curiosa para explorar el lugar al que me llevaría.

Porque, en tu caso, ¿a qué te refieres cuando lees o piensas en el término *familia*? ¿Cuál es la imagen que te viene a la cabeza al leer esta palabra o al pensar en dicho concepto?

Según la Real Academia de la Lengua Española, familia es:

1. Grupo de personas emparentadas entre sí que viven juntas.
2. Conjunto de ascendientes, descendientes, colaterales y afines de un linaje.
3. Hijos o descendencia.
4. Conjunto de personas que comparten alguna condición, opinión o tendencia.
5. Conjunto de objetos que presentan características comunes que lo diferencian de otros.
6. Cuerpo de una orden o de una comunidad religiosa.
7. Grupo de personas relacionadas por amistad o trato.

8. Taxón constituido por varios géneros naturales que poseen gran número de caracteres comunes.
9. Chile. Enjambre de abejas.
10. Conjunto de criados de alguien, aunque no vivan dentro de su casa.

Vaya, las palabras que más se repiten son *grupo* y *conjunto de personas*. Sin embargo, tras la separación pareciera que dejáramos de ser familia.

En la Antigüedad, familia eran todas aquellas personas que vivían en la casa de un *pater familias*, es decir, esclavos incluidos. En la Edad Media, los señores daban sus apellidos a todos los vasallos de sus tierras, de ahí que existan tantos apellidos como Fernández, González o Ramírez, pues hacen referencia a la familia de Fernando, de Gonzalo, de Ramiro... De este modo se unían linaje y patrimonio.

Lo que hoy día consideramos familia no siempre ha sido igual. Como tantos otros conceptos, evolucionan según lo hace nuestra forma de estar y vivir en este mundo, según la evolución social y cultural.

Aferrarse al concepto tradicional de familia implica anclarse en el sufrimiento.

La mayoría de las personas a quienes atendemos en consulta sienten mucho dolor al considerar que su familia se ha roto, que ya no es una familia en condiciones o que ya tiene menos valor por no responder al estándar socialmente reconocido de madre, padre, hijo e hija.

Sin embargo, nosotros consideramos que, como reza el lema de Creada, cuando una relación de pareja se termina, la familia no se rompe, sino que cambia de molde.

Tenemos tan arraigada la idea de familia bajo el estándar de madre, padre, hijo e hija que a todo lo que se salga de este ideal se le cuestiona su valor como familia.

Familia... ¿Qué es realmente ser familia? ¿Hasta dónde llegan los límites de ser o no familia de algunas personas? ¿Qué supone ser familia de otra persona? ¿Ser familia rige los códigos de la relación?

e fenómeno es más evidente en los países mediterrá- s, donde no existe un estado del bienestar sólido como el e los nórdicos. Por eso las familias son uno de sus pilares.

Basta con echar la vista a una de las últimas grandes crisis, la de 2008, cuando tantas personas se vieron en la quiebra y fueron los abuelos quienes dieron cobijo en sus hogares a hijos y nietos, y los mantuvieron con sus exiguas pensiones. De este modo, las familias hicieron posible que la población de todo un país pudiera salir adelante.

Por eso, cualquier modelo de familia que no sea el normativo se ve como una amenaza, pues no solo pone en jaque el *statu quo*, sino también el orden social establecido.

Hay muchos condicionantes que limitan la posibilidad de ampliar este concepto y sentirnos familia cuando nos salimos del estándar socialmente reconocido.

Ahora por fin sabemos que nuestros hijos no nos necesitan juntos e infelices, ni aguantando por ellos. Nos necesitan felices y en paz. El auténtico condicionante no es la forma de la relación, sino la forma en la que esta se gestiona, siendo pareja o no siéndolo.

Y esto ayuda a que poco a poco se acepten otras realidades de ser y estar en familia igualmente válidas.

En lo sucesivo denominaré a este molde de familia estandarizado y socialmente reconocido como *familia normativa*. Un molde con tanto valor social que, aunque tenga a todos sus miembros enfrentados de puertas adentro, tiene más valor que una familia con dos hogares en la que abunda el amor.

¿A qué le quieres dar tú más importancia, al molde de tu familia o al amor que os une?

Para serte sincera, aún me cuesta ofrecer una definición de familia. La familia es muy importante porque guarda relación directa con la identidad de la persona, y necesitamos tener claras nuestras raíces.

Si no tenemos bien asentadas nuestras raíces, corremos el riesgo de marchitarnos como cualquier otra planta que no haya arraigado en la tierra.

Dos hermanos que están peleados y no se hablan son familia por muy mal que se lleven. Una madre y un padre que tienen una mala relación también son familia, sean o no pareja, pues los une un vínculo: el de ser progenitores de los mismos hijos.

El tipo de relación no define el hecho de ser o no familia, pero tampoco el molde que se mantiene. La familia tiene que ver con el origen y también con lo que sentimos, por eso muchas veces se entra en conflicto ante el hecho de sentirnos o no familia.

Como mujer no siento al padre de mis hijos parte de mi familia, pero sí considero que lo somos por el vínculo que nos une. Y como padre de nuestros hijos que es, ocupa un lugar sagrado en sus vidas, como yo ocupo otro lugar sagrado en la vida de ellos como madre. Por eso nuestro vínculo familiar sucede a través de nuestros hijos.

Reconocer ese lugar que ocupa el otro en nuestro sistema familiar y que surge de la familia nuclear inicial que creamos juntos da raíz e identidad a la familia amplia que va creciendo y surgiendo ante la llegada de nuevas relaciones y en consecuencia de la familia enlazada en la que nos convertimos.

Tal vez podamos distinguir entre dos realidades: por un lado, la familia que somos y de la que proceden nuestros hijos, y por otro, la familia que sentimos.

Cuento con familiares que son personas desconocidas para mí, y yo para ellos. Sabemos quiénes somos, pero determinados conflictos nos han alejado hasta convertirnos en completos desconocidos.

Tengo una familia preciosa que siento como familia desde hace ya mucho tiempo, aunque al principio éramos como dos familias que nos uníamos porque él y yo decidimos convivir como pareja, y nuestros hijos convivían por ende con nosotros. Y el proceso de sentirnos familia se generó a fuego lento.

Así que no puedo darte una definición exacta de familia. Es algo que deberás construir tú, o simplemente abrirte a sentirlo.

Y cuidado con ponerte objeciones del tipo: «Para la gente, familia es...» o «Es que mi familia piensa que...».

¿A qué le quieres dar más valor, a tu sentir o al juicio y las creencias de los demás?

Cuida dónde pones el poder, porque, si se lo entregas a los demás, has perdido. Mejor hazte con tu propio poder y vive bajo su paraguas.

Iniciar, tras una separación previa, una relación cuando al menos uno de los dos aporta hijos, supone enfrentarnos al reto de resignificar este término. Tienes la responsabilidad y la libertad de darle a tu familia el sentido que desees.

Solo quiero hacer un último apunte sobre esto, y es que reconocer la familia nuclear original, la formada inicialmente por la madre, el padre y los hijos, no desmerece la familia actual.

Aunque parezca lo contrario, precisamente ese reconocimiento da arraigo a la familia actual, a la familia enlazada que se es.

Mi familia nuclear está formada por mi pareja y por mí a la cabeza, sus dos hijos y mis dos hijos; ahora bien, el núcleo de origen de nuestra familia actual fue el que formaron de inicio él con la madre de sus hijos y estos y la que formé yo con el padre de mis hijos y estos dos.

Eso es un hecho que no debemos dejar de reconocer ni negar, pues tiene que ver con el origen identitario, y negarlo es negar el suelo sobre el que se sustenta nuestra familia enlazada.

Quiero matizarlo porque a través de las redes sociales nos llegan muchos comentarios de personas que reniegan del núcleo original de la familia, no queriendo nombrarla o aludiendo a ella como si ya no existiera y formara parte del pasado. De un pasado que nada tiene que ver con el presente y la familia actual.

Esta negación se hace desde el deseo de afirmar y darle un sitio a la familia enlazada, como si reconocer el origen de la misma le restara valor al núcleo de la familia actual.

Cuando es precisamente al contrario: reconocer el origen del que procedemos nunca resta al presente, sino que le da más valor y sentido.

¿Qué es ser familia enlazada?

Después de habernos detenido en el primer concepto, hagámoslo ahora en el apellido: enlazada.

La familia enlazada es aquella que se forma a partir de una relación de pareja en la que uno o ambos miembros aportan hijos de alguna relación anterior.

En principio, existen tres tipos de familia enlazada: aquella en la que yo aporto hijos de la relación anterior, aquella en la que es mi pareja quien los aporta y aquella (que es la nuestra) en la que ambos aportamos hijos de la relación anterior.

En estas tres versiones no hay hijos en común. Pero se puede dar cualquiera de estas versiones y además sumar hijos propios de la pareja, con lo que tendríamos otras tres realidades que también son familias enlazadas.

Cada una de ellas tiene sus propias particularidades que conviene tener en cuenta y que veremos en los siguientes capítulos.

Antes quisiera matizar que, en cualquiera de esas formas de ser familia enlazada, el hecho de ser pareja en la que uno o ambos miembros aportan hijos no implica que nos sintamos familia desde el primer momento. Más bien, se trata de un sentimiento que se construye, que no surge de la noche a la mañana, sea en el molde familiar que sea.

Es importante tener en cuenta que la pareja es también la piedra angular de este molde familiar, por lo que es imprescindible cuidar el estado de vuestra relación, pues todo lo demás gira a su alrededor.

Los pocos estudios existentes sobre familias enlazadas muestran que solo el 1 por ciento sobreviven al primer año de convivencia, y que la tasa de separaciones y divorcios en este molde familiar es un 20 por ciento mayor que en las familias normativas.

Esto sucede por diferentes motivos. He aquí los dos fundamentales:

- Los patrones relacionales no solo no se han resuelto, sino que se reproducen en esta nueva relación.
- Entran en juego muchas más personas, factores que atender y más necesidades diferentes que cubrir.

Un error habitual es pretender funcionar en la familia enlazada bajo el mismo prisma que en la normativa. Esto es por completo incompatible, ya que cada molde familiar tiene unas necesidades diferentes que hay que reconocer si queremos atenderlas como es debido.

Diferente no es sinónimo de mejor, ni tampoco de peor, es simplemente diferente. Solo al reconocer dichas particularidades podemos atenderlas. De este modo se evita que se conviertan en obstáculos susceptibles de generar distancia entre la pareja y los miembros de la familia.

Ser pareja y ser familia enlazada sin atender a las pecu-

liaridades que nos hacen distintas es sinónimo de sufrir al no ver cumplidas las expectativas de *ser una familia normal*, como nos han dicho tantas veces en consulta.

Pero ¿qué es ser familia normal? Suelo detestar el concepto de *normal* y no me gusta emplearlo en casi ningún momento, pues ¿qué es y qué no es normal? ¿Según quién o qué? ¿Quién dictamina la regla de hasta dónde se considera normal y hasta dónde no?

Si lees este libro tal vez estéis en el camino de ser familia enlazada o ya lo sois. En este caso, ahora es un gran momento vital para que comiences a cuestionarte aquello en lo que crees y te abras a nuevas posibilidades que van más allá de lo que has considerado y creído hasta ahora.

Cuando la relación de pareja termina, la familia no se rompe, cambia de molde

Familia reconstituida fue la denominación con la que conocimos este molde familiar en el ámbito terapéutico. Sin embargo, no nos sentíamos cómodos con ese término, porque en nuestra opinión no nos representaba.

Creíamos que *reconstituida* aludía a la necesidad de reparar algo, pero no considerábamos que la familia nuclear que cada uno había construido se hubiera roto.

Más bien pensamos que, cuando una relación de pareja se termina, la familia no se rompe, sino que cambia de molde: por eso el término que mejor nos representa es *enlazada*, en vez de, por ejemplo, *ensamblada*, que es otra forma de denominar a una familia como la nuestra.

Por esa razón, al oír el término *familia enlazada* sentimos que nos representaba, porque así fue como la vivimos desde el comienzo. Nuestra familia es como esa lazada en la que hay un nudo central y dos lazos que ocupan espacios diferentes.

En casa somos seis convivientes, nosotros dos y las dos criaturas de cada uno, y entendemos que la madre y el padre de nuestros hijos también forman parte de nuestra familia, cada uno de ellos es un extremo del lazo, pues nosotros seis somos en casa la familia nuclear.

Esta es desde nuestra visión, porque si alguno de ellos tiene pareja, como sucede actualmente, su núcleo serán ellos, los que forman parte de su día a día, y nosotros somos uno de los extremos del lazo.

Aunque no sabemos si él y ella nos consideran familia a su vez. Para ser sinceros, creemos que no. Y esta es una de las muchas particularidades de este molde familiar: no todos los miembros del clan entienden a los otros como su familia.

Por ello, la visión de la familia se diversifica. Y es tal cual, ni bueno ni malo; tildarlo con cualquier calificativo implica emitir un juicio de valor que nace de la propia experiencia y de las creencias acerca de cómo deberían ser las cosas, es decir, de las expectativas personales.

Para vivir una experiencia con tantos desafíos como oportunidades hay que ser abiertos de miras, receptivos a la posibilidad de que las cosas sean diferentes de como habíamos creído hasta ahora. Solo de ese modo podremos asentar la paz interior.

Tal vez no lo veas así, y está bien. No te esfuerces por sentir algo que no te nace.

En casa hay peques que sienten lo mismo que nosotros, que todos somos familia, y peques que consideran que algunos de los miembros, como la madre o el padre de sus hermanastros, no son familia.

Ni está bien ni mal: simplemente, no existe una única manera de vivir o sentir una situación similar.

No se trata de buscar qué es lo correcto o lo incorrecto, sino de que te detengas en tu silencio interno a escucharte y, desde un lugar honesto y valiente, te cuentes verdades y tomes tus propias decisiones.

Se trata, en definitiva, de ponerle consciencia para ser más libre y que cada persona pueda ser más dueña de sus pensamientos, decisiones y actos.

La realidad de nuestro molde familiar y del vuestro pone de manifiesto la importancia de abrirnos a otras posibilidades que vayan más allá de las que nuestra corta mente, que solo juzga con base en el pasado conocido, nos dice que es lo correcto.

Pretender vivir en un molde familiar nuevo como la familia enlazada sin haber deconstruido antes lo conocido puede conllevar mucho sufrimiento.

Para que los miembros de la familia logren el equilibrio (interior y exterior) desde la paz y la armonía sin que la relación de pareja se resienta, es imprescindible reconocer el molde familiar que tenemos delante. Si sabemos cuáles son sus necesidades y sus peculiaridades, las atenderemos como requieren.

No debemos obrar desde la desazón que nos lleva a pensar que ser diferente es peor, sino desde el mimo y el cuidado de quien entiende que tiene en las manos un diamante digno de ser tratado con ternura.

Conflicto de lealtades

El modo en que los adultos vivimos la relación con quien fue pareja (es decir, con la madre o el padre de las criaturas) va a ser muy importante para salvaguardar a los hijos e hijas de un posible conflicto de lealtades por nuestra parte.

Pretender vivir en un
molde familiar nuevo
como la familia enlazada
sin haber deconstruido
antes lo conocido puede
conllevar mucho
sufrimiento.

Tanto en el caso de Miguel Ángel como en el mío, fue importante diferenciar entre el rol de mujer y hombre y el rol de padre y madre que estas personas ocupaban y ocupan en nuestras vidas. Desde que nos separamos, cada vez teníamos menos en común como hombre y mujer, pero eran la madre por un lado de unos y el padre por otro lado de los otros dos.

Cada uno de nuestros respectivos hijos es 50 por ciento mamá y 50 por ciento papá. Por ello consideramos que respetar el sitio que el otro progenitor ocupa en su vida es básico para su salud mental.

Como hombre y mujer tal vez hayamos tenido nuestras desavenencias o las tengamos en el futuro. Esto no es óbice para que cada uno de los hijos guarde en su corazón un lugar privilegiado para cada una de sus figuras parentales. Ese lugar debe respetarse por encima de cualquier otra consideración.

Si hacer esto te supone un esfuerzo, tal vez te ayude ver a quien fue tu pareja a través del corazón y de la mirada de tus hijos o de tus hijastros.

Y si no son tus hijos, de todos modos puedes aprender a ver a esa persona a través de la mirada de los niños, niñas o adolescentes. Sea cual sea tu opinión sobre esa persona, para los críos es su dios o su diosa. Descúbrela a través del amor y admiración que estos le tienen.

Respetar dicho lugar reduce las posibilidades de que desarrollen un conflicto de lealtades.

Los hijos e hijas sienten la necesidad de ser leales a ambos progenitores, por lo que en el momento en el que perciben la necesidad de elegir entre uno de los dos o que si quieren a uno de ellos traicionan al otro, el conflicto de lealtades está asegurado. Y esto genera en ellos culpa y sufrimiento.

Esto no sucede por la separación en sí, sino por la manera en la que nos relacionamos entre los progenitores y con ellos, con independencia de que se sea o no pareja.

En el fuero interno de los hijos no existe división o separación entre ambos. Somos un único ente en su corazón, somos su dios y su diosa. Es importante que, más allá de lo que sientes por la otra persona, respetes el lugar que esta ocupa en la vida de los hijos, pues lo perciben todo.

Es evidente que no le vas a decir que elijan entre mamá y papá, pero los peques y no tan peques de la casa entienden la forma en la que te diriges a la otra persona, los comentarios que haces cuando no está, los silencios ante determinadas preguntas y cómo los sientes.

Si sientes que no lo soportas y que quisieras que no estuviera en tu vida, de alguna forma esto les llega a las criaturas.

Por eso es importante que encuentres paz en la implicación de esta persona en tu vida. Solo así respetarás el lugar que ocupa en la vida de los hijos. Y si el enfrentamiento persiste, tal vez haya llegado el momento de buscar ayuda profesional.

El conflicto de lealtades puede darse con más probabilidad cuando los niños comienzan a disfrutar y encariñarse con la nueva pareja de papá o de mamá. A partir de ese momento pueden sentir que traicionan al progenitor que no está presente.

Y si ese otro progenitor expresa contrariedad hacia la nueva pareja, algo por desgracia muy frecuente, el conflicto de lealtades está casi asegurado.

En estos casos, los hijos no se suelen dar permiso para disfrutar con la persona nueva que forma parte de sus vidas, pues necesitan sentir que guardan lealtad a la figura parental que no está presente.

En situaciones como estas es superimportante no presionarlos ni castigarlos por no vincularse con la nueva pareja.

Más delante abordaremos cómo acompañarlos en estas situaciones.

Lo importante es que entiendas que para los hijos sus figuras parentales siguen ocupando el mismo lugar que antes y son un único ente. Desde su punto de vista, por supuesto que aún se trata de una única familia.

Aceptar el hecho de que aún somos familia no suele resultar sencillo, pues anteponemos el rencor, el rechazo hacia quien fue nuestra pareja y el orgullo.

En estos casos, tenemos un gran desafío por delante: aprender a convivir con nuestro ego para reconocerlo y dejarlo en un segundo plano en nuestra vida. Solo así dejará de dominar (o se manifestará con menos intensidad) nuestros pensamientos, decisiones y actos.

El objetivo es no afrontar la situación desde el miedo, sino desde el amor.

Los hijos e hijas tienen un gran radar de autenticidad gracias al cual se percatan de lo que sentimos. Desprendemos energía sin parar, es inevitable, y esa energía está condicionada por las sensaciones internas que experimentamos. Es inevitable que las capten.

Así pues, no hagas un teatrillo para que parezca que todo está bien. Este asunto es mucho más profundo e importante, y tiene que ver con tu mundo interior.

Para ti como persona puede ser sano no mantener ningún tipo de relación con quien fue la pareja. Puede que necesites reducir contacto al mínimo. Pero esto no es incompatible con reconocer en tu fuero interno lo importante que esa persona es para las criaturas y respetar su rol como figura parental en la vida de los hijos.

O en la vida de los hijos de tu pareja, pues no es fácil entender esto cuando no se es madre o padre y los hijos vienen solo por parte de la pareja. En estos casos encontrar el sitio propio en el molde familiar puede convertirse en uno de los mayores desafíos emocionales que afrontar en esta vida.

Por ello es importante entender que aunque a veces parece que en la vida de una criatura no cabe todo el mundo, lo cierto es que, al tratarse de amor, hay sitio para todos.

Cada uno de nosotros tiene un lugar distinto. Te hablaré de ello con más detenimiento en el capítulo relativo a los roles.

En cualquier caso, te propongo que para vivir todo el proceso de ser familia enlazada te quites las gafas del miedo y te pongas las del amor. Así vivirás esta transformación desde un lugar mucho más armonioso y equilibrado.

Los tiempos de la familia enlazada

En nuestro caso, sentirnos familia fue algo que nació desde un lugar interno. Se dio de manera natural y progresiva a medida que sanábamos cada uno nuestras respectivas historias de pareja y de las heridas que la separación puso de relieve.

Fue, como todo lo que conlleva la separación y ser familia enlazada, un proceso que cada uno vivió a su ritmo.

Desde nuestro punto de vista, ser familia enlazada es un proceso. El hecho de que seáis una pareja que aporta hijos de relaciones anteriores no os convierte en familia automáticamente.

Me encanta un término que oí una vez: familias en transformación. Me gusta porque lleva implícita una idea fundamental: este es un proceso familiar que nos transforma a todos los miembros de dentro afuera.

El término más conocido para denominar familias como

A veces parece que en la vida de una criatura no cabe todo el mundo. Lo cierto es que, al tratarse de amor, hay sitio para todo el mundo.

la nuestra, *reconstituida*, alude a algo que se ha roto previamente. Eso favorece una búsqueda permanente que nos lleve a ser una *familia como Dios manda* o una *familia en condiciones*.

De este modo se entabla una batalla interna y externa por hacer las cosas de una manera determinada hasta *ser una familia normal*.

Esto es muy doloroso de por sí, y hay que añadirle las implicaciones y los miedos que supone asumir los nuevos roles y la situación nueva para todos. Por no hablar de que en muchos casos, paralelo a todo esto, alguno de los miembros de la pareja está elaborando el duelo por la familia normativa que ya no será.

El lenguaje condiciona porque crea realidades. Por eso no es ninguna nimiedad poner atención y cuidado a la nomenclatura escogida para definir nuestra realidad.

Y es que, como decía, todas las personas implicadas en la familia enlazada vivimos un auténtico proceso de transformación. Por eso es esencial entender que cualquier prisa o presión que se ejerza hacia algún miembro de la familia, hacia el clan en sí mismo, hacia la pareja o hacia ti jugará en vuestra contra, pues cada persona necesitará reubicarse en este nuevo molde familiar que, te recuerdo de nuevo, no es ni mejor ni peor, solo diferente.

Probablemente tu ego esté saliendo a la palestra al leer estas líneas y se pregunte: «Pero esto ¿cuánto tiempo es, meses o años?». Debes saber que no hay tiempos cerrados, ni siquiera aproximados, porque, al igual que sucede con las amistades, esto tiene más que ver con el sentir.

Sentimos como familia algunas amistades debido al vínculo tan estrecho que nos une, mientras que con otras guardamos buena relación y nos resultan agradables, pero no llegamos a sentirlas como familia.

En nuestro caso, al empezar la convivencia en común

éramos una pareja a la que había que sumar los hijos de cada uno. En aquella época estábamos muy lejos de sentirnos una familia, pues éramos una pareja y los hijos de cada cual viviendo bajo el mismo techo. Vaya, algo más parecido a un grupo que otra cosa.

Con el tiempo, y a medida que se creaban los vínculos, nos parecíamos más a una tribu. Muy poquito a poco, al vivir experiencias juntos y crear nuestras propias tradiciones, comenzamos a sentirnos familia.

Esta es la realidad que comparten muchas parejas que se han lanzado a convivir. En los procesos de acompañamiento a parejas en familias enlazadas, vemos cómo las cosas les resultan más fáciles a quienes desde el inicio se consideran un grupo de personas que aún se están conociendo que a quienes tienen la expectativa de ser y sentirse familia desde el primer instante.

El ritmo no lo marca solo lo que hagáis o dejéis de hacer. También está condicionado por el lugar en el que se coloc
quien fue pareja; es decir, la madre o el padre de las criat

Por eso insisto en que es algo fundamental que
en cuenta la importancia de respetar el proceso,
los tiempos de vuestra familia: como clan
individual.

De hecho, en los pocos estudios qu
milias enlazadas, hay poco consenso
que requiere un clan como el tuy
sionarse como familia. Hay au
riodo de tres a cinco años,
cinco y siete años y llegu
quieren nueve años.

En cualquier ca
al tratarse de u
caso forzar v
ser contrar

Nuestros grandes maestros en este proceso han sido nuestros hijos. Al observarlos y abrirnos a aprender de estos pequeños grandes sabios, nuestra familia ha crecido mucho en el aspecto emocional.

En sus primeros encuentros, nuestros respectivos hijos no se consideraban ni amigos. No podían serlo porque no se conocían. Poco a poco se sintieron amigos. Al cabo de un tiempo de convivencia, su relación se parecía mucho a la de unos primos.

Y así fue hasta que en marzo y abril de 2020, cuando nos vimos obligados a no salir de casa por las medidas derivadas de la pandemia. Eso nos benefició como familia, pues la convivencia fue intensa. Miguel Ángel y yo vimos aquello como una oportunidad.

Quisimos darle un tinte alegre al día a día manteniéndolos al margen de todo lo que se vivía en el exterior y favoreciendo momentos de alegría y diversión. Así es como más se alimenta la conexión.

La estrategia dio sus frutos y, de una forma espontánea y natural, comenzaron a autodenominarse *casi hermanos.*

Hace bien poco, tras cinco años de experiencias conjuntas, ya se llaman *hermanos* con la misma naturalidad.

Para llegar hasta aquí, le hemos puesto mucha consciencia al proceso, favoreciendo un entorno amable para todos los miembros de nuestra familia. En las siguientes páginas te hablaré de cómo lo hemos hecho y cómo puedes hacerlo tú también.

Dos elementos claves fueron nuestros conocimientos teóricos y, como te comentaba en la introducción, la suma de nuestro autoconocimiento individual, nuestra autorresponsabilidad emocional y una gran capacidad comunicativa como pareja.

Como adultos, favorecimos un ambiente en casa que pudiera dar lugar a esta realidad; pero fueron nuestros hijos los que recorrieron el camino y nos mostraron que el amor es lo único que necesitamos realmente los seres humanos. Sentirnos amados y sentir libertad para amar sin importar el parentesco.

De hecho, aún recordamos con mucho cariño a aquel Miguel Ángel y a aquella Rocío que, desde el miedo, planificaron los tiempos necesarios para que conviviéramos los seis.

Hicimos una planificación a cinco años vista para convivir desde el momento en el que nuestros respectivos pequeños se conocieran. Claro que podríamos habernos entregado a la situación y dejado llevar por ella, que fue lo que hicimos al final, pero en un primer momento tomamos muchas precauciones y algunas decisiones desde el miedo.

Sin embargo, esos encuentros con los niños, que en principio debían ser esporádicos se hicieron muy habituales porque ellos lo demandaban. Esa convivencia que habíamos planeado a cinco años vista se consumó a los pocos meses de conocerse los peques.

Claro está que eso de la convivencia es otro cantar que requiere poner especial atención, pues hoy te hablo desde el éxito, pero el camino no fue fácil. Por eso le dedicaré un capítulo entero.

Debes saber que la convivencia no es un paso inevitable, sino una opción más de las muchas que existen. Fue la que escogimos, pero que no es más válida que otras ni conlleva ser «más familia».

Cada vez más familias enlazadas optan por mantener dos hogares. De ese modo pueden disfrutar del tiempo de ocio en pareja o en familia.

De hecho, en la mayoría de los procesos de separación de familias enlazadas que hemos acompañado, los miembros de la pareja reconocen, con la perspectiva que les da el tiempo, que se fueron a convivir demasiado pronto o que no deberían haberlo hecho, pues los desacuerdos y conflictos propios de la convivencia desgastaron la relación.

Este fenómeno se produce sobre todo cuando ambos aportan hijos de su relación anterior. Convivir siempre es un reto, y mucho más cuando los estilos de crianza son diferentes.

Por eso es importante plantearse si la convivencia realmente suma o no a vuestra familia.

Jimena había decidido separarse después de enamorarse de su persona despertador.

Creció con un padre ausente que la visitaba de vez en cuando después de separarse de su madre, quien tardó varias décadas en superar este duelo. La ausencia física del primero y la ausencia emocional de la segunda la dañaron de niña.

(Insisto en que lo más perjudicial no fue el hecho de la separación de sus padres, sino cómo la gestionaron estos y la falta de presencia y atención emocional hacia ella cuando era niña. Sobre las necesidades de los hijos e hijas ante el proceso de separación de sus progenitores hablamos Miguel Ángel y yo largo y tendido en nuestro primer libro, *Separada*).

Así que su gran anhelo era ser madre para darles a sus hijos el molde de familia que ella siempre añoró de niña. Lo logró como deseaba, aunque solo por un tiempo.

Tenía lo que había considerado una familia perfecta: una relación de pareja sin discusiones, un buen hombre que ejercía su responsabilidad parental, una casa propia en un lugar idílico, un hijo, una hija y la perra.

Eran la viva estampa de la familia feliz. Sin embargo, ella estaba bien lejos de sentirse feliz.

Creía tener un problema por no poder ser feliz junto al padre de sus hijos, al que reconocía como una maravillosa persona, con la familia que habían formado y todo lo que habían construido a su alrededor.

El problema era que Jimena tomó muchas decisiones hasta aquel momento basándose en su anhelo de niña. Las tomaba desde sus heridas y carencias.

No fueron decisiones desde su ser, es decir, desde la conexión con ella misma.

Solo cuando conoció a su persona despertador comenzó a tomar consciencia del lugar desde el que había vivido hasta el momento.

De ese modo inició un proceso de sanación que la llevó a hacerse muchas preguntas, a cuestionarse aquello en lo que había creído hasta el momento y sobre lo que quería en adelante.

Inició una relación de pareja con quien fue su persona despertador.

Ambos aportaban dos hijos de su relación anterior y ella tenía en todo momento claro, durante este proceso, que a medio plazo convivirían todos juntos.

Tan pronto sus hijos integraran la separación y se hubieran adaptado a los cambios derivados de esta, darían el paso de compartir un mismo hogar.

Para ella, una relación de pareja, y sobre todo una familia enlazada, carecía de validez y peso si no había convivencia.

Jimena creía a pies juntillas en la importancia de la convivencia como garantía de calidad y estabilidad en la relación. Era una idea condicionada tanto por el contexto cultural y social como por su infancia.

Trabajamos durante meses en las sesiones y, como si de un milagro se tratara (evidentemente, no lo era), un día comenzó la sesión expresando con cierta sorpresa y alegría que a lo mejor la convivencia no estaba hecha para ellos y que tal vez fuera mejor dejarlo todo como estaba.

Además de ese proceso interno, el paso del tiempo la hizo

ser consciente de las fortalezas y debilidades de la propia pareja y del conjunto de la familia. Comprendió que también le gustaba la comodidad que se experimenta al tener tiempos definidos a solas con sus hijos, cosa que ellos le agradecían mucho.

Jimena y su pareja vivieron muchas dificultades en los inicios de su relación. El padre de sus hijos y la madre de los pequeños de su pareja no les dieron facilidades. A consecuencia de ello, sufrieron varias crisis de pareja que les costó resolver.

Cuando ya se habían estabilizado como pareja y los hijos se conocían y compartían tiempo juntos, ella comprendió que convivir implicaba llegar a muchos acuerdos relacionados con la crianza y otras cuestiones cotidianas.

Y decidió que ni quería eso ni lo necesitaba, pues se encontraba muy cómoda así. Como ella mismo dijo: «Así nos va muy bien a todos. Ponernos a convivir sería forzar las cosas».

En cualquier situación de la vida, y mucho más ante un proceso de enlazar familia, es determinante tomar decisiones desde la reflexión en lugar de hacerlo por inercia. Tal vez vaya bien a corto plazo, por ejemplo por cuestiones económicas, pero a largo plazo puede resultar muy caro.

Jimena necesitó desmontar su idea preconcebida de familia para aceptar su nuevo molde familiar. Debía otorgarle la validez que antes solo le daba si había convivencia.

Con convivencia o sin ella, las familias enlazadas nos enfrentamos a grandes e importantes desafíos. Por eso es importante preguntarse hasta qué punto la convivencia suma o, por el contrario resta a vuestro clan.

No se trata de hacer lo que se supone que hay que hacer, pues no existe la opción correcta, sino la que os vale en vuestro caso.

Como siempre digo, haz aquello que alimenta tu paz o,

en este caso, vuestra paz, vuestra armonía, y modifica o elimina lo que os resta armonía familiar.

Cuando Jimena pudo deshacerse de todos los *tendría* y los *debería* al conectar consigo misma, comprendió que lo que le daba paz era mantener la relación y la familia tal como estaban en aquel momento, sin convivir y compartiendo mucho tiempo de ocio juntos, con algunas noches de pijamas y escapadas en familia en verano y puentes escolares, pero sin una convivencia cotidiana.

8

LOS DESAFÍOS DE LA FAMILIA ENLAZADA

Las familias como la tuya y la nuestra estamos construyendo un nuevo capítulo en la historia de las familias y carecemos de referentes. Por eso, uno de los errores más habituales es pretender funcionar de la misma manera que cuando nuestro molde familiar era el tradicional.

Cualquier tipo de familia tiende a mirarse en la familia normativa para buscar validación. Sin embargo, haciéndolo así difícilmente se podrá sentir la familia propia como válida.

Cada molde familiar funciona de una manera diferente. Es importante entender las necesidades de vuestra familia para encontrar vuestro propio equilibrio.

Insisto en que este molde no es ni mejor ni peor, sino diferente, y que como tal requiere que atiendas las particularidades propias de vuestro propio clan, pues desde ahí podréis encontrar vuestra armonía.

Es como si vieras a una persona bailar hip hop con la melodía de *El lago de los cisnes* de Chaikovski. Tanto la danza de hip hop como la música clásica son perfectamente válidas. Sin embargo, no se encuentran acompasadas.

Encontrar vuestro propio compás hará que la fluidez reine entre vosotros. Esto requiere amplitud de miras, asumir que ser familia enlazada es un proceso y respetar los ritmos de cada persona.

Cuando una pareja tiene hijos se encuentra con multitud de desafíos para acoplarse como familia normativa. La familia enlazada es un modelo 2.0. en cuanto a desafíos y oportunidades de aprendizaje y crecimiento se refiere.

Hay tantos retos como regalos. Vivir esta realidad desde el hastío fácilmente te colocará en un lugar de sufrimiento y (lo más probable) victimismo. Sin embargo, si tienes una actitud abierta y permeable ante los aprendizajes y los vives como una oportunidad de crecimiento, el amor tomará cada vez más protagonismo en vuestra historia.

Asume la responsabilidad de la elección que te ha traído hasta aquí y pregúntate desde dónde quieres vivir este proceso. Si lo haces desde el amor, vivirás una transformación interna apasionante. Una advertencia: no será un camino de rosas.

Pero puedes vivir este proceso desde el miedo. En tal caso será una constante de sufrimiento y frustración al no ver cumplidas tus expectativas y al comprender que nada es como te gustaría que fuera, o como consideras que debería ser.

Con arreglo a mi experiencia y a la de tantas parejas a las que acompañamos en su proceso de enlazar la familia, afirmo de manera tajante que, sin una transformación interna, la familia enlazada no puede funcionar. Esto se debe a que hay mucha programación que deconstruir, es decir, mucho que desaprender para dejar espacio a lo nuevo.

Estos desafíos y oportunidades de aprendizaje tienen que ver sobre todo con el cierre de la relación anterior, la relación de pareja, el tiempo, la responsabilidad y los hijos.

El cierre de la relación anterior. La familia enlazada, salvo en los casos de viudedad, proviene de que al menos uno de sus dos miembros ha vivido una separación previa, y conviene dejarla bien cerrada antes de iniciar este nuevo molde.

Cuando no se ha cuidado el cierre de la relación anterior, asunto al que se suele prestar poca o ninguna atención en nuestra sociedad, se complica la configuración del nuevo molde, tanto en lo relativo a las personas adultas como a los menores.

El duelo más visible tras una separación es el de la relación de pareja que se termina. A veces se elabora en las etapas últimas de la relación, pero en otras ocasiones no supone un duelo como tal, sino más bien una liberación.

En cualquier caso, no es el único duelo. Hay otros, más difíciles de elaborar en la mayoría de los casos y relacionados con el proyecto de vida que se esfuma y el molde de familia que se deja de ser. Cuando hay hijos, el duelo más invisible de todos y también el de mayor peso es el de la vida soñada para los hijos que ya no podrá ser.

Transitar estos duelos es necesario. En la medida en que se haga, más ligero será el proceso tanto de la relación de pareja actual como de familia en sí.

Para asegurar una nueva relación que funcione sobre unas bases sólidas, es superimportante darle un buen cierre a la anterior, tanto si este ha sido un duelo como un alivio.

Tienes que hacer las paces con esa relación, pues lo vivido en la etapa que compartiste con quien fue tu pareja también te permite ser quien eres a fecha de hoy.

En los casos en los que, además, compartes la crianza de los hijos, aquella relación es el origen de la familia que eres hoy con tu nueva relación.

Sentir el deseo de hacer borrón y cuenta nueva es lícito, y tiene que ver con necesidades propias que debes atender. No te quedes solo en el deseo de que fuera de otra manera, atiende el mundo emocional que se ha despertado cuando te escuchas en este deseo.

Sin embargo, eres quien eres, y tu pareja es quien es, gracias a todo lo vivido hasta el momento. Renegar de una parte de nuestra vida es renegar de una parte de lo que somos.

Para poder honrar y reservar un buen lugar a la etapa compartida con quien fue pareja y es padre o madre de los hijos en común, es importante tener en cuenta lo que te comentaba en el capítulo anterior: dejar de ver a la pareja que fue como hombre o mujer para verla desde el rol de madre o padre de los hijos en común.

Si honrar la relación anterior se te hace cuesta arriba, hay dos acciones claves: agradecer y asumir la responsabilidad.

Tanto si consideras que fue una relación genial como si te pareció conformista o un verdadero tormento, siempre encontrarás algo que agradecer, aunque sea justo lo que no quieres volver a repetir.

Si no puedes agradecer lo que fue, podrás agradecer lo que aprendiste. Si agradeces ambas cosas, mejor que mejor, eso ya depende de la realidad que hayas vivido.

El hecho de poder vivir el recuerdo de la relación desde el agradecimiento es una forma de cerrar y honrar que te libera y permite avanzar, pues no se trata de dar las gracias a la otra persona, sino de un acto interno como el perdón.

Puedes perdonar o agradecer lo vivido en la relación con tu expareja desde tu fuero interno para seguir tu camino sin que nada te ate a la otra persona. El agradecimiento es síntoma de que se ha elaborado el duelo completo.

Para lograr esto, la otra palabra clave es: *responsabilidad*.

Es importante asumir la responsabilidad de las decisiones que se han tomado y también de las que se han dejado de tomar, pues cada cual está en el lugar y escenario que ocupa en la vida como consecuencia de las decisiones tomadas hasta el presente.

En algún momento, con más o menos consciencia, elegiste a aquella persona como madre o padre de tus criaturas.

Cuando todo ha pasado es fácil mirar atrás y que nos

juzguemos por las decisiones tomadas. Sin embargo, esto no es justo.

Cada uno hace lo que puede con la mochila que acarrea y la información de la que dispone en cada momento. Estamos mucho más condicionadas de lo que parece *a priori*, por el contexto social y familiar en el que cada ser humano ha crecido.

Hoy eres quien eres y piensas como lo haces debido al conjunto de experiencias pasadas y, sobre todo, a los aprendizajes que has adquirido. Por eso no es justo que te juzgues siendo quien eres en el presente y decidiendo lo que decidirías ahora, por quien fuiste en el pasado y las elecciones que hiciste en aquel momento.

En consulta es muy habitual que alguien manifieste arrepentimiento por haber elegido a aquella persona como madre o padre de los hijos que han tenido juntos.

Cada uno tomó esa decisión desde el lugar en el que estaba y hoy no merece juicio alguno. Es un hecho que no se puede modificar. Lo que sí puedes cambiar es la forma de afrontar la situación actual y la decisión pasada. Y esto tiene un único camino: la responsabilidad en lo que a ti respecta y la aceptación al saber que algunas circunstancias que se viven tienen que ver con la vida, de la que de alguna manera somos un instrumento.

Si no hay responsabilidad, la culpa te anclará al victimismo y cualquier cosa que hagas estará intoxicada por las vivencias anteriores, pues en tu fuero interno prevalecerá la sensación de ser víctima, aunque sea de una forma inconsciente.

La perspectiva de lo que vivió Rosa la cambió radicalmente cuando pudo reconocerse a sí misma que nunca estuvo realmente enamorada del padre de sus hijos, sino de la idea de ser familia.

Esta es una realidad con la que solemos encontrarnos en las sesiones. Reconocer el origen o la naturaleza de la relación de pareja ayuda a asumir la responsabilidad de la elección de aquel momento, y las consecuencias que esta ha supuesto y que se viven en el presente.

Rosa se sentía víctima del padre de sus hijos y no entendía por qué no podían tener una relación amable y cómplice como madre y padre.

Vivía en un sufrimiento permanente con la frustración como protagonista en su vida, pues luchaba por tener una comunicación fluida que parecía imposible.

Ella solo veía todo lo que ponía de su parte, que era mucho y de manera proactiva. De ese modo, esperaba que él comprendiera que eso era lo mejor para los niños y entonces él también lo hiciera.

Sin embargo, Rosa no lo veía a él en ningún momento. Pocas veces a lo largo de su relación de pareja lo había visto de forma íntegra.

Para Rosa fue muy duro entender esto. Ella misma confesó en una de las sesiones que creía que realmente nunca lo había visto. Ni siquiera al principio de su relación de noviazgo.

Por aquel entonces ella deseaba ser madre desde hacía años, y quería serlo en pareja, pero ninguna relación «terminaba de cuajar», decía. Hasta que llegó Luis, con quien desde la primera noche hubo risas y cierta complicidad.

A Rosa le bastó para apostar por ellos como pareja y muy pronto cumplió su deseo de quedarse embarazada. Se sentía feliz, y más cuando tuvo a su segundo hijo, pues sentía que había conseguido, por fin, la familia que soñaba, y que esta era perfecta, pues estaba ella, él, su hija mayor y el hijo pequeño.

No podía ser mejor.

Hasta que, «de repente», dijo en sesión, «llegó una tercera persona y lo estropeó todo».

Desde que se separaron, ella había asumido que la responsabilidad de esta decisión radicaba en aquel suceso, por lo que su sentimiento de víctima era bastante grande.

Al recorrer su historia de pareja desde el inicio, con mucho dolor, y también con mucha honestidad y valentía, reparó en muchos matices que había obviado en su discurso interno y que la convertían en una mártir.

Sin embargo, reconoció entre lágrimas que Luis se había sometido durante toda la relación a la voluntad de ella, pues, aunque él expresaba sus preferencias, ella lo convencía siempre de que, ante cada decisión que se les presentaba, desde la más pequeña e insignificante hasta la más transcendental, su opción era la mejor.

Además, nunca había estado realmente enamorada de él, sino de la idea de familia. La pareja en sí murió tras el nacimiento de su hijo pequeño, ya que había desatendido la relación para volcarse en exclusiva «en mis hijos, pues realmente mi relación de pareja no me importaba, y Luis, en el fondo, tampoco».

Gracias a que Rosa pudo contarse la verdad sobre sí misma y su historia abandonó por fin el discurso de víctima y asumió la parte de responsabilidad que había aportado a la relación actual entre ella y el padre de sus hijos.

Darse cuenta de todo eso fue un punto de inflexión en su vida, y sobre todo en su relación con él.

Así, el sufrimiento se esfumó de su vida para dar lugar a la paz interior. Durante un tiempo sintió dolor y tristeza, pero impregnada de mucha paz, lo que le permitía estar tranquila.

Y, curiosa o no tan curiosamente, la relación con Luis comenzó a mejorar al poco de que ella hiciera este cambio tan grande de piel para dentro.

Él nunca supo qué proceso había llevado a cabo ella en terapia. Sin embargo, se produjo entre ellos un acercamiento de forma natural. No había complicidad como hombre y mujer, pero sí mucho respeto y espacio para la comunicación como madre y padre.

Ahora, por fin, Rosa tenía una parte de lo que deseaba desde la separación, gracias al trabajo tan profundo que se atrevió a hacer.

Claro que la relación no era como soñaba cuando se sentía víctima, pero eso era imposible porque lo que ella deseaba nunca existió entre ellos y la separación bebe de lo que se ha sido en la relación de pareja. No se parte de cero, sino de lo que se ha sembrado en la propia relación.

La narrativa que elaboramos acerca del pasado o de los duelos transitados condiciona mucho cómo nos sentimos en el presente y con nuestra propia historia vital.

Es fundamental ampliar la perspectiva para poder elaborar una narrativa más coherente con la manera en que deseamos vivir y sentirnos.

En mi caso, ahora que tengo la perspectiva del tiempo y algunos aprendizajes más, puedo ver cómo era una niña que se creía mujer cuando el padre de mis hijos y yo iniciamos nuestra relación.

De hecho, es algo sobre lo que conversamos en alguna ocasión años después de separarnos. Reconocimos que ambos éramos bastante niños e inmaduros, lo que se tradujo en el tipo de relación que luego mantuvimos.

A día de hoy, ya no compartimos la visión de la vida ni la forma de afrontar la experiencia vital. Por eso estoy convencida de que, si no compartiéramos el vínculo de ser madre y padre de las mismas criaturas, no tendríamos ningún tipo de relación, pues tenemos poco o nada en común como hombre y mujer.

Sin embargo, esa no es la historia completa, la verdadera historia tiene que ver con que desde donde estábamos

Sin una transformación interna, la familia enlazada no puede funcionar. Esto se debe a que hay mucha programación que deconstruir, es decir, mucho que desaprender para dejar espacio a lo nuevo.

en aquel momento decidiéramos ser madre y padre y con que desde entonces nos corresponde asumir la responsabilidad de aquella decisión, que pudo ser más o menos consciente.

Y lo más importante, una elección que nos ha llevado a estar vinculados de por vida.

El caso es que ahora tenemos por hijos a dos seres maravillosos que son un regalo de la vida. Por ello no puedo más que honrar y agradecer que, pese a las torpezas, meteduras de pata y faltas de responsabilidad que hubo en nuestra relación como pareja, la vida nos regalara la oportunidad de compartir la vida con estas dos criaturas preciosas que me ayudan a ser cada día mejor mujer y mejor madre.

El no poder honrar la pareja que fuimos, no poder agradecer lo que fuimos o lo que aprendimos gracias a esa experiencia, implica que no le damos el lugar que merece al origen de nuestros hijos.

Aquella relación fue el origen de su existencia aquí en la Tierra. ¿Cómo no honrarlo?

Mientras no puedas enaltecer y reconocer aquel origen, el de tus hijos si los tienes y los de tu pareja, el suelo sobre el que se sustente la nueva relación de pareja tendrá grietas.

Cuando hay hijos de una relación anterior, ya sea tu caso, el suyo o el de ambos, no se puede parcelar la relación de pareja actual a la de los hijos habidos en la relación anterior.

Hay que poner orden a lo vivido, para que lo anterior no interfiera en la relación presente como pareja y como familia enlazada.

Pero ¿cómo lo hacemos?

No te propongo un acto externo con quien fue o es tu pareja, sino un acto íntimo en tu silencio interno para reconciliarte con lo vivido. Solo así podrás honrar el origen de la existencia de las criaturas.

No me resultó fácil llegar a este lugar de respeto y reconocimiento. Fue un proceso y llevó su tiempo, como todo lo que te comento en este capítulo. Recorrerlo me llevó a un lugar de mucha paz y libertad. Por eso lo comparto contigo, porque sé lo difícil que es. Este cambio de mirada interno puede ser beneficioso para las criaturas de vuestra familia y para vuestras dinámicas relacionales.

Si no te apetece estrechar el vínculo con tu ex pareja o la ex de tu pareja actual, no es necesario. Todo lo que te he comentado tiene que ver contigo, con un proceso interno e íntimo.

Si después se da un vínculo más cercano, eso que os lleváis, es un añadido que sucede en numerosas ocasiones. Hemos sido testigos de ello en nuestra práctica profesional. Pero esto no tiene por qué ocurrir. Más aún, en algunos casos lo más saludable es que la relación no se estreche.

Hemos comprobado en la atención individual que realizamos en sesiones que a la pareja le cuesta entender esto muchas veces, sobre todo cuando no tiene hijos propios. En este tipo de situaciones se despiertan celos y otras muchas emociones incómodas que generan frecuentes conflictos en la relación.

Por eso quiero matizar que se trata de una cuestión trascendental en la visión de madre y padre. Hay que atender esos celos como lo que son: un síntoma de inseguridades y otras cuestiones más profundas que conviene revisar y cuidar.

La relación de pareja es otro gran desafío, pues la fortaleza de la familia enlazada es proporcional a la calidad de la relación de la pareja que la encabeza.

Por ello he dedicado toda la primera parte del libro a este tema, pues es imprescindible llevar a cabo una relación consciente en este tipo de molde familiar. Hay muchos agentes externos que tener en cuenta, y la pareja en sí podría convertirse en la diana de muchos de ellos.

Si no os cuidáis como pareja y establecéis una base sólida de comunicación entre vosotros concediéndoos mucho tiempo de exclusividad de pareja para recargar baterías, os arriesgáis a que los factores externos se lleven por delante vuestra relación.

Así pues, si has obviado o leído en diagonal la primera parte del libro, te animo a que retrocedas y hagas una lectura consciente y profunda.

Al hilo de la responsabilidad propia que ejemplificaba con la historia de Rosa, quisiera hacer un alto en el camino para animarte a que te preguntes cuál fue la motivación para iniciar la relación de pareja actual.

Desde el equipo terapéutico de Creada hemos observado con mucha frecuencia cómo muchas nuevas parejas se inician con el deseo, más o menos soterrado, de conseguir lo que no se logró a nivel familiar en la relación anterior.

Es decir, se inicia la relación buscando tener éxito como familia y con la mirada puesta en la normativa, en ese estándar socialmente reconocido.

Esta motivación es exclusiva de las mujeres madres. Hasta el momento de escribir estas líneas no hemos conocido un solo hombre padre que inicie una nueva relación motivado por esta idea, pero sí con el deseo más o menos consciente de que exista una mujer que se haga cargo de la crianza y lleve este liderazgo.

Ambos deseos hacen aguas por todas partes e impedirán que la relación actual tenga una base sólida sobre la que prosperar y construir una familia enlazada capaz de sostenerse a lo largo del tiempo.

Al poner la mirada en la familia normativa dejamos de reconocer las necesidades y particularidades de este molde familiar nuevo. A duras penas podremos, pues, identificar y atender los miedos que surgen a partir de este proceso de transformación familiar.

No poder honrar
la pareja que fuimos,
no poder agradecer lo
que fuimos o lo que
aprendimos gracias a esa
experiencia, implica que
no le damos el lugar
que merece al origen
de nuestros hijos.

Además, con ello no se contempla la pareja de una manera integral, sino como un medio para alcanzar un fin. Y la pareja nunca debe ser un medio, sino un fin en sí mismo.

Preguntarte acerca de tu motivación para avanzar en la relación actual es importante porque así te contarás verdades y te será más fácil asumir la responsabilidad y las consecuencias de tus decisiones.

Esto es importante en cualquier caso, y más cuando se es madre. Cuando parte de la motivación es crear una *familia en condiciones*, se corre el riesgo de dejar al padre de lado y no respetar el lugar que ocupa en la vida de los pequeños. Al mismo tiempo, a la pareja se le adjudica un papel con los menores que no le corresponde.

En Creada vemos con frecuencia cómo, cuando esta motivación ha existido, se viven segundas separaciones. Y estas suelen suponer un duelo mayor que la anterior.

La forma de prevenir es revisar desde dónde se ha creado la nueva relación y qué se busca con ella.

Hacer esta revisión ayudará mucho a crear tanto una base sólida como tiempo de calidad para la pareja.

En los casos en los que ambos tienen hijos y los calendarios no coinciden, la pareja se enfrenta a un desafío mayor, pues sus tiempos de calidad se reducen de manera exponencial. Por eso será especialmente importante hacer uso de la creatividad en lo cotidiano con la finalidad de crear burbujas de tiempo para la pareja.

El tiempo es otro de los desafíos que presenta este molde familiar. En las sesiones vemos cómo surgen prisas por el deseo propio de disfrutar de esta nueva realidad, incentivado unas veces por el enamoramiento, otras por la necesidad de colmar la sensación de vacío o pérdida tras la separación y otras por el deseo de avanzar y acercarse al ideal de familia que no fue posible pero que se considera realizable gracias a esta nueva relación.

La situación económica también es un motivo para correr, sobre todo cuando se han perdido ingresos tras la separación.

En cualquier caso, me parece importante recalcar la importancia de no correr y conceder el tiempo necesario para atender todos los aspectos propios de cada miembro de la nueva relación, tanto las necesidades como los miedos de cada parte.

En nuestra sociedad actual estamos demasiado acostumbrados a la inmediatez. Saber vivir el proceso es fundamental, y también reflexionar desde el sentir interno de cada uno para conocer poco a poco a los hijos de la pareja. Hay que permitir que se establezcan lazos afectivos antes de iniciar periodos de convivencia puntuales (por ejemplo, en caso de viajes) o una convivencia permanente.

La vida es calma y tormenta. Por muchas ganas e ilusión que haya, es importante no dejarse llevar por las prisas derivadas de esta nueva ilusión en la vida, que es todo un regalo.

La escucha interna y la observación son tu mejor guía, pues no hay unos tiempos marcados que te digan que los cumples de manera satisfactoria. Cada una tiene sus propios tiempos según sea su realidad. Además, está condicionada por factores como el cierre de la relación anterior, el compromiso de la actual pareja, las edades de los hijos o la relación con el otro progenitor.

Correr no suele ser recomendable; en esta ocasión, mucho menos.

Cuando las prisas se deben al ansia por dejar atrás el dolor anterior, es fácil usar la nueva relación como tapón del vacío o del duelo que no se quiere atender.

Con ello sustentamos la familia enlazada en el miedo, no en el amor. Esta base tan frágil hará que, ante cualquier movimiento mayor de lo habitual, vuestro suelo se agriete y los muros se debiliten.

Esta realidad que afrontáis requiere que cada cual se cuente verdades desde su silencio interno para que podáis miraros a los ojos, hablaros desde el corazón y juntos, desde la complicidad, ayudaros y apoyaros.

Sentir miedo es normal, y mucho más cuando se recorre un camino tan desconocido.

Por ello deseo que la verdad y la comunicación reinen entre vosotros. Aunque lo que tengáis que contaros no os guste o no sea agradable, contaros verdades os hará, sin duda, el camino más corto y fructífero.

Esto, que tan fácil parece, no existe en muchas relaciones afectivas, sobre todo de pareja, que son precisamente las que más comunicación y verdad necesitan.

Responsabilidad y verdad. Si hay algo que suele faltar en las personas adultas es responsabilidad. Al ego le gusta señalar a los demás como responsables o, más bien, culpables del malestar propio. Sin embargo, permanecer ahí es anclarse en el sufrimiento y victimismo.

Las personas adultas estamos donde estamos debido a las decisiones que hemos tomado. Hoy te encuentras en un punto determinado de tu vida, y eso es fruto tanto de las elecciones que has tomado como de las que dejaste de tomar. Cuando no elegimos, cuando no tomamos partido, también decidimos.

No es agradable descubrir esto, sobre todo cuando ocupamos un lugar que no nos gusta o que supone un malestar importante. Es mucho más cómodo señalar a otra persona, al entorno o a una situación como responsable de haber llegado hasta aquí.

No se trata de que saques el látigo y te fustigues, pues está claro que muchas elecciones están condicionadas por heridas, miedos y el contexto que muchas veces no ha sido favorable ni elegido. Por eso me gusta señalar que las personas no somos realmente libres, sino que hace-

Es fundamental conocer poco a poco a los hijos de la pareja. Hay que permitir que se establezcan lazos afectivos antes de iniciar periodos de convivencia puntuales (por ejemplo, en caso de viajes) o una convivencia permanente.

mos lo que podemos, con la mochila que traemos y el lugar en el que nacemos.

Esta mochila viene cargada de experiencias que nos hacen creer en la existencia de una sola opción como válida.

Cuando vivimos bajo esta creencia y no nos cuestionamos nuestra manera de pensar, hacer y hablar, actuamos bajo la hipnosis de la programación mental. Un programa al cien por cien condicionado por el contexto familiar, ancestral, histórico, cultural y religioso en el que hemos nacido y crecido.

Vivir así nos acerca al victimismo y, de manera ineludible, al sufrimiento. La única forma de alcanzar la libertad y así lograr una vida plena en la que las tormentas no te hundan es la responsabilidad.

Debes entender que, gracias al libre albedrío, siempre cuentas con una parcela de responsabilidad de la que te puedes hacer cargo. Incluso cuando vives situaciones que no puedes cambiar porque eso no está en tu mano, puedes elegir afrontarlas de manera distinta para vivirlas de forma diferente.

Raúl tenía una relación excelente con la madre de su hijo..., o eso creía él.

Un año antes, ella le había confesado la existencia de una persona despertador en su vida. Tras meses de conversaciones, de encuentros y desencuentros, decidieron separarse, pues, aunque él hubiera hecho más por salvar la relación, aceptó que ella no opinara lo mismo y dejaran de ser pareja.

Ella inició una relación de pareja estable con su persona despertador. Con el tiempo, Raúl y él se conocieron y entablaron una relación amable y de respeto. Eso permitió que, en determinados eventos importantes para su hijo, los tres (papá, mamá y el novio de mamá) compartieran espacio y conversación con naturalidad.

Todo parecía ir bien hasta que Raúl inició una nueva relación. Al enterarse la madre de su hijo, inició una batalla emocional llena de reproches, manipulaciones y chantaje emocional contra Raúl.

En ningún momento utilizó directamente al hijo en común, por lo que Raúl aguantó la situación durante mucho tiempo. El clima y los ataques directos contra su persona hacían mella en su estado de ánimo. Llegó a cuestionarse su calidad como hombre y, sobre todo, como padre.

Llegó a dudar de sí mismo, cuando antes de iniciar esta nueva relación solo había recibido elogios de la madre de su pequeño, que ahora tenía diez años.

Raúl permitió todo esto hasta que su nueva relación se resintió.

No asumió la responsabilidad de lo que vivía hasta que vio peligrar la relación de pareja de aquel momento.

Cuando inició el proceso, comprendió que la supuestamente excelente relación entre la madre de su hijo y él no era tal. La había calificado así debido a la inexistencia de discusiones durante todos aquellos años, pero porque él había aceptado de forma sumisa todo lo que ella decía.

Aquella relación de sometimiento continuó después de la separación, y la falta de límites y el permiso para entrometerse en su vida que él le había concedido a ella durante tantos años favorecieron esa situación tan desagradable para Raúl.

A medida que avanzamos en su proceso, se sintió más seguro y confiado para poner límites y asegurarse el respeto hacia su persona.

Gracias a ello, perdió el miedo al conflicto y se sintió más a gusto en la relación con la madre de su hijo.

Todo lo que vivió con la madre de su pequeño se debió a que se había establecido una relación asimétrica entre ellos, y ambos eran responsables. El sometimiento de Raúl explicaba la ausencia de conflictos y potenciaba la sensación de que era una buena relación.

Raúl solo pudo salir de esta situación al abandonar su rol de víctima y asumir responsabilidades.

Al abandonar este rol, la relación entre él y la madre del pequeño fue tensa durante mucho tiempo, hasta que poco a poco y sin forzar nada la tensión se fue disipando. Aunque en ningún momento, por lo que contaba Raúl, existió la complicidad que él deseaba.

La clave es que debemos decidir con la realidad que tenemos, no con la que nos gustaría que fuera.

Y es que elijamos lo que elijamos, todo tiene consecuencias. Como personas adultas, somos responsables de asumir las que surgen de cada una de nuestras elecciones.

Para Raúl, mantener el estado de no conflicto con la madre de su hijo suponía anularse a sí mismo y poner en peligro su relación de pareja presente, mientras que ponerle límites y exigir un trato de respeto hacia él le permitía sentirse más en paz y libre de ataduras. Todo eso aportaba salud a su relación de pareja.

A veces, cuando no tenemos claro qué elegiremos, es más fácil decidir de acuerdo con las consecuencias de cada elección. Así decidiremos según las que estamos dispuestas a asumir y nos haremos cargo de nuestra parcela de responsabilidad ante cada situación de la vida.

Los hijos son el desafío que más preocupa en estos casos y por eso le dedico un capítulo completo, igual que al tema de la convivencia, la relación con la expareja y los distintos roles de este molde familiar.

Ser familia es un proceso que conlleva atravesar etapas. Cada una tiene sus propios desafíos, es decir, oportunidades de aprendizaje para crecer y evolucionar individualmente, como pareja y como familia.

En la vida solo existen éxitos o aprendizajes. Fracasamos al insistir en victimizar una situación. Si somos capaces de ampliar la perspectiva y encontrar al menos un aprendizaje, ya habremos tenido éxito, pues a eso hemos venido a esta vida y por eso vivimos muchas situaciones, para tener la oportunidad de aprender todo lo que nos corresponde, que no es poco.

9

LOS MÍOS, LOS TUYOS ¿Y LOS NUESTROS?

Gracias a la existencia de los hijos y las hijas, las personas referentes de sus vidas podemos crecer más. Cuando no solo afirmamos querer lo mejor para ellos y ellas, sino que además asumimos la carga de responsabilidad que esto conlleva, vivimos un proceso transformador muy grande que añade salud mental a toda la familia.

Cuando hablo de hijos e hijas no me refiero a los propios, sino a todas las criaturas que existen en vuestra familia, sean tuyos o no, pues como te contaba al inicio de la segunda parte, la función de espejo que nos hacen los niños y las niñas y lo que nos pueden remover emocionalmente no está supeditado al parentesco parental.

Cuando le conté a mi psicólogo cómo me removía la presencia de la hija de mi pareja, me respondió: «Sois familia. La biología es solo eso, biología». Esta frase tan reveladora, que puso patas arriba mi forma de vivir y sentir la familia, supuso que algo hiciera clic en mi interior. A partir de entonces dejé de luchar contra el sentimiento que la relación con ella me despertaba y empecé a abrazarlo y atenderlo.

En aquel momento volví a coger el toro por los cuernos para mirar hacia dentro y hacerme cargo de todo lo que sucedía en mi interior, como ya había hecho anteriormente con mis hijos.

Esa niña no era la responsable de nada, como en su día no lo habían sido mis hijos. Lo que ocurría era que su presencia me mostraba heridas de mi infancia. Jamás habría pensado que ella, que no era mi hija y «solo era la hija de mi pareja, por lo que no nos unía ninguna conexión familiar», pudiera reflejar de una manera tan profunda algo que yo solo había experimentado en la relación con mis hijos.

Las creencias nos encorsetan de tal manera que no nos permiten ver más allá de nuestras narices. Por eso tropezamos una y otra vez con la misma piedra: no ampliamos la mirada.

Damos por hecho que las cosas son de una manera determinada y no nos abrimos a que puedan ser de otra distinta.

Nos falta cuestionarnos lo que pensamos y vivimos.

Me viene a la mente una amiga que está muy entregada a la crianza. Es mamá de una bebé que duerme muy muy poco. El otro día, al preguntarle cómo había pasado la noche, me contó lo horrible que había vuelto a ser y lo desesperada que se sentía.

Pero no me lo decía abiertamente, sino con palabras edulcoradas y explicitando cada dos palabras lo mucho que adoraba a su hija. Como si fuera malo expresar que está agotada y que cuando su pequeña le dice «mamá» veinte veces en un minuto le hierve la sangre, se desespera, y solo querría hacer lo que nunca va a hacer, precisamente porque la ama, y la ama bien.

Sentir algo mal visto en términos sociales no nos define como personas, ni como madres o padres, ni tampoco define la calidad de la relación.

Lo que sentimos tiene un sentido propio en nuestro interior y no debemos juzgarlo sino atenderlo.

Me costó mucho aceptar que en algunos momentos

podía sentir rechazo hacia mis hijos. Sí, suena fatal, pero es un hecho que muchas madres y padres vivimos en silencio.

Quedaría mejor si aclaro que no los rechazaba a ellos, sino que aquello que su presencia y comportamiento reflejaban de mi infancia producía en mí un rechazo que yo proyectaba en ellos.

Sí, vale, eso era lo que sucedía en realidad, pero en la piel, en mis tripas, lo que yo sentía era rechazo por alguno de ellos en ciertos momentos, y esto era durísimo y me hacía sentir la peor madre del mundo.

Sin embargo, aprendí a entenderme y comprender lo que la situación me reflejaba. De ese modo, aprovechaba aquello como una oportunidad para automaternarme y sanar lo que quedaba aún de mis heridas.

Pero cuando esto me sucedió con la hija de mi pareja, aquello fue aún más difícil y desagradable, pues el amor que sentía por ella no era el mismo que sentía hacia mis hijos.

Por eso no me resultaba fácil gestionar el rechazo que llegaba a sentir ante algunos hechos. Sin embargo, ahora, cuando todo eso ya es solo un recuerdo del que sigo aprendiendo, comprendo que fue una oportunidad para nuestra relación.

Me explico.

Si yo me hubiera quedado en la punta del iceberg, es decir, en la sensación de rechazo, la habría evitado a ella, o determinadas situaciones con ella. Habría proyectado en ella mi malestar haciéndola responsable, ya fuera a su persona directamente o a su forma de contestar o de comportarse. En todo caso, eso habría creado fricciones con su padre, que habrían resquebrajado nuestra relación.

Y eso provocaría, como vemos muchas veces en consulta, que la relación de pareja fuera cómplice en los tiempos de exclusividad de pareja, pero distante al estar las criaturas presentes.

Necesitamos aprender a escuchar nuestras emociones, pues estas son nuestras aliadas y nos informan de la existencia de necesidades ocultas.

La emoción, tal y como su etimología nos muestra, nos mueve a la acción. Como seres sintientes, podemos tomar decisiones en una u otra dirección. Y es que no somos seres racionales como creímos durante mucho tiempo, sino seres emocionales que razonan.

La clave estriba en darnos permiso para sentir y atrevernos a sentir, sea lo que sea, y pararnos a escuchar lo que cada emoción nos tenga que contar. En el caso que te relato, la emoción de rechazo me mostraba una herida que ya estaba preparada para atender y sanar.

Solo pude emprender el proceso de sanación al reconocer mi emoción de rechazo y ahondar en lo que había debajo de esta.

Fue un proceso doloroso, casi siempre lo son, pero al mismo tiempo tremendamente liberador.

Gracias a él me deshice más de mi personaje para ser más yo, y me liberé de cargas que condicionaban no solo mis decisiones y forma de verme en el mundo, sino también y sobre todo mi forma de relacionarme con los demás.

A partir de entonces, la conexión emocional con cada persona de mi entorno ha sido más auténtica y profunda, y qué decir con la hija de Miguel Ángel. Con ella se comenzó a dar una conexión preciosa y muy genuina que no solo persiste, sino que además crece con el tiempo.

Solo puedo agradecerle a la vida la oportunidad de crecimiento que me ofrece continuamente. Aunque ha habido momentos de desesperación y angustia, el resultado merece el camino recorrido.

Perdemos el tiempo y muchas oportunidades cuando ponemos el foco y la energía en los asuntos de los demás.

Un formador me enseñó que en esta vida hay tres tipos de asuntos:

- Mis asuntos.
- Los asuntos de los demás.
- Los asuntos de la vida.

En la medida en que dejas de poner el foco de piel para dentro para atender lo que cada situación te ofrece para crecer, pones la mirada en los asuntos de los demás o en los de la vida, sobre los que tienes poca o ninguna capacidad de control.

Al hacernos cargo de nuestros asuntos de una manera profunda y honesta, hay un cambio fuera, pero ese es un asunto de la vida. Así pues, no trates de controlar cómo y cuándo se dará ese cambio, pues no está en ti el saberlo.

Sentir rechazo por tus hijos o por los de tu pareja no habla de ti ni de tu calidad humana, sino de tus necesidades no atendidas, que se articulan mediante esta emoción para que las satisfagas.

El momento de presentarles la nueva pareja

Antes de contarte algunos aspectos relevantes, déjame decirte que no conozco vuestra realidad concreta. Por eso te daré algunas indicaciones relativas a la punta del iceberg, esa que se ve y que solo es el 11 por ciento de él.

Pero lo que más debes cuidar es justo la parte del iceberg que no se ve, ese 89 por ciento que tiene que ver con todo lo que te he contado hasta ahora.

Te ofrezco nociones prácticas porque sirven de orientación y ayudan. Al mismo tiempo, te animo a que les des la importancia que tienen, que es poca frente al valor enorme de todo lo que te he contado hasta ahora.

- Antes de que los hijos e hijas conozcan a la nueva pareja, es bueno que hayan integrado el cambio que ha supuesto en sus vidas, que sus figuras parentales dejen de ser pareja.

Este cambio encierra a su vez muchas pequeñas modificaciones que necesitan tiempo y acompañamiento emocional para lograr una buena adaptación.

No es que el cambio que supone la separación de las figuras parentales sea malo; en absoluto, no tiene por qué serlo. No me cansaré de decir que una separación no es algo malo en sí. Lo que puede causar daño es su mala gestión, del mismo modo que una mala gestión de la relación de pareja puede dañar a los hijos e hijas.

Lo que trato de decirte es que supone un cambio estructural en sus vidas, por lo que es importante permitirles que integren los cambios a su ritmo. Esto favorece la adaptación a lo nuevo.

Si fuéramos capaces de ver lo que este cambio puede suponer en la vida de los hijos e hijas, sin la connotación melodramática que se le suele añadir a todo lo que rodea a la separación, sería más fácil entender la necesidad de respetar su periodo de adaptación.

Pilar y Julián son una pareja que vivía felizmente unida junto a su hija y su hijo. Ambos trabajan dentro y fuera de casa, y a ella le ofrecen un puesto de trabajo en Países Bajos que le permite cumplir un sueño profesional muy ansiado.

La pareja reflexiona durante meses acerca de los pros y los

contras de esta oportunidad, pues implicaría que la familia al completo se mudara durante al menos tres años a Países Bajos, con todos los cambios que esto supondría.

Cada miembro de la pareja, sobre todo el hijo y la hija, que son quienes disponen de menos recursos emocionales debido a su edad, tendrían que adaptarse a una nueva casa que implicará cambios culturales, gastronómicos, académicos, climatológicos o de lenguaje entre otros, así como adaptarse a vivir alejados de su entorno.

Después de mucho valorarlo, el padre y la madre de forma conjunta deciden que se mudan, que los beneficios para la familia y para cada miembro de esta serán mucho mayores.

Es evidente que esa niña y ese niño vivirán momentos desagradables, sentirán malestar y momentos en los que desearán que las cosas vuelvan a ser como antes.

El hecho de que sientan esto no significa que el cambio sea malo, tan solo que necesitarán recibir por parte de sus figuras parentales, o al menos por parte de una de las dos, el acompañamiento emocional necesario para afrontar el cambio de forma saludable y así poder adaptarse a lo nuevo.

Porque lo nuevo puede ser bueno.

Lo que dificulta muchas veces que las personas adultas terminen de transitar el duelo de la separación tiene que ver con la carga juiciosa y de creencias que aporta al hecho que se vive. No es la situación en sí, sino lo que se piensa de esta.

En estos casos, el sufrimiento es un compañero de viaje que se proyecta en los hijos e interfiere en su proceso de adaptación.

Pero eso tiene más que ver con el proceso de separación en sí, asunto que abordamos en profundidad en nuestro primero libro, *Separada*.

Lo que trataba de ilustrarte con esta historia es que si en medio del proceso de adaptación de los menores incorporamos otro cambio grande en sus vidas, la situación puede volverse más compleja desde el punto de vista emocional. En tal caso, el proceso de adaptación puede resultar más sensible, se puede alargar y tal vez resulte más complejo.

Esto no significa que todo esté perdido si ahora, con esta información, consideras que tu pareja o tú os habéis adelantado porque algunas de las criaturas no han tenido el espacio de tiempo suficiente para integrar el primer cambio. En absoluto.

Me refiero más bien a que si observáis que algo no va bien en ellos, que no terminan de aceptar vuestra situación actual, te abras a la posibilidad de que tal vez sea este el origen de lo que les ocurre y así puedas ayudarlos.

Aitor y Lourdes, una pareja joven y padre y madre de dos peques cada uno, de sus relaciones anteriores, se conocían desde hacía muchos años. Los hijos de ambos, los cuatros menores de diez años, también.

Meses después de sus respectivos divorcios, se habían ido a vivir juntos. Su planteamiento para iniciar la convivencia se basó en que los hijos se conocían de siempre y se llevaban bien. Ellos estaban muy enamorados y deseaban compartir todo su tiempo juntos. De paso, reducían gastos.

El planteamiento podría haber funcionado si hubieran tenido en cuenta las particularidades de una familia enlazada y los miedos que el proceso despierta, sobre todo, en los peques.

Cuando nos pidieron ayuda, la convivencia se había recrudecido entre todos.

A las pocas semanas de comenzarla surgieron los conflictos entre los pequeños. Como iban a más, la pareja comenzó a dis-

Una separación no es algo malo en sí. Lo que puede causar daño es su mala gestión, del mismo modo que una mala gestión de la relación de pareja puede dañar a los hijos e hijas.

cutir con frecuencia y en la casa se respiraba un ambiente muy crispado.

Nos pedían ayuda porque temían que la relación «no funcione y hayamos metido a nuestros hijos en este lío para que vuelvan a vivir otra separación».

Este miedo es muy habitual. A ellos les sirvió sentir ese miedo para hacerse cargo del caos que reinaba en su nuevo hogar. Gracias a eso establecieron un nuevo orden que permitió que todos se sintieran más a gusto y la pareja se reencontrara.

Para lograrlo fue importante que Aitor tomara conciencia de cómo ninguno de sus dos hijos había integrado la separación de sus padres. Nos centramos en dotarlo de recursos y herramientas con los que acompañarlos. Ese proceso de integración era la prioridad absoluta.

Al mismo tiempo, dejaron de hacer planes para la tribu completa y comenzaron a tener más tiempos de exclusividad, Lourdes con sus hijos y Aitor con los suyos.

También fue importante rebajar las expectativas de Aitor y Lourdes, para que estos aceptasen el ritmo natural del proceso de enlazar la familia. Así se acabaron las exigencias y las presiones, tanto entre ellos como sobre los pequeños.

El que la pareja pudiera entender los miedos de los menores fue clave para que aprendieran a acompañarlos. En la forma en que se había planteado la convivencia, los miedos originales de los menores se agudizaban, y con ello la rivalidad entre ellos.

A los conflictos entre iguales, es decir, entre los menores, le dedico un epígrafe más adelante. Lo interesante por el momento es entender que lo relacionado con la nueva pareja y enlazar familia no es una situación que o va bien o va mal. Al tratarse de una situación más compleja en términos emocionales, requiere una atención y dedicación especialmente conscientes.

Aitor y Lourdes consideraban que, al conocerse de siempre sus hijos y llevarse bien, todo sería más fácil y no tendrían que preocuparse por ellos.

Pero resulta que una cosa es ser amigos y vivir cada uno en sus casas que pasar a ser hermanastros convivientes, con todo lo que eso implica.

Más tarde te hablo de los miedos de los menores en esta situación.

Ahora quería recalcar que ellos tomaron conciencia de que se habían adelantado en algunas decisiones que implicaban a los hijos y por ello la consecuencia inevitable fue que la tensión comenzó a protagonizar su relación.

Como no hay nada irreparable, tomaron medidas a tiempo y gracias a ello pudieron seguir creciendo como pareja y familia con mucha más armonía y equilibrio.

Si aún no habéis dado el paso de presentar a la nueva pareja, la pregunta clave es si los hijos, ya sean peques o adolescentes, han integrado el cambio que la separación de sus progenitores ha supuesto en sus vidas.

Una adaptación al primer cambio favorecerá que el segundo pueda darse con más naturalidad, sin interferencias.

No hay un tiempo marcado que sea el ideal. Eres tú quien debe alimentar la conexión contigo para decidir desde la intuición. Deja que tus sensaciones marquen el camino y los tiempos. Huye de las prisas que genera la ansiedad por querer estar en ese lugar que imaginas como pareja y familia y que tal vez estés idealizando.

- Algo que también debes tener en cuenta es que los niños y las niñas tienen el mayor radar de autenticidad que existe, por lo que son capaces de intuir o incluso saber las cosas aunque no se las contemos.

Perciben los cambios y cómo nos sentimos. No saben con detalle qué sucede, pero pueden intuir que algo ocurre aunque no lo puedan racionalizar.

Entonces, ¿cuándo se lo digo? Escucha tus tripas y confía en tu intuición. Que las mariposas del enamoramiento no te hagan correr demasiado, pero que los miedos y juicios de la mente no te hagan ocultarles algo que de alguna manera saben.

Como siempre, en el equilibrio está la respuesta. Llegado el momento, puedes contarles que estás conociendo a una persona que para ti es especial y con la que te gusta mucho compartir tu tiempo, sin necesidad de presentársela.

Por todo ello, si creas el encuentro de tu pareja con tus peques, diles la verdad hasta donde puedan saber. Es mejor eso que pensar «Total, son muy peques y no se van a dar cuenta».

Si van a saber algo, mejor que sea por ti antes que por otra persona o porque los hechos, vuestras miradas o lo que perciben cuando estáis juntos lo evidencien. Es una oportunidad para estrechar el vínculo y sembrar confianza en vuestra relación.

Por eso, no les presentes a tu nueva pareja diciéndoles que es un amigo o amiga cuando andáis en pleno enamoramiento, pues percibirán lo que es, no lo que tú les hayas dicho, que además no responde a la verdad completa.

Si les mientes o les ocultas información que puedan percibir por sí mismos, sentirán que no los tienes en cuenta, que no confías en ellos o, peor aún, que les mientes.

La confianza es fundamental para que haya una relación sana y una buena conexión emocional. Mentir en momentos como este la deterioran. Pero calma: si ya te ha pasado y al leer esto piensas que has metido la pata, recuerda que no hay nada irreparable, y más aún con las criaturas, pues carecen de rencor alguno.

Ahora bien, a lo mejor les vas a presentar a una persona con la que sales pero con la que aún no aspiras a entablar una relación estable y duradera, aunque quieres compartir tiempo con esa persona y con tus hijos. Por ejemplo, puedes contarles que es una amiga o un amigo importante para ti y que por eso te apetece que se conozcan. Básate en tu verdad y ten en cuenta su edad para saber qué lenguaje emplear, de modo que entiendan lo que les dices en cada momento.

En el momento de las presentaciones, hazlas con sencillez y consciencia. Al ponerle este segundo ingrediente ya cuidas el momento, así que compórtate con naturalidad. No hay más que hacer en ese momento, aunque siempre te puedes preguntar para qué querrías presentarlos si aún no pretendes que sea una relación estable.

La mayoría de las criaturas viven un momento así con total normalidad e incluso con mucha alegría. Así podría ser siempre, pero las cosas se tuercen muchas veces por la contaminación adulta.

Cuando los egos adultos hacen acto de presencia, las criaturas son las primeras afectadas. Por eso es importante que al menos tú te mantengas en tu centro.

Cuestiones prácticas

- Una cosa que favorece el encuentro es que ya les hayas hablado de la otra persona. Según la edad e interés que tengan, puedes enseñarles fotos y haberles contado cosas sobre él o ella. No insistas, limítate a compartir. Ten cuidado con las expectativas. No esperes que se pongan a tirar cohetes: son tus hijos, no tus colegas.

Que las mariposas del enamoramiento no te hagan correr demasiado, pero que los miedos y juicios de la mente no te hagan ocultar a los hijos algo que de alguna manera saben.

- El día del encuentro, anticípales lo que vais a hacer. Insisto: no para pedirles permiso, sino para informarles.
- Suele ser muy buena decisión que os conozcáis en un lugar neutral para todas las partes, sobre todo si ambos aportáis hijos de relaciones anteriores. También es importante que sea un espacio lúdico para comenzar a construir la relación desde un lugar relajado. Para nosotros fue importante hacerlo sin exigencias de tiempo, es decir, que el final del encuentro no lo marque el reloj. Manteneos en la observación, dejad que las cosas fluyan y que sean la energía del ambiente y el momento los que marquen el final del encuentro. Mejor que sea breve y os quedéis con ganas de repetir que alargarlo y terminar con desgana.
- Antes de que los hijos se lo cuenten a su padre o madre, es bueno que quien proporcione la información sea quien fue su pareja, es decir, el progenitor que está iniciando esta relación. En ningún momento debe pedirle permiso ni darle explicaciones, sino hacerle partícipe de un hecho que interfiere directamente en los hijos e hijas.

Cuando dudes si compartir alguna información con quien fue la pareja y es el padre o madre de los menores, pregúntate si tiene algún tipo de impacto en la vida de las criaturas. Si la respuesta es afirmativa, entonces es responsable informar a la otra persona.

Es una forma de actuar coherente e implica reconocer el lugar que ocupa en la vida de los pequeños o adolescentes. A fin de cuentas, con ello le dices: «Te veo, te tengo en cuenta y los dos cuidamos del bienestar de nuestros hijos».

No importa tanto si la otra persona te ve o no. Esa no es

la cuestión, pues no tienes poder alguno sobre este asunto. Se trata de ti, de que te preguntes desde dónde eliges relacionarte con quien mantienes ya un vínculo de por vida debido a la responsabilidad parental que os une.

Puedes vivir tu relación de forma condicionada a lo que la otra parte hace, deja de hacer o se comporta contigo, o puedes establecer una relación coherente con tus valores y principios, con tu forma de vivir.

Ahora bien, el que tú lo tengas en cuenta y seas coherente con tus principios no implica en ningún caso que permitas faltas de respeto.

Debes cumplir tu parte para allanarles el terreno a tus hijos, pues al volver contarán las novedades que han vivido y para ellos no será lo mismo si perciben una cara de asombro que si hay cierta naturalidad en la expresión del progenitor a quien se lo están contando.

Cuando la noticia cae como un jarro de agua fría, se da tiempo para que quien la recibe pueda centrarse sin que los peques estén presentes. De lo contrario, pueden percibir desde el primer momento que pasa algo, que algo va mal o cualquier asunto que no terminen de comprender y, por ello, les genere inseguridad o les haga crearse una idea muy alejada (o no) de la realidad.

Por eso es bueno que te adelantes y seas tú quien les dé la información si son tus hijos, o tu pareja si los hijos son suyos. En ningún caso se lo cuentes primero a los niños pidiéndoles que te guarden el secreto. Sería el embrión de un posible conflicto de lealtades.

Si tienes la suerte de contar con la complicidad del otro progenitor será mucho mejor y lo pondrá más fácil, pues juntos podréis paliar los miedos que los menores tienen en estas situaciones. Veamos cuáles son.

Sus miedos

Los cambios generan inseguridad en los seres humanos, pues suponen enfrentarse a la incertidumbre, y este es el estado emocional que más estrés genera.

Para favorecer el equilibrio y la armonía es bueno que te ocupes de crear espacios de seguridad para tus hijos, pues esto les permitirá adaptarse mejor a los cambios.

Tú puedes ser su espacio de seguridad. Para ello es necesario que haya conexión emocional, que te sientan disponible para escucharlos sin emitir juicios y valides lo que sienten.

Conocer a la nueva pareja no tiene por qué ser un gran cambio en sus vidas, depende del nivel de implicación. De hecho, si no ha habido antecedentes de otras relaciones anteriores, ni contaminación adulta a través de comentarios inapropiados, viven este primer encuentro con bastante naturalidad y alegría.

Los miedos que suelen surgir a partir de este momento comparten la misma raíz: la necesidad de guardarle lealtad al otro progenitor, y estos suelen estar relacionados con:

Si quiero a esta persona, ¿ahora voy a querer menos a mi madre o padre?

Recuerdo con total nitidez un momento concreto que sucedió tras nuestro segundo encuentro en familia. La primera vez habíamos quedado en el parque y esta segunda surgió mucho antes de lo que esperábamos, alentados por la insistencia de nuestros hijos, sobre todo de los tres mayores, pues el pequeño era muy peque aún.

Fuimos a un museo y al salir nos quedamos en un parque con una gran explanada repleta de árboles y arbustos.

Allí jugaron durante horas mientras nosotros dos observábamos atónitos e incrédulos.

Fue alucinante verlos disfrutar mientras jugaban sin ningún filtro. Aún me emociono al recordar esos momentos, pues sentíamos muchos miedos y estábamos cargados de prejuicios. Por el contrario, nuestros hijos, seres puros de amor, nos mostraban que todo estaba bien.

Al día siguiente, Miguel Ángel recibió la llamada de la madre de sus hijos y le comentó una conversación que había mantenido con la pequeña en la que esta le preguntó con cierta desazón: «Mamá, ¿ahora voy a tener dos mamás? Yo no quiero que tú dejes de ser mi mamá».

Fue genial que lo expresara, pues nos dio la oportunidad de confirmar nuestras sospechas: es fundamental cuidar muchísimo el lugar que cada miembro de la familia ocupa en el sistema familiar.

Nos lo habíamos pasado genial, nos habíamos divertido y reído. Después, al ser domingo, ella volvió con su madre. Y allí, de vuelta al que había sido su hogar desde que nació y en la cueva de los brazos de mamá, asomaron las preguntas que no cabían en la diversión del momento.

Tanto su madre en aquel instante como su padre cuando sintió que era el momento apropiado le explicaron que en ningún caso sería así. Que mamá solo tenía y tendría una, que yo era la novia de papá y que podía disfrutar con mi compañía y que tal vez algún día me querría, pero que, por mucho que me quisiera, nunca podría quererme como a su mamá, porque son amores distintos.

Aquello la relajó mucho y fue un punto de partida para distintas conversaciones que hubo en los primeros años. Siempre que tenía sentido y era coherente hacerlo, su padre y yo aprovechábamos para recordarle que no esperábamos que me quisiera como a su madre y que era normal que la prefiriera a ella antes que a mí.

De hecho, creo que el exponerles esto con tanta naturalidad y sencillez fue el factor decisivo para que se acercasen de una forma más íntima, la hija y el hijo de Miguel Ángel a mí, y mis hijos a él.

Creo que es crucial sentirnos libres en las relaciones. Cuando la libertad no existe o alguien interfiere, surgen las dificultades y conflictos, sobre todo los internos, que son la fuente de los conflictos externos.

¿Dónde quedo yo ahora en la vida de mi mamá o papá? Ahora mira tanto a su nueva pareja que a lo mejor me quiere menos a mí.

Nuestros hijos no nos conocen enamoradas y enamorados después de separarnos. La pareja se ha ido diluyendo desde la crianza o ha sucedido incluso antes. Por eso nos conocen juntos en pareja, pero no desde el enamoramiento.

Tal vez solo nos han visto cuidarlos a ellos porque nunca nos vieron cuidar a quien fue nuestra pareja.

Por eso es fácil que, al vernos tan dedicadas a la pareja, se pregunten cuál es su sitio ahora como hijos.

Es importante señalarles que siguen ocupando exactamente el mismo lugar y que, como tenemos la suerte de que nuestro corazón crece en la misma medida en la que amamos a más personas, nuestro corazón ha crecido al amar a una persona nueva y ahora gozamos de un corazón más grande en el que también cabe este ser nuevo en sus vidas.

Es de mucha utilidad paliar este miedo y para ello ayuda el hecho de dedicar tiempos de exclusividad a los hijos propios y no introducir desde el inicio a la pareja en todas las actividades. Lo mejor es hacerlo de forma progresiva pero sin descuidar la exclusividad con los hijos propios.

Y también les ayuda explicarles que no es lo mismo el amor a un hijo que el amor a una pareja. No se trata de si quieres más a la pareja o a ellos, porque son amores diferentes. El amor a un hijo y a una hija es infinito, por lo que jamás desaparece, mientras que el amor a una pareja puede ser finito.

Si mi madre o padre quieren también a sus hijos (los de la pareja, cuando estos existen), ¿puede quererlos más que a mí?

Cuando la pareja también tiene hijos, la posición como hijo o hija también cambia, pues quien era hermano mayor puede dejar de serlo si hay otra persona de más edad, y quien ha sido el más pequeño de la casa puede dejar de serlo porque hay alguien más peque.

Esto no es ninguna tontería. Es importante para el funcionamiento sistémico de la familia.

No es malo que este cambio se produzca, pero requiere que se preste atención a lo que esto supone en sus vidas. Ese sí es un cambio mayor.

Ahora bien, para su madre y su padre siempre van a ser su mayor y su pequeño.

El amor por ellos no disminuye porque haya más personas a las que poder amar, sino que el corazón crece de forma infinita cuantas más personas amemos.

Carlos era un niño que acababa de cumplir cinco años cuando Sonia (su madre) y Pablo (la nueva pareja de esta) se fueron a vivir juntos.

Era hijo único y Pablo tenía dos hijas, una de ellas de su misma edad.

Adelantaron el momento de la convivencia al ver que entre los tres se había establecido una buena relación. Jugaban mucho y entre ellos reinaba la complicidad.

Pero se llevaron una sorpresa cuando la madre de las niñas le comentó a Pablo, molesta, que la pequeña le había dicho que no quería ir a casa de papá porque Carlos le pegaba.

La primera respuesta de Pablo fue negarlo, pues no había presenciado ninguna escena de conflicto entre Carlos y sus hijas.

Preocupado, Pablo se lo comentó a Sonia, quien también se alarmó por las posibles implicaciones que para la familia recién enlazada acarrearía el hecho de que las niñas no quisieran vivir con ellos. También le preocupaba lo que Pablo pensara sobre su hijo y cómo esto afectara a la relación entre ambos.

Pablo habló con su hija y esta le contó lo mismo que a la madre. La hermana mayor corroboró su historia, palabra por palabra.

Al parecer, Carlos le pegaba cuando no había adultos mirando.

A partir de ese momento, Sonia y Pablo no los dejaron a solas en ningún momento. Sonia puso toda su atención en Carlos, en tratar de averiguar el origen de su malestar, pues tenía claro que a su hijo le pasaba algo.

Sabía que esa no era su actitud habitual. Más bien era el síntoma de un malestar que ella estaba pasando por alto.

No podía contar con el padre de Carlos, pues se sentía víctima de la separación y no podían actuar en equipo, así que habló a solas con la tutora por si había notado algo distinto en él.

La tutora no le dio respuesta alguna, así que la pareja nos pidió ayuda a la desesperada para tratar de descubrir y entender el origen del malestar de Carlos.

Al recapitular acerca de cómo se había producido la separación de los padres de Carlos, así como el rol que había asumido cada uno de ellos, detectamos que el menor había sentido un conflicto de lealtades desde el inicio de la separación, agravado cuando se inició la convivencia con Pablo y sus hijas.

A esto se le sumó el miedo a que su madre quisiera más a las hijas de Pablo que a él. El miedo a perder su lugar de privilegio en la vida de mamá fue el colofón de un revuelo interno que se fraguaba desde hacía tiempo y que le resultaba muy doloroso.

Entender a su hijo alivió a Sonia y a Pablo, pues este tenía claro que si sus hijas no estaban bien dejaría de convivir con Sonia. Ella entendía su postura, pues ella en su lugar habría hecho lo mismo.

Al ser capaz de entender a Carlos, Sonia le prestó la atención que este requería con más tiempo de exclusividad del habitual. Por recomendación nuestra, escribió un cuento sobre la historia de vida de Carlos. Este recurso le ayudó a integrar su nuevo molde familiar y a entender que su lugar en el corazón de mamá era exclusivo y no corría peligro.

Además, durante un tiempo, Sonia comenzó a prestar un poco de menos atención a las hijas de Pablo y este dio un paso adelante con sus pequeñas.

Por un momento habían actuado como una familia normativa en la que hay un padre y una madre que van a una sin distinción entre los hijos. Pero eso no les había funcionado; al menos, no con Carlos.

Se reorganizaron entendiendo que las hijas de Pablo lo necesitaban más a él y que Carlos necesitaba más a su madre. Eso les permitió reubicarse y de ese modo volvió a reinar la armonía entre los menores.

Cuando ambos aportan hijos a la pareja es más fácil entender las necesidades de esta nueva tribu y de sus miembros si nos vemos como dos grupos de personas de diferente origen pero unidas para crear un camino común.

Crear ese camino en común requiere tiempo y entender que tiene dos orígenes distintos es importante. No hay que correr y además hay que tener claro cuál es el lugar que ocupa cada uno. Los adultos somos pareja porque nos hemos elegido entre nosotros, pero el vínculo con los hijos es otra cosa. Por ello no es lo mismo que el límite lo pongan papá o mamá que la pareja de estos.

Son vínculos diferentes y, por tanto, relaciones distintas. Sobre todo al comienzo de la relación, los adultos deben tener bien clara y definida esa diferencia y saber así cuál es su rol en el núcleo de la familia enlazada.

Con el paso de los años y el tiempo de convivencia, esos límites se difuminan y los roles ya no están tan perfilados como al inicio. Pero en estas primeras fases sí es importante prestar especial atención y dejar que los peques o adolescentes, a medida que se sientan preparados para ello, nos concedan el privilegio de hacernos un hueco en sus vidas y corazones.

Hace poco tuve la suerte de saber de Sonia y de Pablo, pues ella nos pidió ayuda para otro asunto, y nos comentó que aquellos episodios no se repitieron.

Su hijo Carlos no había pegado a ningún niño o niña antes y no lo había vuelto a hacer, y la relación con las hijas de su pareja, después de tantos años, era ya de una gran complicidad.

El pequeño fue afortunado por tener a una madre que supo ver el malestar en el comportamiento de su hijo y atender las necesidades que lo generaban.

Ante cualquier miedo, ni los peques ni los adolescentes lo van a expresar de forma verbal y asertiva. Es su conducta la que puede alertarnos de que hay algún malestar en su interior.

El comportamiento que nos resulta incómodo es consecuencia del malestar que sienten. Como muchas veces ni ellos mismos son conscientes de qué les pasa, piden ayuda como saben: llamando nuestra atención. Es su señal de SOS, su forma de hacernos saber que requieren de nuestra presencia.

Ante cualquier expresión emocional incómoda, pregúntate qué necesidad subyace a su comportamiento, qué mensaje trata de haceros llegar a ti o a tu pareja.

Descubrir su necesidad de fondo es el mayor atajo que existe para ayudarlos desde un lugar profundo y sereno.

Ser amados es una necesidad básica del ser humano. Nuestro mayor miedo, compartido por todo el mundo, es el miedo a no ser queridos.

De la necesidad básica de sentirse amados surge otra: la de ser leal a las figuras parentales, tanto a mamá como a papá. Por eso es muy importante que desde el inicio le hagas saber que el amor está en continuo crecimiento.

El amor es una energía que se expande sin fin cuando la sentimos. En la adultez olvidamos muchas veces esta realidad y necesitamos recordarla para ayudar a nuestras criaturas.

Para transmitirles esto con seguridad es muy importante que haya coherencia entre lo que le dices, sientes y haces. Es decir, que en tu fuero interno respetes el lugar que la otra persona ocupa en el corazón de los menores de vuestra familia y ni tú ni tu pareja pretendáis ocupar un lugar que no os corresponde en sus vidas.

En mi caso, esto fue más fácil que atender el miedo que a alguno de mis hijos se le despertó al verme cuidar y atender a los hijos de mi pareja.

Transmitirles mi amor y hacerles saber que su lugar en mi vida era irreemplazable se hacía más difícil cuando se les despertaban algunos celos.

Entonces eran muy pequeños. Poniéndome en su lugar y en su forma de entender el mundo, encontré una explicación que tuvo un efecto parecido al de una varita mágica.

Tomé fotos mías de cuando estaba embarazada. Al enseñárselas les recordé que eran los únicos seres de todo el planeta que habían nacido de mi cuerpo y que, de la misma manera, mi amor por ellos era único en el universo y especial, una forma de amar exclusiva para ellos.

Recuerdo perfectamente cómo percibí que el que más inquieto estaba por esta situación se relajó mucho al oírlo expresado en esos términos. El comportamiento que había manifestado por culpa de ese miedo desapareció.

Pero no lo hizo por arte de magia, sino porque tuve la capacidad de no caer en la culpa, de asumir mi responsabilidad maternal desde mi yo adulta, de identificar el mensaje subyacente al comportamiento incómodo (el mal llamado «mal comportamiento») y atender así la necesidad latente que ese malestar mostraba.

Hacer esto no es pan comido, lo sé, pero se puede. Para ello debes permanecer en conexión contigo y con las criaturas.

Por supuesto que esto es difícil con el ritmo al que solemos vivir, pues nos suele faltar mucha presencia. Estamos en cuerpo presente, pero nuestra mente está en mil lugares y entonces no hay cabida alguna para la conexión emocional.

No es posible llegar a todo, debemos renunciar a algo en cada momento. Si queremos ofrecer una atención emocional de calidad a nuestras criaturas hay que asumir la responsabilidad de priorizar.

¿Qué prioridad le das a tu relación actual y al proceso de enlazar vuestra familia?

Es importante que evalúes tu nivel de implicación. Así habrá coherencia entre lo que dices que deseas y lo que haces.

Hago un alto en el camino para confesarte que nosotros renunciamos a la vida social durante nuestros primeros años como familia enlazada.

Teníamos clarísimo que habíamos apostado fuerte por la relación de pareja. Para que pudiera perdurar en el tiempo era clave que nuestros hijos, cuyas edades oscilaban entre los casi tres y los casi ocho años, tuvieran una buena relación.

Cuando imaginábamos una buena relación no pensábamos en la complicidad actual, en la que se sienten hermanos. Lo que tenemos a fecha de hoy es muchísimo mejor que lo que soñábamos.

Más bien nos referíamos a una relación lo suficientemente buena como para que nos permitiera compartir tiempo juntos.

Éramos conscientes de que, para eso, debíamos darnos la oportunidad de compartir espacios de conexión en los que ellos pudieran compartir juego y aventuras: rutas de senderismo, salidas en bici, excursiones...

Cuando había otras personas, sobre todo otros niños y otras niñas, el espacio compartido era menor. Por eso, entre otras cosas, Miguel Ángel y yo decidimos priorizar nuestra familia.

Así pues, apenas quedábamos con otras personas cuando estábamos con ellos. Si lo hacíamos, escogíamos muy bien el momento, pues no era buena idea hacerlo cuando acababan de llegar de sus otras casas ni cuando se volvían a ir.

Esos momentos de llegada y despedida siempre fueron, y aún son, sagrados para nosotros. Es un tiempo para la intimidad de nuestra familia.

No es que no nos relacionáramos con nadie en aquellos primeros años, pero sí priorizamos e hicimos renuncias, pues toda elección conlleva una renuncia. Por eso hay ocasiones en las que las personas adultas no queremos elegir: no estamos dispuestas a renunciar a nada.

Sin embargo, incluso elegir no decidir ya es una toma

de partido y una elección que conlleva una renuncia. Solo que en lugar de hacerlo desde la consciencia, lo hacemos desde el rol de niño o niña o desde el miedo. De ese modo, luego tenemos barra libre para sentirnos víctimas y no asumir responsabilidad sobre lo que nos sucede.

En nuestro caso, también elegimos reducir la vida social porque queríamos disfrutar a tope de nuestros pequeños en el tiempo que podíamos estar con ellos y porque para tener el tipo de relación que deseábamos, entre nosotros y con ellos, nos parecía fundamental llevar un estilo de vida que se saliera de la programación social impuesta.

No obstante, en algunas familias enlazadas la existencia de amigos o amigas puede ser beneficiosa en determinados momentos, sobre todo cuando hay adolescentes.

En la vida no hay recetas mágicas. La magia llega cuando hacemos ese clic interno después de integrar un aprendizaje. Y este llega cuando nos abrimos a lo que la situación incómoda nos pone por delante.

El proceso de enlazar familias está repleto de momentos mágicos y, sí, lo has adivinado, también de momentos incómodos. Pero no pasa nada, porque estos son los que preceden a los aprendizajes que dan lugar a la magia.

Si hay una idea que sintetice todo lo comentado hasta ahora es la importancia de que entendáis como adultos las necesidades de las criaturas y pongáis distancia con lo que les sucede. De ese modo no os ofenderéis y evitaréis que vuestros propios miedos e inseguridades lleven las riendas de vuestras conversaciones o decisiones.

Sonia y Pablo pudieron afrontar en equipo el conflicto entre Carlos y las hijas de él. Eso se debió a que ninguno se lo tomó como algo personal, ni se sintió ofendido.

Ambos fueron capaces de poner la mirada en los pequeños teniendo muy clara su labor de protección a los suyos y sus propios límites.

Al entender que había un malestar de fondo en el origen de esta reacción, ambos pudieron mirar hacia abajo a los pequeños en lugar de mirar hacia el otro para acusarlo de la manera de educar o de otras cuestiones que salen a relucir en este tipo de situaciones.

Los hijos e hijas necesitan que sus figuras parentales asumamos la responsabilidad de nuestro bienestar emocional para acompañarlos desde nuestro centro y guiarlos cuando lo necesitan. Si les falta una de estas figuras es bueno que cuenten con la otra. Esto es lo que le pasaba a Carlos. Su madre sí estaba ahí, a diferencia de su padre, que actuaba más bien como un adolescente enfadado.

Cuando no se puede contar con la complicidad de quien fue pareja, la resolución puede dilatarse más en el tiempo y complicarse. Sin embargo, cuanto antes se acepte esta situación, mucho mejor, pues empecinarse en que si la otra persona lo hiciera de otra manera y se pudiera formar equipo, es una manera de perder energías, pues supone poner el foco en un lugar donde no existe poder de acción.

Así pues, ante estas situaciones es mejor aceptar e invertir todas las energías en ser más pacientes, comprender mejor a las criaturas y entender sus miedos para darles el espacio y el tiempo que requieran.

Forzar las situaciones no debería ni plantearse, pues lo que requiere esfuerzo no nace de lo natural y orgánico.

Ahora bien, los momentos incómodos se pueden utilizar como oportunidades para fortalecer la confianza y conexión con las criaturas.

Si algo he aprendido desde que me separé del padre de mis hijos ha sido la fuerza y el poder tan inmenso que tiene el amor.

He vivido situaciones que habría querido borrarles a mis hijos, pues han presenciado y oído cosas acerca de su madre que ningún hijo quiere oír. Sin embargo, jamás entré al trapo. Jamás. Opté por confiar en la vida, por confiar en la fuerza del amor.

No sabía cómo me iba a salir, ni si realmente funcionaría y sería la mejor opción, pero una cosa tenía clarísima: mis hijos recibirían amor y mucho orden por mi parte. Tenía claro lo que iba a construir y así lo hice. El tiempo ha demostrado que ese era (y es) el mejor camino.

Cada situación desagradable que vivieron mis hijos y que ningún hijo debería vivir sirvió para que yo les ofreciera mi presencia, mi escucha y mis abrazos. A veces les daba todo esto en silencio, y a veces lo decoraba con expresiones como «Te entiendo», «Debe de ser muy duro escuchar algo así» o «¿Quieres que te diga algo o prefieres mi silencio?».

La vida me regaló numerosas oportunidades en las que pude elegir entre estallar delante de mis hijos y enfrascarme en batallas que no tenían que ver conmigo u ocuparme de maternar a quienes necesitaban el aliento y refugio que da el espacio seguro.

Elegí una y otra vez lo segundo, aunque en muchas ocasiones fue muy difícil y necesité contar también con mi propio espacio seguro donde sacar todo el dolor, la rabia y la frustración que estas situaciones me generaban.

No hay vidas perfectas. Todo es perfecto bajo el orden y las leyes del universo. Nuestra misión no es cambiar las situaciones, sino utilizarlas como oportunidades de crecimiento. Pues la realidad que tenemos delante no es justa ni injusta, es la que necesitamos vivir para aprender lo que nuestra alma requiere aprender para llegar a ser quienes hemos venido a ser.

Si tratamos de ser madres o padres salvavidas para evitarles a nuestros hijos cualquier situación desagradable, vamos a sufrir muchísimo, pues esto no es posible. Ellos y ellas vienen a vivir sus propias vidas. Para ello, deben pasar por múltiples experiencias.

Lo mejor que podemos hacer por ellos y ellas no es evitárselas, sino hacerles saber y sentir que estamos a su lado para apoyarlos y acompañarlos tanto y tantas veces como necesiten.

Ofrecerles aliento y amor los dota de lo necesario para salir adelante y registrar formas sanas de transitar situaciones dolorosas que los llevarán a saber cómo hacerlo cuando no estemos tan cerca.

La mayor dificultad: cuando la otra persona malmete

Hablamos ahora del obstáculo que supone que la otra parte, la madre o padre de los críos, desde sus inseguridades y temores, actúe y hable en contra de la nueva pareja o del progenitor. Este puede ser un enorme obstáculo.

Un hijo no debería vivir estas situaciones.

Ni oír faltas de respeto hacia su otro progenitor o la pareja de este ni estar sometido a manipulaciones para entorpecer su vínculo con algunas de estas personas.

No debería vivirlas, pero son frecuentes. La causa no es la relación de pareja nueva, sino el miedo de quien comete la falta a perder su sitio en la vida de sus hijos.

Algo que me asombró mucho cuando empecé a acompañar individualmente a las personas fue la falta de responsabilidad y madurez emocional que tienen muchas personas adultas. A veces no reparamos en la gravedad que puede revestir cuando somos madres y padres.

Aquí poco se puede hacer hacia fuera y mucho hacia dentro; eso sí, con grandes dosis de paciencia, compasión y confianza, y alguna que otra ración de límites.

Hay que asumir la responsabilidad para cuidar y prote-

Pregúntate qué necesidad hay debajo del mal llamado «mal comportamiento» y atiende la necesidad latente que había generado esa conducta.

ger en la medida de lo posible a los menores. No debes hacerlo desde la abnegación, pues entonces incurrimos en un fenómeno similar, la victimización.

Lo que le sucede a un hijo propio duele más y de una forma mucho más profunda. Aceptar que el poder de acción es limitado y que no podemos evitarles todo el malestar o sufrimiento puede convertirse en algo muy frustrante.

Por eso, reconocer y atender lo que duele a nivel personal es tan importante. De este modo prestaremos la atención y el cuidado necesarios cuando la expareja malmete para entorpecer el vínculo de los hijos con la pareja de su progenitor e incluso con este.

El factor tiempo influye a favor, pero ¿qué hacemos mientras tanto?

Como no existe un botón mágico para acelerar el tiempo o cambiar la actitud de la otra persona, solo queda algo que no sirve de gran cosa cuando buscamos una respuesta y una solución inmediatas, algo que no existe para casi nada y mucho menos para este tipo de situaciones: hacerte cargo solo de lo tuyo.

Si la otra parte propone un conflicto, no entres. Ten en cuenta tus límites para cuidaros a ti, a tu pareja, a los hijos... Algunas situaciones te pueden generar frustración, enfado, tristeza, dolor por ver a los críos (o no tan críos) en medio y sentir que no les puedes evitar esa realidad... Todo ello lleva fácilmente a la culpa y a mucho dolor, e incluso a un impulso agresivo contra la otra persona. Tal vez se forme una bola de nieve cada vez más grande al querer devolverle «lo que me ha hecho», pero entonces alimentarías lo que precisamente reconoces como algo negativo.

Si miras a esa persona desde el conflicto, y ella a ti, ¿quién mira a los hijos?

Lo ideal para los hijos e hijas es sentir aceptación por parte de ambos progenitores hacia las nuevas parejas. Así se sentirán libres para disfrutar con las nuevas personas que llegan a sus vidas con la tranquilidad de sentir que aun así son leales tanto a papá como a mamá.

Pero esto sucede aún en pocos casos, pues a la población adulta actual le faltan consciencia y responsabilidad en un alto porcentaje, y el analfabetismo emocional hace estragos.

Por eso es importante que tengas en cuenta que a veces los pequeños sienten que son desleales a su otro progenitor por disfrutar de la compañía de esa persona o de personas nuevas en sus vidas, o incluso por comenzar a quererlas. Esta situación creará un muro hacia la pareja y probablemente hacia los hijos, si los tiene.

A veces esto se traduce en no querer compartir tiempo con estas personas o mostrar enfado hacia el progenitor que tiene una nueva pareja. En todo caso es importante que no te quedes con la conducta de rechazo o enfado, sino que entiendas lo que hay detrás de ella.

Lo que más necesita quien está inmerso en un conflicto de lealtades es comprensión, no que se le llame la atención por no aceptarlas, mucho menos que se le castigue o juzgue. Quien se halla en esta actitud de rechazo no lo hace de forma genuina, sino que está totalmente condicionado. De ahí que su actitud le genere sufrimiento. El conflicto interno que vive se traduce en un malestar importante que merece ser reconocido para poder atenderlo y así ayudarle.

Si es la madre quien malmete, tal vez genere conflicto y sufrimiento sin ser consciente de ello. Es importante que el padre, quien recibe los desplantes del menor, lo entienda primero y luego le haga saber y sentir que, aunque esté enfadado o no le apetezca estar con su pareja (e hijos, si los tiene), lo sigue amando como lo que es: la persona más especial de su vida.

Ante una situación como esta, es bueno lo que dije en

el capítulo sobre los miedos. Hay que atenderlos. Poner nombre a los sentimientos y vivencias de su mundo interior es una manera de ayudarlo. Después hay que validar lo que siente y respetar sus tiempos y su propio proceso.

Esto puede ser más fácil en peques que se encuentran en la primera y segunda infancia, y algo más difícil con los adolescentes, pues su manera de verbalizarlo puede doler más. Sin embargo, es aún más importante respetarlos a ellos y sus tiempos, sin atosigarlos.

En cuanto a quien fue pareja y hace gala de una actitud destructiva, poco se puede hacer al respecto de forma directa.

En ocasiones se puede valorar la posibilidad de hablar con ella y dejarle claro que la pareja actual no va a ocupar su lugar como madre o padre, ya que es un lugar sagrado e insustituible en el corazón de los hijos.

La posibilidad de apaciguar sus miedos ayudaría sin duda a que mostrase otra actitud beneficiosa para las criaturas.

Sin embargo, en muchos casos esto no es posible. Lo mejor es aceptar que esta persona carece por ahora de la voluntad de tener otra actitud y aceptar la situación que es.

Emplear tiempo y energía en pensar cómo debería afrontarlo y cómo deberían ser las cosas se traduce en una fuga de energía. Y esas energías dejan de ponerse en la relación de pareja o en la relación con los hijos. Es mejor ocupar el cuerpo y la mente allí donde se tiene auténtica capacidad de actuación.

Sobre todo, no entres al trapo, pues en ese caso alimentarás una actitud que ya habías juzgado como inapropiada.

Es una postura dificilísima que requiere mucha templanza, tan difícil es como necesaria, pues alguien debe mirar por los menores y cuidarlos.

Quédate con lo que puedes hacer de piel para dentro, porque de lo contrario estarán desprotegidos.

Como los hijos son al cincuenta por ciento mamá y al cincuenta por ciento papá, si sienten que papá y mamá están en conflicto, interpretan que no tienen permiso para amarlos a los dos; es decir, desarrollan un conflicto de lealtades al percibir que no pueden integrar a ambos en su corazón. Eso les genera mucho dolor.

Si el conflicto es de mamá con papá o de este con mamá, si perciben que no es recíproco, lo viven con mucho menos dolor y menos carga de culpa. En estos casos también puede darse un conflicto de lealtades, pero la carga será menor y resultará mucho más fácil atenderlo.

Cuando esto sucede, a los hijos e hijas no solo les ayuda mucho que una de las partes no entre en el conflicto, sino que quien se mantiene al margen de esta batalla se gana el respeto de los niños.

Es bueno que la figura parental que actúa con consciencia velando por los intereses de los menores les haga saber que ya se está haciendo cargo de lo que están viviendo, que ambos tratan de resolverlo de la mejor manera posible y que, aunque se encuentran en un momento difícil, encontrarán la manera de resolverlo.

Es muy importante desidentificar a los hijos del conflicto, hacerles saber que es algo entre los adultos y por los adultos, que no tiene que ver con ellos, que no tienen la culpa.

Estos asuntos no se suelen explicitar porque los adultos los consideramos obvios, pero para los niños y las niñas no siempre lo son, sobre todo cuando se encuentran en etapas vitales especialmente egocéntricas.

Así pues, no solo no está de más, sino que es recomendable explicitarles que ese tema o esas cuestiones suceden entre los adultos y no tienen nada que ver con ellos, pues los hijos nacieron del amor entre estas mismas personas.

A veces se cae en un buenismo innecesario que puede ser perjudicial si edulcoramos los conflictos.

En ningún caso se trata de opinar, juzgar o hablar mal del otro progenitor, esto es algo que nunca se debería hacer delante de los hijos.

Tampoco maquillar la realidad, sino nombrar lo que viven y perciben.

Ese nombrar es delicado, pues es fácil hacerlo desde un lugar de superioridad que puede aprovecharse para dejar en mal lugar a la otra persona. Entonces se comete el mismo error, pero desde el lugar opuesto.

Es bueno nombrar la realidad que viven y hacerlo desde la mayor neutralidad posible para ayudarlos a identificar lo que viven en primera persona o aquello de lo que son testigos. Cuando estén preparados, ya elaborarán un discurso ordenado sobre lo que han vivido o están viviendo.

Quitarles la carga de responsabilidad del bienestar de la relación entre sus figuras parentales debe ser primordial. Para ellos es una gran liberación.

La forma de cuidar y proteger a los hijos en situaciones en las que la madre o el padre se comportan como críos pequeños en plena pataleta, es que al menos uno de los dos sea ese espacio seguro donde poder ser y estar sin condicionamiento ni manipulación alguna.

Además, se debe respetar el lugar que la otra persona ocupa en la vida de los hijos, es decir, desarrollar una mirada compasiva hacia ella.

Esto es imposible si no se ha hecho un buen cierre de la relación.

Como veíamos en otro capítulo, el cierre de la relación es un acto interno orientado a dejar en un buen lugar la relación que fue, y honrar y reconocer el lugar que esta ha ocupado en la vida propia.

Si no se ha hecho un buen cierre, si han quedado asuntos pendientes sin resolver, lucha o heridas, será dificilísimo llevar a la práctica todo lo visto en este capítulo, pues será muy fácil caer en los reproches.

He sido testigo de cómo algunas personas buscaban el conflicto con la expareja como una manera bastante torpe de mantener el vínculo, pues seguían conectadas a quien fue su pareja por una especie de cordón umbilical, aunque este consistiera en un enfrentamiento.

En estos casos es fácil que la otra persona entre al trapo, pues se toma cualquier acción como un ataque personal. Solo conozco un antídoto para estas situaciones: la compasión.

Cuando los hijos son víctimas y padecen un conflicto de lealtades, es fácil que rechacen a la nueva pareja, al interpretar que así le muestran lealtad a quien se siente víctima sin serlo; es decir, a su madre o a su padre.

En estos casos es aún más importante no presionar ni forzar las situaciones. En el vínculo del hijo o la hija con la nueva pareja es fundamental nombrar sus posibles sentimientos, cuidar los tiempos de exclusividad con su padre o madre y fortalecer el vínculo del progenitor con su hijo.

Cuando la nueva pareja es quien fue persona despertador, la situación suele alargarse más tiempo porque ya no solo entra en juego la inseguridad que siente la expareja, sino también el rencor y la herida de traición. Por eso es de suma importancia disponer de un espacio de seguridad donde expresar y soltar la carga emocional que implica tener cerca a una persona que malmete sin cesar a los hijos y dificulta el proceso de enlazar familia, ya que esto podría afectar a la relación de pareja actual.

Es importante actuar con responsabilidad, pero no con culpa, pues esta supone un lastre que perpetúa el rol de víctima y de verdugo. Con ello se alimenta la visión que quien malmete quiere mostrar a los hijos en muchas ocasiones.

Es evidente que ellos no deberían estar en medio de estos conflictos, pero cuando a una de las figuras parentales le falta madurez emocional, la otra debe asumir la responsabilidad de cuidador y protector que los hijos requieren.

La vida es sabia. Ocúpate de tus asuntos y deja que la vida se ocupe del resto.

En todo caso, los límites suelen ayudar bastante. Es importante ponerlos cuando son necesarios, pues de lo contrario la expareja puede ocupar un espacio y un lugar demasiado protagonista en el núcleo de la familia enlazada, aunque esta no esté físicamente presente ni conviva.

A veces hay límites que no se ponen porque existe una carga importante de culpa de quien ha iniciado la nueva relación. Y entonces siente lástima por su ex y no se siente merecedora de todo lo bueno que vive en este momento.

Ten cuidado con este sentimiento, porque crea grietas en la configuración de la familia enlazada, en la que es fácil que se cuelen elementos externos como la intromisión de otras personas, tanto del entorno próximo como de quien fue pareja.

Por ello es importante cuidar el posicionamiento interno que se adopta frente a quien está tratando de herir y tener claros tanto los límites personales como los propios de la pareja y de la familia enlazada.

No hay que perder la perspectiva de algo: esa persona es la madre o el padre de las criaturas y, haga lo que haga, ellos necesitan sentirse libres para amarlo.

Esto puede ser un tremendo fastidio en ocasiones, pero es que en las familias enlazadas no solo interviene en el sistema familiar el núcleo de la lazada, es decir, la pareja última que se ha configurado, sino que cada lazada representa, sobre todo cuando hay hijos, a la expareja.

A veces se cae en un buenismo innecesario que puede ser perjudicial si edulcoramos los conflictos. Por otro lado, hay que tener en cuenta que opinar, juzgar o hablar mal del otro progenitor es algo que nunca se debería hacer delante de los hijos.

Existe un vínculo inherente, el de ser madre y padre de los mismos hijos. Por eso, lo que cada uno haga y deje de hacer con los menores implica a ambas personas.

En vez de juzgar la situación que se tiene delante y el comportamiento de la otra persona, conviene ampliar la mirada para trascender la situación y minimizar los daños.

Para ello hay dos ingredientes fundamentales de los que ya hemos hablado: aceptación y compasión.

Cuando una de las figuras parentales es consciente del perjuicio que los hijos viven debido a esta situación y ocupa un posicionamiento interno libre de culpas y abundante en merecimiento, puede poner los límites necesarios desde la aceptación y la compasión. Solo así le será más fácil nombrar lo que viven sus hijos para poder ayudarlos y validarles sus sentimientos.

Sofía y Rafael eran pareja con familia enlazada. Él aportaba una hija, Marta, y un hijo, Quique. Desde el inicio, la hija se mostró reacia a conocer a Sofía y por ello no iniciaron la convivencia hasta que vieron a Marta preparada para afrontar el nuevo cambio.

Un cambio que en ningún momento aprobó de forma explícita, pues sentía la necesidad de mostrarse contraria a cualquier avance en la relación de su padre con Sofía, pues sentía que, si la aprobaba, le estaría fallando a su madre.

Marta vivió bien el proceso de separación de su madre y de su padre, pues ambos fueron equipo en todo momento. Por eso a Marta y a Quique les resultó fácil adaptarse a los cambios derivados del divorcio de sus padres.

Pero todo cambió cuando Rafael le contó a Lucía, la madre de los niños, que tenía pareja y que se la iba a presentar a sus hijos.

Lucía no solo se mostró reacia a aceptar este hecho, sino

que además trató de evitarlo. Pretextaba que su Marta y su Quique no estaban preparados y que no era bueno para ellos.

Por eso nos pidió ayuda Rafael, pues no quería perjudicar a sus hijos. Consideraba que ambos estaban preparados, pero los comentarios de la madre le hicieron dudar.

En efecto, se confirmaron las sospechas de Rafael: los hijos tenían integrada la separación y podían asumir en ese sentido la nueva realidad de su padre.

Pero entonces comenzó una etapa turbulenta en la familia, no porque el padre tuviera pareja y se la diera a conocer a sus hijos, sino por el efecto que esto produjo en Lucía. Esta aprovechaba cualquier ocasión para hablar mal del padre y, sobre todo de su pareja, Sofía.

Ayudamos a Rafel y a Sofía a no tomarse como algo personal la actitud de Lucía para así poder acompañar mejor a los hijos de él.

A veces organizaban algún plan para los cuatro y Marta se mostraba ilusionada y participaba en los preparativos con entusiasmo.

Hasta que, al volver tras una estancia de unos días con su madre, se mostraba contrariada y expresaba su deseo de no ir.

En esos momentos, Sofía daba un paso atrás y Rafael, su padre, en vez de mostrarse enfadado o apenado, lo que añadiría más estrés a su hija de trece años, se paraba a respirar para ponerse en el lugar de Marta.

Y entonces le decía cosas como: «Te vi feliz preparando este plan, tal vez has oído comentarios que te han hecho sentir mal o triste y temes fallar a mamá por venir con nosotros y divertirte estando Sofía».

Comentarios como este a veces la hacían romper a llorar, no porque sufriera al oírlos, sino porque nombrar lo que vivía y sentía hacía que destaponara el estrés vivido por el conflicto de lealtades. Sentirse escuchada y comprendida la aliviaba, y eso le permitía descargar el nudo interior.

Si Rafael se hubiera mostrado enfadado con ella o apenado por su decisión, estaría, sin quererlo, añadiendo estrés a Marta. Y con ello alimentaría el conflicto de lealtades que Lucía, lo más seguro es que de manera inconsciente, ya estaba creando en su hija.

Para una hija como Marta, una situación así equivaldría a vivir con una madre tirándole de un brazo, mientras que el enfado o la tristeza del padre serían como si este tirara del brazo contrario. Lo que Marta necesitaba era que al menos uno de los dos no le tirase del brazo para condicionar su decisión.

La actitud de Lucía llevó a Rafael y Sofía a cancelar algunos planes, modificar otros y mantener los menos, pese al enfado de Marta.

Decidían sobre la marcha, en función del momento y de las circunstancias. En ningún momento le pidieron permiso a Marta. Eso sí, la escuchaban y la tenían en cuenta a ella y la familia al completo para decidir la que consideraban la mejor opción en un momento determinado. Y en muchas ocasiones fue necesario ponerle límites a Lucía, la madre.

Pero siempre mostraron una mirada compasiva hacia Marta, reconociendo su sufrimiento al tiempo que reconocían lo difícil que todo aquello era para todos; no solo para la hija, sino también para ellos a nivel individual, como pareja y como familia.

Este tipo de situaciones suelen generar conflictos de pareja y a veces conllevan el deterioro de la relación. Esto sucede cuando no se asume la complejidad de la realidad de las familias enlazadas, que no son ajenas a su contexto de procedencia.

Sentir que se toman decisiones condicionadas por una expareja desregulada es realmente desagradable y sumará al conflicto de la pareja, e incluso a veces puede provocar rechazo hacia los hijos de esta.

La actitud de la expareja no pasa desapercibida al bienestar de la familia enlazada y a la relación de noviazgo actual. Ahora bien, teniendo esto en cuenta es recomendable no poner el foco en la otra persona, sino en atender esta realidad y tomar las decisiones más beneficiosas para los hijos.

Lucía estaba empecinada en que su hija Marta no se vinculara con Sofía, e hizo todo lo posible por evitarlo. Sin darse cuenta, le hizo daño a su hija.

Rafael y Sofía no tomaron decisiones condicionados por Lucía y poniendo el foco en ella, sino en Marta, en no añadirle más estrés y en respetar su ritmo, aceptando y vinculando con la pareja de papá a medida que la veían preparada.

Ni que decir tiene que este ritmo no era el propio de Marta, sino que estaba condicionado al cien por cien por el conflicto de lealtades que había generado su madre. Pero esa era su realidad, y cada vez que la pareja ponía el foco en Lucía, las chispas surgían como antesala de conflicto.

La clave fue aceptar la actitud de Lucía, dejar de pelearse con lo que era para aceptar la situación y poner el foco en Marta y sus necesidades.

Aquello fue la clave que permitió que la hija de Rafael se sintiera cada vez más libre y elaborase su propio discurso.

Esto no fue nada fácil para ninguno de los miembros, para Sofía fue muy duro, pues ella no quería usurpar el lugar de la madre de Marta. Pero Lucía, guiada por sus miedos e inseguridades, interpretaba justo lo contrario.

Este es un motivo de ruptura de muchas parejas que se inician como familia enlazada, pues el desgaste es inmenso.

Por eso es tan importante darle a la expareja el espacio que le pertenece, pero no más, y aquí los límites juegan un papel imprescindible también. Al tiempo que se desarrolla una mirada compasiva porque es la única tabla de salvación posible sin que se produzcan efectos secundarios negativos.

No es fácil porque el ego suele juzgar esta situación como injusta, y tal vez lo sea, pero ¿qué se gana al adjudicarle esta etiqueta? Nada.

Para desarrollar esta mirada compasiva, primero tiene que existir un espacio privado, un espacio seguro donde se le pueda dar salida a todo el revuelo emocional que un hecho como este genera.

En muchas ocasiones, además, despierta heridas propias de infancia, como el rechazo, el abandono, la humillación, la injusticia o la traición.

Este proceso no puede ser racional, requiere transitar primero todo el revuelo emocional, a continuación trascenderlo y por último cuidar y proteger al cien por cien a los menores implicados.

La situación que vivieron Rafael y Sofía suele agravarse cuando la pareja actual es la que fue persona despertador.

En estos casos, a la expareja, que se considera víctima de la persona despertador y le atribuye la culpa de la separación, le será mucho más difícil aceptar esta nueva relación. Por eso su actitud y su comportamiento pueden generar fácilmente conflicto de lealtades en los hijos.

Si actúan de una manera tan errónea como para dañar a sus hijos sin darse cuenta es precisamente porque albergan un gran sufrimiento en su interior, libran una ardua batalla que les quita toda paz y capacidad de tomar consciencia del calado de sus acciones.

No digo esto como justificación para aguantar ni para justificarla, sino para ayudarte a ampliar la perspectiva, pues no hay mayor ceguera que la que produce el sentirnos víctimas. Cuando alguien actúa así, lo hace siempre desde la victimización.

En el momento en el que os sintáis víctimas, corréis el

riesgo de perder la perspectiva y la capacidad de identificar y de atender vuestras propias necesidades, las de la pareja y las de los hijos.

Cuando veas que la vida es sabia y nos pone por delante aquello que necesitamos para aprender lo preciso para seguir creciendo, podrás hacerte cargo de lo que te corresponde y soltarás lo que no.

No es fácil, lo sé, es una mirada totalmente nueva y, como dice Miguel Ángel, revolucionaria. ¿Acaso no merecemos vivir la vida desde la revolución del amor?

La relación de pareja que has iniciado nació en un contexto determinado. No lo vivas como un fastidio, sino como una gran oportunidad que la vida os ha puesto delante.

Tu corazón ha elegido al de tu pareja, y su corazón ha elegido al tuyo. Ellos saben para qué y por qué. Confía en la elección desde el ser y ábrete a lo que la vida te da la oportunidad de aprender. No dejes que te suba el volumen.

Desde la victimización no podrás discernir el aprendizaje que cada situación os pone por delante, a ti como individuo y a ambos como pareja.

No entres en la lucha de la otra persona, elige bien tus batallas, escoge solo aquellas que te permitan construir paz en tu vida.

En definitiva, ante una situación así es importante:

- Hacia dentro: reconocer lo que esto genera en tu interior para dar salida al revuelo emocional y valorar si está despertando alguna herida propia de la infancia. Solo así podrás atenderla y sanarla. Y escoger la mirada del amor o del miedo con la que vas a afrontar la situación actual para actuar en consecuencia.
- Hacia la pareja: hablad lo necesario desde el compartir, no desde los reproches, tened tiempos de exclusi-

vidad para sentir la esencia de vuestra relación y amor sin distracciones, y estableced vuestros límites y necesidades.
- Hacia la familia: cuidar mucho los espacios de experiencias conjuntas vividas desde la alegría para favorecer ese poso de bienestar cuando se está en la tribu que permite que, cuando los hijos estén preparados, puedan elaborar un discurso propio acerca de su realidad familiar basado en lo que viven y no en la contaminación verbal que reciben por parte de alguna de las partes.

La pareja o parejas de tu ex

Una preocupación habitual en la consulta es que la otra persona presenta muy pronto a sus parejas y las relaciones le duran relativamente poco.

La preocupación tiene que ver con cómo afrontan esto los niños. Y en este sentido es importante recalcar que no puedes controlar todo lo que sucede en torno a tus hijos. Así pues, suelta el control y elige bien qué batalla quieres librar.

A veces nos olvidamos de que los pequeños son seres inteligentes y sabios, además de grandes observadores, por lo que conocen a sus adultos de referencia con una profundidad pasmosa.

Saben cómo es su madre y cómo es su padre. Sé el modelo que quieres ofrecerles a los niños y deja que la otra persona sea el modelo que decida.

Los niños y las niñas no aprenden por lo que les decimos, sino por lo que hacemos. Por eso les ofrecemos un modelo de referencia a través de nuestro comportamiento.

Cuando existe una incoherencia entre lo que les decimos y lo que hacemos, se quedan con lo segundo, pues tiene mucho más peso que nuestra palabra.

Por eso, en vez de poner tanta atención a lo que hace o deja de hacer la otra persona, es mucho más efectivo y tiene más sentido poner toda esa energía en ser el modelo que se les quiere ofrecer.

En el caso de que la expareja tienda a presentar a muchas parejas sin esperar a que sus relaciones se consoliden, acompaña a los niños a elaborar el duelo por cada persona que deja de estar en sus vidas, si es que es necesario. Lo es cuando ha habido un vínculo.

A veces no llegan a vincular, o lo hacen desde experiencias anteriores, a medio gas porque saben que, al venir de quien viene, la relación tal vez sea solo temporal.

Los críos observan y viven tanto en el presente que aprenden muy rápido, sobre todo cuando las situaciones se repiten. Así que confía más en ellos.

Otra cosa bien diferente es lo que a ti te mueva esta realidad. Por eso, cuídate mucho de proyectar en las criaturas lo que esta situación te supone a ti y te remueve por dentro.

Cuando quien fue tu pareja inicia una nueva relación podría despertar en ti algunas emociones incómodas. Esto no quita valor a lo que sientes por tu pareja actual. Tiene que ver contigo, con tu historia de vida, con tu historia con la otra persona y con tus propios miedos.

En estos casos, no te juzgues por lo que sientes. Recuerda que todas las emociones, ya sean agradables o incómodas, son funcionales y vienen a decirte en qué o dónde necesitas poner atención.

Tal vez necesites revisar cómo andas de autoestima o de amor propio, o tal vez tus sentimientos te permitan reconocer que la historia anterior no está del todo cerrada en tu interior, o que no te sientes muy segura en tu rol con los pequeños y tienes miedo a ser insuficiente o perder tu lugar en sus vidas. Tal vez esta situación deje patente que tienes un rasgo controlador que antaño te sirvió pero que ahora te hace daño y necesitas revisar esta faceta que has desarrollado.

En cualquier caso, y una vez más, se trata de que mires hacia dentro con mucho cariño y compasión para hacerte cargo de ti misma y utilizar este malestar como oportunidad para crecer y evolucionar.

Lo que tus hijos necesitan de ti, en relación con la pareja de tu ex, es que no te entrometas y sentir que les das permiso para disfrutar cuando están sin ti porque están con él y con ella.

Cuando esta persona no les gusta o quieren estar con tu ex pero no con su pareja, necesitarán que los escuches y valides sus sentimientos. Tal vez les gustaría que fueras su altavoz para decirle a tu ex lo que les pasa pero les cuesta reconocérselo, porque no quieren molestarlo ni ofenderlo.

Este es un tema delicado, pues si entre vosotros hay buena relación, o al menos hay espacio para la escucha, solo puedo animarte a que le cuentes lo que vuestros hijos te han pedido, y lo hagas desde un lugar cómplice, en ningún caso acusatorio ni de reproche, pues en tal caso la probabilidad de que te escuche se reduce y se corre el riesgo de que haya represalias hacia los menores.

Si, por el contrario, vuestra relación actual no permite una conversación basada en la escucha y la complicidad, hacer de altavoz de ellos podría ser más perjudicial que beneficioso.

En ese caso, pregunta a tus hijos qué creen que pueden hacer y ayúdalos a buscar una solución en la que sean parte activa, como puede ser hablar a solas con tu ex y explicarle cómo se sienten y lo que les gustaría.

No es agradable ver a nuestros hijos pasarlo mal y no

mover cielo y tierra para hacerles las cosas más fáciles cuesta mucho.

Lo haríamos todo por ellos, aunque esto se lleve por delante la posibilidad de hacerlos sentir capaces y autónomos y de añadir, poco a poco y sin darnos cuenta, alguna pizca de dependencia.

A los niños y las niñas de nuestra generación nos decían que no lloráramos, porque de lo contrario no nos iba a querer nadie. También nos decían que nos poníamos muy feas y feos llorando, y otras lindezas con las que trataban de evitar que nos sintiéramos frustrados o molestos. Aquello no evitaba el malestar, pero lo silenciaba, y entonces era como si no existiese. En la crianza actual tratando de hacerlo mejor y de evitarles cualquier posibilidad de trauma a los hijos, hacemos lo que sea con tal de evitarles el malestar y que no necesiten llorar ni enfadarse porque todo tiene un orden aparentemente armonioso.

Pero así, sin darnos cuenta, incurrimos en el mismo error: el de evitarles cualquier malestar.

Cuando el malestar forma parte de la vida misma, forma parte precisamente del equilibrio. No es posible vivir sin malestar.

Cuando nacemos, el malestar tiene que ver con sentir frío o calor, hambre, tener el pañal mojado... Al crecer, este aumenta con situaciones acordes a la edad: no alcanzar lo que se desea coger, un dulce que se quiere y no nos dejan comer, un juguete que alguien ha quitado de las manos, un compañero o compañera de la clase que no quiere compartir su juego, una profesora que no nos trata como deseamos, unos compañeros que nos dejan en último lugar al elegir equipos, unas risas cuando nos miran y con las que nos sentimos expuestas, un comentario por la calle que nos hiere, un autobús que perdemos y nos impide llegar a una cita importante, la primera ruptura, un desplante, una amistad que termina, una mascota que se muere, un trabajo del que nos despiden, un dinero que se pierde...

El malestar nunca deja de existir. No es nuestra misión como madre o padre evitárselos a nuestros hijos e hijas, sino acompañarlos para dotarlos de la capacidad de afrontarlo por sí mismos.

Si evitamos toda situación incómoda a nuestros hijos, será como si les quitáramos un superpoder que les pertenece y que debía llegarles gracias a tu compañía. Esto hará que vivan y sientan como una montaña cada grano de arena, piedra o roca que se encuentren en el camino.

No necesitan que hagas de su mundo un lugar lleno de arcoíris y unicornios, sino que los acompañes en los días soleados y en los grises, que les hagas saber y sentir que estás a su lado como su acompañante de vuelo, pero que no pilotas su avión.

Pues ellos y ellas han venido a vivir su propia experiencia de vida, y lo que viven forma parte de ese misterioso camino de vida que han venido a desarrollar.

Llegados a este punto, y antes de seguir avanzando, me parece importante matizar lo mucho que, ante estas situaciones, nuestros hijos e hijas necesitan que respetemos su ritmo a la hora de vincularse con las nuevas personas que llegan a sus vidas.

Son, o más bien somos, personas a las que no han elegido. Así pues, démosles tiempo, sobre todo si reciben contaminación por parte de otros adultos que descalifican o menosprecian a la nueva pareja.

Necesitan sentirse seguros y amados, muy amados quieran o no a nuestras parejas. Por eso necesitan espacio y mucho amor. Todo lo demás llegará a su debido momento, que no es el que nuestro ego desea, sino el más importante y el que favorecerá que se establezca una buena base entre ellos y la pareja.

Lo que tus hijos necesitan de ti, en relación con la pareja de tu ex, es que no te entrometas y que sientan que les das permiso para disfrutar cuando están sin ti porque están con él y con ella.

En una ronda de preguntas de historias de Instagram, una mujer nos decía: «Mi hija no quiere conocer a la pareja de su padre y yo la entiendo... ¿Hago mal?».

No conocemos a esta persona ni su historia, así que le contestamos en estos términos: «Entender a una hija nunca está mal. Otra cosa sería que te sintieras orgullosa o satisfecha de ello porque paliara inseguridades o miedos propios, pero son dos cosas muy diferentes. Puedes entender a tu hija y al mismo tiempo propiciar que esté preparada en algún momento, pues tarde o temprano esa persona formará parte de su vida y necesita sentir que no te es desleal por conocerla y que tampoco te falla por llevarse bien con ella, llegado el caso».

En privado nos escribió para responder a este comentario: «¿Y si no es por sentirse desleal hacia mí sino porque simplemente no quiere conocerla, o no le cae bien, o no quiere cambios en general?».

A lo que respondí: «Si no la conoce, ¿cómo puede saber que le cae mal? Y si tiene miedo a que le caiga mal o a nuevos cambios, ayúdala a identificar y transitar esos miedos mientras la apoyas y le das el beneplácito para que pueda conocer a esta persona y experimentar por sí misma si le cae o no bien».

La conversación terminó ahí. No volvimos a saber de ella.

Repito que no conocemos a esta persona ni su historia, pero sí hemos visto a muchísimas personas y sus historias. Y me duele en el alma ver cómo, debido a nuestras inseguridades, las personas adultas dañamos a nuestros hijos al impedirles que se relacionen en paz con las personas nuevas que llegan a sus vidas.

Tanto Miguel Ángel como yo hemos comentado muchas veces que echamos en falta más responsabilidad y madurez emocional en madres y padres.

Criamos sin sanar nuestras heridas y proyectamos nuestras sombras en los hijos, que de este modo deben cargar con ellas.

Y para hacerlo sin sentir remordimientos, nos contamos discursos que se alejan bastante de los hechos y que nos victimizan, pues desde la posición de víctima el ego justifica todas nuestras acciones y decisiones.

Volviendo al mensaje de Instagram, claro que no creo que esté mal entender a nuestros hijos en ningún momento. Podemos desaprobar su comportamiento, pero siempre podremos entender lo que los lleva a ello.

Al leer el comentario me pregunté si ese «¿hago mal?» escondía algún remordimiento, porque ese «y la entiendo» podía parecer más bien un «y me alegro».

Son solo conjeturas que me sirven para recalcar cómo las inseguridades propias de madres y padres pueden dañar a nuestros hijos al entrometernos en una relación que no nos pertenece: la de ellos con la nueva pareja.

Ese vínculo viene a sumar experiencia en su vida, una experiencia que podrá ser más o menos agradable, pero que no implica amar menos a ningún otro miembro de su familia.

Emilio es padre de dos niñas de once y nueve años. Su pareja Ester es madre, también de dos.

Emilio se separó después de conocer a Ester, su persona despertador. No tenía buena relación con Rosa, la madre de sus hijas, y aunque esta le reprochaba en privado la forma en la que se habían separado y otras cuestiones relativas a su funcionamiento como pareja, Rosa nunca habló mal de Ester con las niñas, y les deseaba que disfrutaran con su padre y con ella.

Eso era de gran ayuda para las pequeñas, sobre todo para la mayor, quien tenía problemas para afrontar los cambios, dada su alta sensibilidad. Compartir más tiempo con la pareja de papá y sus hijos le estaba costando más tiempo del que Emilio deseaba.

Rosa se sentía muy dolida con Emilio, pues como mujer sentía que le había fallado, pero en ningún momento se entrometió en la relación de sus hijas con Ester. Todo lo contrario: dentro de sus posibilidades, favoreció que la relación pudiera darse sin contaminación por su parte.

En esta nueva configuración familiar, todas las personas somos importantes. Es importante que cada cual reconozca su lugar para asumir su parte de responsabilidad.

Y cuando esto no ocurre, no tenemos otra opción que ocuparnos de nuestra parte, atender las dificultades que se generan ante la contaminación de la otra parte y confiar en la vida y en el poder del amor, que es inmenso.

No te obceques con cómo deberían ser las cosas, hazte cargo de tus asuntos y deja lo demás en manos de la vida. No te olvides de la resiliencia, gracias a la cual podemos reelaborar el discurso sobre lo que hemos vivido en el pasado.

¿Tenemos un hijo juntos?

La decisión de ser madre y padre juntos cuando ya hay hijos de una relación anterior es un asunto recurrente en relaciones de pareja de familias enlazadas.

Es una decisión a la que conviene ponerle mucha consciencia y no dejarse llevar por la inercia ni por los miedos.

Criamos sin sanar
nuestras heridas y
proyectamos nuestras
sombras en los hijos, que
de este modo deben
cargar con ellas.

Hace poco nos escribía una mujer por Instagram. Era madre de dos hijos de cinco y siete años, y hacía un año mantenía una relación con un hombre que no era padre y deseaba serlo.

Ella no quería tener otro hijo, pero tampoco quería perder su relación actual, así que se planteaba la posibilidad de volver a ser madre.

En este escueto planteamiento, la decisión estaría guiada por el miedo a perder la relación de pareja actual.

Recuerdo con mucha claridad las conversaciones que Miguel Ángel y yo mantuvimos durante meses hasta tomar una decisión conjunta, pues partíamos de deseos distintos.

Y ahora que han pasado años de aquello, me reafirmo en lo que voy a contarte.

Debe ser una decisión conjunta, consensuada, pues cuando uno de los dos pasa por encima de sí renunciando por la otra persona a algo que le resulta muy importante es muy probable que, con el tiempo o en momentos de crisis, esto dé lugar a reproches.

El daño que esto le provoque en el futuro a la relación será proporcional al sentimiento de renuncia que se tenga.

En nuestro caso, la decisión fue no tener hijos en común. Sin embargo, no supuso una renuncia para ninguno de los dos, pese a que en un primer momento ese era mi deseo.

Se sucedieron muchas conversaciones en las que primó la escucha y ambos abrimos nuestros corazones, pues no se trataba de defender el deseo propio y justificar sus beneficios, sino de expresarse desde el corazón con ánimo de compartir y que la otra persona escuchara con esa actitud curiosa de la que te hablaba en la primera parte.

Tenía muy claro que quería que la decisión final, en el sentido que fuera, fuese conjunta, para que ninguno de los dos la interpretara como una renuncia.

Fueron literalmente nueve meses en los que hablamos y hablamos sobre el tema, hasta que tomamos la decisión en firme.

Esa decisión pudo haber dado lugar a una crisis de pareja, pero supuso lo contrario: nos unió más.

Ni que decir tiene que en esos nueve meses no todas las conversaciones fueron serenas, hubo de todo, pero logramos llegar a un acuerdo de pareja con una apuesta común.

No sentí que renunciara a nada ni que él pasara por encima de mí. Fue una decisión en pareja teniendo en cuenta nuestra relación, la familia y el momento en el que estábamos a nivel individual.

A fecha de hoy pienso que fue la mejor decisión que tomamos, de la misma manera que si hubiéramos tomado en común la decisión de tener una criatura juntos también habría sido la mejor elección, pues formaría parte de nuestro proyecto de vida conjunto.

Lo que trato de decirte es que no existe una única alternativa para tomar una buena decisión. Cualquiera de las dos puede ser acertada, pues no se trata de la elección en sí, sino de cómo tomáis la decisión y, sobre todo, desde dónde lo hacéis.

La opción puede ser no tener más hijos desde el miedo a volver a vivir otra separación, o elegir tener criaturas en común desde el miedo a perder a la pareja.

En ambos casos, la decisión está condicionada por el miedo. Te propongo que la baséis en el amor y que utilicéis este asunto como una oportunidad para conoceros más, para estrechar vuestro vínculo. De ese modo, será una elección en equipo.

Convencer a la otra persona no debería ni plantearse, pues las consecuencias de la decisión serán de por vida.

Así pues, afrontad los miedos y los deseos de cada uno, y valorad las consecuencias de cada elección. Decidáis lo que decidáis, deberéis asumir las consecuencias de la opción escogida.

Si ponéis todas vuestras cartas bocarriba desde la honestidad y la valentía de contarte y contaros la verdad, después te será más fácil escuchar tus tripas, tu intuición, y sabrás qué camino te está marcando tu ser.

Es importante que, ante la decisión de tener un hijo común, no se idealice lo que será la crianza con esta nueva pareja, pues no habéis compartido un posparto ni otros momentos sensibles de esa etapa.

Además, no conviene utilizar este hecho como forma de resarcirse de los malos momentos vividos con la anterior pareja en la crianza, pues no sabes cómo sucederá.

Es habitual tomar la decisión de tener un hijo común guiados por el deseo de vivir la maternidad o la paternidad de una manera que fue imposible en la relación anterior.

Y no está mal, siempre y cuando no sea la única motivación, ni mucho menos la fundamental.

Tener un hijo conlleva una responsabilidad enorme. Muchas veces se es madre o padre sin tener consciencia de ello. Ahora que al menos uno de los dos ya ha pasado por ello, es una oportunidad para pararse a reflexionar acerca de cada elección y saber para qué la tomáis y desde dónde.

Estas dos preguntas pueden ahorraros muchos disgustos y conflictos en el futuro, sobre todo si establecéis un «para qué» y un «desde dónde» comunes.

Si la decisión final es tener una criatura juntos, entonces es importante preparar a los hijos que ya están en este mundo y que forman parte de la familia enlazada. Para ello hay que cuidar y atender sus necesidades emocionales.

Necesitan sentir que la criatura que nacerá no les resta amor, es decir, que el nuevo ser no será más importante que ellos para su madre o su padre.

Conviene atender las mismas cuestiones que cuando nace una nueva criatura en una familia normativa, así como las que se derivan de las particularidades del molde de familia enlazada. Por ejemplo, los peques de esta familia se irán cada cierto tiempo con su madre o su padre, mientras que la criatura que llega se queda siempre en el mismo hogar.

Esto suele despertar celos y una rivalidad que conviene cuidar. Hay que ponerse en el lugar del hijo o de la hija que se van cada cierto tiempo y ven cómo su hermano o hermana se queda.

También hay que hacer una reflexión previa sobre otros momentos que conviene cuidar. Fechas claves y especiales como la mañana del 6 de enero, cuando se amanece con los regalos de los Reyes Magos.

La criatura que vive siempre en la casa se levantará y verá los regalos antes que los demás en la mayoría de los casos los años alternos. La manera de gestionar esto variará en función de cada familia. No hay una única manera de hacerlo, no existe la forma correcta.

La mejor opción es lo que la pareja acuerde de forma conjunta teniendo en cuenta las edades y necesidades de los menores.

Carla y Aless son madres de Miriam (cinco años), y además Carla es madre de Jan (nueve años).

Cuando Miriam tenía tres años, la mañana del 6 de enero se les complicó y pactaron una organización específica para las siguientes mañanas de cada 6 de enero en las que Jan, el hijo mayor, no amaneciera en casa con ellas.

Envolvían todos los regalos y dejaban que la pequeña abriera los suyos pero no los comunes, y ellas no abrían los suyos hasta que Jan llegaba a mediodía.

Con el tiempo fue Miriam quien decidió que prefería esperar a su hermano para abrir los regalos, pues quería hacerlo en familia.

Carla y Aless planificaron inicialmente la organización de aquella mañana tan especial teniendo en cuenta a ambos hijos. Con el paso del tiempo, y de una manera natural, la hija menor decidió que esperaba a su hermano para abrir los regalos.

No es una opción mejor que otra, sino la opción válida para la familia y que mejor equilibra las necesidades de todos los miembros.

Juzgar esa decisión da pie a que el ego entre y vengan las comparaciones. No lo permitas. No existe una única manera de ser y de hacer en familia.

Al acompañar a Carla y Aless en su proceso, me llamó la atención la oportunidad de aprendizaje que había detrás de la decisión de Miriam, pues suponía entrenar la capacidad de contenerse en un momento tan ilusionante como es abrir los regalos de Reyes.

La ilusión de compartir ese momento con su hermano le hacía ser capaz de tener paciencia a una edad tan temprana.

Claro que no tenía esa capacidad de contenerse cuando era más pequeña, pues su etapa evolutiva era otra. Cuando estuvo preparada y pudo razonar y escucharse, tomó partido en lo que años atrás habían decidido sus madres.

Esto fue posible porque Miriam ya tenía cubiertas sus necesidades emocionales básicas: pertenencia, sentirse amada, escuchada y tenida en cuenta.

Como la mañana del 6 de enero, hay otras muchas situaciones particulares que requieren ser atendidas con mimo para no decidir desde la inercia. Estas están condicionadas por las dinámicas de las familias normativas, pero para ser familia enlazada es esencial aceptar que el modelo tiene unas necesidades diferentes.

Una de las casuísticas propias de este molde familiar es que algunas cuestiones que se deciden en pareja van a afectar de manera inevitable al otro hogar de los menores.

La decisión de volver a ser madre o padre no va a dejar indiferente a quien fue pareja. Con mayor o menor intensidad, lo más probable es que le remueva y que necesite hacer su propio proceso de asimilación.

Por ello es bueno cuidar cómo se comunica esta noticia desde el inicio, no para pedir permiso, sino para informar y que la noticia no le llegue a través de los niños.

Aunque no es necesario informar antes de tiempo, pues el proceso de fertilización puede ser más o menos breve y contar con una fuente adicional de estrés es totalmente innecesario.

En los casos de parejas en las que las madrastras no son madres, es importante comprender la dificultad añadida que tienen por el contexto cultural y social en el que vivimos.

De hecho, hablo más adelante, pero quiero destacar en este epígrafe en el que me refiero a la toma de decisión de tener o no un hijo juntos, pues ser madrastra supone desarrollar un rol bastante difícil, pues debe ocupar un lugar nuevo y desconocido en la familia con una carga juiciosa muy alta y mayores expectativas.

Por ello no debe pasar desapercibida la pregunta acerca de desde dónde se está tomando la decisión de ser madre en una familia enlazada.

Si ante la pregunta el deseo es genuino es perfecto, pero si tiene que ver con una forma de encontrar el sitio propio o similar, conviene pararse a reflexionar sobre ello un poco más.

Sin estar embarazada hay que acoplarse a un molde familiar que suele generar tensiones internas y externas, en este caso el embarazo añade un factor que genera mayor vulnerabilidad, pues la atención de la pareja estará dividida entre la llegada del nuevo bebé y los hijos mayores.

Hay quien considera que existen hijos de primera e hijos de segunda, y que el padre no concede la misma importancia a los hijos de la relación anterior que a los nuevos o también se percibe el caso contrario.

A veces es solo una percepción, pero otras hay algo de verdad. Por eso es tan importante hablar de corazón a corazón para conocer las motivaciones de cada uno y valorar si tener hijos en común es realmente un proyecto de la pareja o el deseo de una de las partes que la otra complace.

A muchas mujeres que no son madres se les hace difícil ejercer de cuidadoras de niños que no son sus hijos y por ello se despierta o acrecienta el deseo de tener hijos.

Afrontar el proceso de fertilidad suele resultarle a la madrastra más difícil de lo que a veces ya es de por sí, porque estar con otros hijos es un recordatorio constante de que no se tiene lo que se desea.

Requiere muchísima paciencia y a veces es bueno tomar distancia con los hijos de la pareja para llevarlo mejor. En ese caso será importante explicárselo a los niños para que no se sientan culpables.

Durante el embarazo y el puerperio es fácil que la relación con los hijastros cambie. Es importante cuidar a los críos en estos momentos porque la persona que ha estado muy presente como cuidadora ya no está tan disponible para ellos.

Y es que las madrastras suelen invertir muchísima energía en la relación con los hijos de la pareja, pero es algo que no nace al cien por cien del corazón, sino de la mente, del querer tener buena relación con ellos y asegurarse un lugar en sus vidas.

Sin embargo, cuando llegan el embarazo y el puerperio, lo que pide el cuerpo es otra cosa.

Si no se reconocen ni se escuchan las necesidades propias y se vuelca la misma energía en los hijos de la pareja, nos arriesgamos a generar un rechazo hacia los niños. Ellos notarán que algo pasa y se sentirán culpables por ello.

Es mejor identificar y atender las necesidades propias, tomar distancias si fuera necesario y explicarles lo que sucede para que no hagan interpretaciones perjudiciales para sí mismos.

Y, antes de todo esto, hay que conversarlo mucho con la pareja para que entienda lo que está pasando y no lo viva como un acto contra sus propios hijos.

Esta situación supone un cambio inmenso en un proceso ya de por sí complejo. Por eso es muy importante aterrizar en la realidad y olvidarse de las expectativas previas para entregarse a la realidad a medida que esta se desarrolle.

Los padres varones suelen sentirse culpables al ser conscientes de que pasan más tiempo con la criatura recién nacida que con los hijos de la relación anterior. En estos casos es importante que la madrastra lo entienda sin interpretar que quiere menos a su hijo. Debe aceptar que está elaborando el duelo que esta situación supone también para él.

No hay que ceder a la presión de hacer planes todos juntos desde el inicio, pues las circunstancias han cambiado y serán muy diferentes, sobre todo en los inicios. La flexibilidad juega un papel fundamental que puede salvar de muchas situaciones, mientras que el control puede ser el camino al infierno.

En la medida en que no se reconozcan las casuísticas propias de este molde familiar, la frustración y el sufrimiento serán ingredientes básicos del proceso.

10

LA CONVIVENCIA

Ser pareja no tiene por qué implicar una convivencia, y menos cuando se aportan hijos de relaciones anteriores. Es muy importante que en el silencio interior y en conexión contigo veas qué te pide el cuerpo; pues este es en muchas ocasiones la puerta de entrada a nuestra infinita sabiduría.

De modo que si vas a usar la mente para tomar esta decisión, que sea desde la apertura en lugar de hacerlo desde los juicios o creencias acerca de cómo tendría que ser. Una relación de pareja no es más valiosa por compartir ambos el mismo techo.

Hollywood y nuestro contexto social y cultural nos han hecho creer que es así, pero en modo alguno es una condición indispensable y no se es menos pareja por no convivir.

Dicho esto, tanto si es vuestra realidad como si es algo a lo que aspiráis, desarrollo algunos asuntos que os pueden ser de utilidad para favorecer la armonía en este caso.

Pues si compartir la vida en pareja es un gran máster en crecimiento personal, hacerlo bajo el paraguas de la convivencia es todo un doctorado que implica un desafío especialmente retador cuando hay hijos que no son comunes a ambos miembros.

Y cada desafío es sin duda una oportunidad para aprender y crecer.

Cuando hay hijos por ambas partes, iniciar la convivencia en una vivienda nueva para todos los integrantes de la familia es una buena opción. Esa vivienda será un lugar neutral y todos los miembros se vincularán a ella desde el mismo punto de partida.

Recuerdo con ternura a aquella Rocío recién separada y enfadada con la vida y el mundo al verme obligada a volver a casa de mis padres con dos hijos pequeños. La alternativa que tenía era peor, quedarme en la calle, así que tomé aquella decisión por responsabilidad con mis hijos.

Entonces lo viví como un drama, y lo que iban a ser dos meses se convirtió en un año viviendo de nuevo en pleno centro de la ciudad cuando me había ido a vivir en medio del campo. Vivíamos los tres con parte de nuestras pertenencias en una sola habitación. Las demás estaban metidas en cajas y repartidas entre casas de familiares que me hicieron el favor de guardármelas.

Sin embargo, la vida, que es sabia y tiene su propio orden, me daba muchas oportunidades con aquel desafío. Dos de ellas fueron fundamentales. La primera, la oportunidad de volver a salir de casa de mis padres como mujer en lugar de hacerlo como lo hice en su día, como una niña que se creía mujer; al salir había resuelto asuntos pendientes. Y la segunda, la oportunidad de iniciar el proceso de familia enlazada en una vivienda neutra gracias a que mis planes iniciales no salieron adelante, pues en ese caso nuestro escenario habría sido distinto y no tan favorable al inicio de la convivencia.

Creo que necesitamos aumentar más las dosis de confianza en la vida y dejar de pretender que las cosas nos salgan siempre como deseamos.

Soy muy consciente de que en los tiempos que corren

Compartir la vida en pareja es un gran máster en crecimiento personal, hacerlo bajo el paraguas de la convivencia es todo un doctorado que implica un desafío especialmente retador cuando hay hijos que no son comunes a ambos miembros.

mi propuesta no siempre será posible, pues el asunto de la vivienda en España no resulta sencillo para la mayoría de las familias. Por eso, teniendo en cuenta los aspectos que voy a compartir contigo, valora cómo lo podéis hacer en vuestro caso.

Al inicio de la convivencia no somos una familia, sino más bien un grupo de personas con orígenes familiares distintos que se unen. Cada cual trae consigo una historia distinta con cargas emocionales bien diversas.

Por eso es fácil que, si se inicia esta etapa en la que hasta el momento había sido la vivienda de una de las familias, surjan sentimientos de invasión por que nos invaden o somos invasores, y eso puede generar cierta rivalidad entre algunos miembros del grupo.

En el caso de que no sea posible contar con una vivienda neutra y se trate de una vivienda anterior, se puede hacer un cambio importante en la casa para convertirla en el hogar común de la familia que se está creando. No hablo de reformas grandes, sino más bien de cambios en la distribución o simplemente en la decoración.

La importancia radica en el simbolismo, que ayudará a marcar el cambio de etapa.

Pero antes es importante que quien abre las puertas de su casa para convertirla en el hogar de la familia haga un ritual de cierre de la etapa vivida hasta el momento para abrirse a la nueva. Esto es fundamental cuando hay menores implicados que van a ver cómo las puertas de su intimidad se abren para recibir a nuevas personas en su casa.

Personas a las que puede conocer y con quienes puede llevarse bien, pero no es lo mismo llevarse bien en un contexto lúdico que convivir y, sobre todo, que otras personas ocupen tu espacio de intimidad.

Por eso es importante escuchar a los menores que van a ser testigos de cómo las puertas de su hogar se abren. No para pedirles permiso, sino para darles la oportunidad de que se expresen, escucharlos y ver la manera de atender también sus necesidades y preferencias.

Ser familia enlazada, y más si se convive, requiere de mucha escucha y creatividad, sobre todo esto último a la hora de encontrar soluciones. Pues no se trata de activar el modo lamento, sino el creativo, que es capaz de encontrar soluciones.

Recuerda que entre el blanco y el negro existe una infinita gama de grises. En cada situación conflictiva debes encontrar el gris que mejor equilibra las necesidades de todos los convivientes.

Otra medida que puede favorecer el inicio de la convivencia es que, cuando ambos miembros de la pareja aportan hijos, se intente que quienes no son hermanos no compartan habitación, pues no se han elegido el uno al otro. Nos hemos elegido las personas adultas, pero ellos no han elegido a nuestra pareja ni a los hijos de esta.

Permitir que cuenten con un espacio privado propio significa proporcionarles un espacio físico que pueda ser su lugar seguro y de intimidad. Aunque lo compartan con un hermano, seguirá siendo su espacio porque el vínculo de la fratría así lo permite.

Sea una vivienda neutra o parta de una anterior, es buena idea que las criaturas que forman parte de este molde familiar participen en algunas elecciones relativas a la decoración. Los ayudará a sentirse partícipes del cambio, por lo que poco a poco sentirán que esa vivienda también es su hogar.

Al principio es fácil iniciar esta etapa con la expectativa de reconstruir la idea de familia feliz basada en la estructura socialmente reconocida, incluso cuando los menores ya se conocen de antes y cuentan con un vínculo anterior. Es tentador pensar que «ahora sí, ahora todo va a salir bien».

Desde la alegría e ilusión iniciales sentimos que la nueva realidad es una aventura bonita e incluso divertida. Pero podemos darnos de bruces con un espejismo, pues esa estructura de familia normativa no se va a dar jamás.

Es fundamental aceptar esta realidad para que la caída no sea muy dura. Esto no quiere decir que haya que eliminar la ilusión o la alegría, en absoluto, sino cuidar las expectativas, pues son estas las que en muchas ocasiones generan conflictos al no cumplirse.

Si acogemos la realidad tal como es, nos será más fácil respetar los ritmos de cada uno a la hora de generar los vínculos.

El hecho de que se inicie la convivencia no marca un antes y un después en el amor que sentís los unos por los otros. Es superimportante entender que no debemos obligar ni forzar a nadie a querer a otra persona. El amor puede surgir o no, y eso requiere también tiempo.

Sois todas unas personas maravillosas que construís algo nuevo, y probablemente lo hagáis con muchos miedos, que es el mayor obstáculo del amor, así que daos tiempo, que siempre es importante y en esta situación mucho más.

Las tradiciones

La terapia sistémica familiar propone un modelo integrativo en psicoterapia donde se estudia el sistema familiar y sus subsistemas con el objetivo de identificar el origen de los conflictos y mejorar la vida de cada individuo trabajando y modificando las formas de relacionarse.

No se evalúa un problema de uno de los integrantes del grupo familiar como un hecho aislado, sino que se analiza dentro de un marco contextual de interrelaciones donde una situación o actitud repercute en los demás.

Es importante escuchar a los menores que van a ser testigos de cómo las puertas de su hogar se abren. No para pedirles permiso, sino para darles la oportunidad de expresarse, escucharlos y ver la manera de atender también sus necesidades y preferencias.

Con arreglo a este modelo es importante diferenciar la relación del vínculo: podemos tener una buena o mala relación, y el vínculo que se construye desde el amor puede aparecer o no, y sin duda requiere tiempo, paciencia y respeto.

Al comienzo, más que una familia se es un grupo de personas que conviven, lo que poco a poco se convierte en una tribu y, por último, en una familia.

Esto ocurre de forma natural. La decisión de favorecerlo está en vuestras manos, como adultos de ese hogar.

Para ello es bueno generar un histórico a través de experiencias en conjunto para establecer como tradiciones propias todo aquello que os funciona.

Esto se debe a que cada rama de la familia que ahora se une viene de tradiciones concretas. Estas se pueden mantener o no: haced lo que os funcione. Asimismo, podéis crear las propias partiendo de experiencia vividas que os hayan gustado.

En nuestra familia repetimos año tras año todo lo que en algún momento ha significado algo para nosotros seis como conjunto; por ejemplo, cerrar el verano con una escapada de *camping* a un lugar concreto donde no hay cobertura ni conexión wifi.

Esta tradición surgió de manera espontánea el segundo verano de convivencia, y la experiencia resultó tan agradable y positiva para nuestra familia que decidimos repetir cada año.

De hecho, es una de las experiencias que más les gusta a nuestros hijos y que esperan ilusionados todos los años.

Ya te he contado cómo elegimos priorizar nuestra familia y eso supuso reducir la vida social. Pues bien, la experiencia de irnos de *camping* favorecía mucho la cohesión de nuestra familia en consonancia con lo que hacíamos en el día a día.

La naturaleza es digna de aprovecharse, pues favorece

la autorregulación y carece del ruido social que acompaña a otros muchos planes.

Lo cierto es que la naturaleza es un recurso que hemos utilizado mucho desde el inicio, pues nos ofrece grandes oportunidades, sobre todo cuando son más pequeños. Aunque cuando son más mayores se pueden mostrar más reacios a aceptar estos planes, como sucede a veces en la adolescencia, se pueden conjugar con actividades en este entorno, como por ejemplo la escalada o el barranquismo.

Hay muchas opciones, tan solo tenéis que encontrar la vuestra. A nosotros el *camping* nos daba la posibilidad de estar en una especie de burbuja donde carecíamos de cualquier ruido, lo que favorecía estar al cien por cien presentes y disponibles emocionalmente.

Esas experiencias, tanto la del *camping* como las que aprovechaban la naturaleza, aportaron mucho a nuestra cohesión familiar.

Lo que más me gustaba de acampar era lo que nos aportaba como clan, pues requería trabajo en equipo desde el momento de llegar y montar las tiendas hasta el momento de desmontaje.

Claro que en aquellos primeros tiempos, cuando tenían entre cuatro y nueve años, estábamos siempre juntos, pero de dos años para acá alguno es adolescente o preadolescente y solo los vemos a la hora de comer, porque el resto del tiempo van a su aire explorando, montando sus cabañas y haciendo amistades.

Esto no es malo. Es natural y forma parte de la propia evolución. Ya no vamos de *camping* con el objetivo de aprovechar la oportunidad que nos ofrecía la experiencia de cohesionar a nuestra familia, sino por tradición.

Porque las tradiciones tienen que ver con la identidad, y a Miguel Ángel y a mí nos parece importante seguir dotando a nuestra familia de identidad propia.

De manera espontánea surgió otra tradición que tiene mucho peso en nuestra familia: cada 23 de abril, por el Día del Libro, escogemos una librería en la que pasar la mañana y cada uno se compra con sus propios ahorros el libro que más le apetece.

Después nos vamos a comer juntos y terminamos echando la tarde en casa leyendo cada uno su libro, ese que ha elegido con mucho esmero porque lo ha comprado con su dinero.

Con esto ocurrió lo mismo que con el *camping*: lo hicimos un año y al final fue un día tan bonito que Miguel Ángel y yo quisimos repetir al año siguiente para probar qué tal, por si resultaba un día tan agradable y divertido como el anterior. Y lo fue, así que ya lo instauramos como tradición.

Y así algunas más, como que una noche del verano apagamos todas las luces de casa para irnos al jardín a tomarnos un helado mientras esperamos ver estrellas fugaces. Es algo que verano tras verano repetimos con ilusión.

No importa qué hacemos, sino el sentido que le damos.

Para convertirlas en tradiciones hay que vivir experiencias, no con la pretensión de instaurarlas como hechos repetidos a lo largo del tiempo, sino desde el ánimo de pasar tiempo juntos haciendo cosas que os puedan gustar.

Las experiencias conjuntas que se viven desde la alegría ayudarán al sentimiento de familia, que surgirá de forma natural a medida que se comparta tiempo. Eso, a su vez, permitirá que cada miembro de la familia conozca a los demás.

Las vivencias personales dejarán el poso de lo que supone para cada uno esta tribu. En la medida en que estas experiencias nos den la oportunidad de vivirlas desde la alegría y conexión, crearán una disonancia en el discurso de quien malmete contra la familia.

Resolución de conflictos entre iguales

Alguien a quien admiro dice que «es necesario vivir con la cabeza en las nubes y los pies en la tierra».

Pues bien, tras haber estado en las nubes a lo largo de las últimas páginas, vamos a aterrizar con los pies en la tierra para hablar de un imprescindible en la vida: los conflictos.

Estos son inherentes a la vida. Pretender vivir una vida sin estos no es posible, al menos no desde el equilibrio. Si no los hay, suele ser como consecuencia de una situación de sometimiento o sumisión.

Asumiendo que van a suceder, centrémonos en cómo los queremos gestionar, pues la dificultad no reside tanto en su existencia como en la manera de gestionarlos.

Si ambos miembros de la pareja aportáis hijos de relaciones anteriores, cada cual aportará también un estilo educativo distinto.

La diferencia en el estilo educativo es otro gran reto, pues, igual que sucede en lo relativo a la pareja, cada uno cuenta con un histórico propio acerca de cómo lo hacía en su molde familiar anterior. La pareja debe establecer un punto de encuentro en su relación. En lo que respecta a los hijos y la convivencia sucede lo mismo.

Convencer al otro de que su manera es la mejor o la correcta acarreará conflictos; ya sea en ese momento o más adelante, pero en todo caso a corto o medio plazo.

Llegados a este punto es imprescindible abrirse desde la curiosidad al aprendizaje a través de la escucha empática. Ya sabes que la comunicación entre todos los miembros de la familia enlazada es el pilar fundamental sobre el que se sustenta el bienestar de esta.

Si la comunicación es importante en cualquier relación, en especial de pareja, cuando hablamos de las familias 2.0, es decir, familias como la tuya y la mía, es una condición indispensable para que pueda prosperar.

Esto se aprecia sobre todo en los primeros años, que son los más complejos porque nos damos de bruces con una gran cantidad de aprendizajes de manera simultánea.

Precisamente por esto, y porque muchas veces no se cumplen las expectativas sobre el ideal de familia, un porcentaje muy elevado de parejas dejan de serlo antes de que acabe el primer año como familia enlazada y se producen más separaciones en nuestro molde familiar que en el tradicional.

No porque sea un proceso difícil en sí, sino porque se deja de atender las necesidades propias de este sistema familiar y, con ello, se deja de lado su complejidad.

Una de las cuestiones que más hay que cuidar es no tomarse los conflictos de los menores como propios de la pareja y reflexionar mucho acerca de cómo se acompañarán estos y hasta dónde actuará cada uno.

Crie a mis hijos bajo el paradigma de la crianza consciente y acompañé sus conflictos bajo sus premisas, que consistían básicamente en no juzgar y no tomar partido en ningún momento para poder escuchar y validar a cada parte y acompañarlos en el momento de establecer una solución válida para cada implicado. Gracias a ello me resultó fácil acompañar los conflictos entre los hijos de mi pareja y los míos.

Ni que decir tiene que eso requirió mucha más atención y consciencia por mi parte, sobre todo al principio, porque estos otros niños, aunque sentía cariño por ellos, no eran mis hijos y me movían las tripas muchos conflictos, pues mamá siempre es mamá y era mamá de dos de ellos, pero no de los cuatro.

Precisamente por eso, las premisas de las que yo partía cobraban mucha más importancia, pues lo que mi fuero interno como madre de dos me pedía era proteger a los míos.

Poner cordura en estas situaciones era fundamental, sobre todo porque no estaban en peligro. Solo eran las consecuencias de la convivencia y del contacto estrecho que supone la cotidianeidad del día a día.

Miguel Ángel y yo necesitamos conversar en privado en muchas ocasiones sobre la forma de acompañar estos conflictos, pues habíamos hecho abordajes muy distintos hasta el momento con nuestros respectivos hijos.

En aquellas conversaciones nadie pretendía llevar la razón y la escucha curiosa hacia la forma del otro nos llevó a establecer acuerdos con bastante sencillez.

Esto hizo que cada uno se pudiera nutrir de la forma del otro, aprendiendo del contrario y acordando para cada situación la fórmula que resultara más amable para nuestra familia.

Acompañar los conflictos de los pequeños sin que los adultos los vivamos como asuntos personales es fundamental para no acumular piedras en los zapatos de la relación de pareja.

Conviene estar atentos para no instrumentalizar los conflictos de los menores, pues a veces se viven como una oportunidad para que la pareja se dé cuenta de algo.

Me explico. A veces nos hemos encontrado con familias cuyo progenitor se pone del lado de los hijos de la pareja cuando hay conflictos entre los menores. Es una manera de hacerle ver a su pareja que acepta a sus hijos o de buscar que estos lo acepten.

Situaciones así alimentan la rivalidad entre los menores y pueden aumentar la exigencia hacia los hijos propios.

Acompañar los conflictos entre iguales bajo el paradigma de la crianza consciente o respetuosa es la única manera que hemos encontrado para favorecer la conexión entre ellos y disminuir la rivalidad.

Cuando se les acompaña de esta manera en situaciones

de conflicto, lejos de enfadarse más y distanciarse, los pequeños se acercan más entre sí.

Lo mejor para nosotros fue descubrirlos con el paso de los años, resolviendo los conflictos entre ellos como los habíamos acompañado durante tanto tiempo, pero sin necesidad alguna de intervenir.

En la vida no se trata tanto de lo que vivimos, cuanto de cómo elegimos afrontar lo que vivimos y tenemos la libertad de encontrar la oportunidad detrás de cada situación.

Nadie quiere vivir una segunda separación con hijos, y menos cuando ya ha implicado a los menores. Sin embargo, la convivencia con hijos, sean o no propios, puede precipitar el desgaste de la relación de pareja, que es la base sobre la que se sustenta esta nueva familia.

Así que me reitero en que aquí es imprescindible cuidar la comunicación, y después seguir cuidando la comunicación, y más tarde cuidar más aún la comunicación.

Esta comunicación debe ser honesta, valiente y a pecho descubierto, de corazón a corazón. No busca reprochar y señalar lo que no te gusta, sino más bien expresar cómo te sientes, qué necesitas y qué propones.

Por eso es importante elegir bien los momentos en los que hablar. Cuando se acerca la hora de dormir suele ser el momento más escogido y el peor para hacerlo, pues el cansancio hace mella en la forma en la que escuchamos y nos expresamos.

Por eso es bueno escoger con mimo el momento sin esperar a que llegue por arte de magia. Hay que crear el espacio desde la responsabilidad y cuidado de la relación.

Ponerse del lado de los hijos de la pareja cuando hay conflictos entre los menores es una manera de hacerle ver a la pareja que acepta a sus hijos o de buscar que estos lo acepten. Situaciones así alimentan la rivalidad entre los menores.

11

LOS DISTINTOS ROLES

Hemos reflexionado y debatido mucho, entre Miguel Ángel y yo y también con algunas compañeras de profesión, acerca de cómo denominar a quienes son las nuevas parejas. En castellano se dice madrastra y padrastro, pero los sufijos -astra y -astro significan *peor que*. Así pues, estos términos aluden a una persona que es peor que la madre y peor que el padre.

Y esto no solo no es así, o no tiene por qué serlo, sino que además define un rol partiendo de la comparación, algo que no tiene nada que ver con nuestra forma de entender la vida y las relaciones.

El origen de esta visión tan negativa no lo encontramos en el cine, aunque este lo ha perpetuado, sino en el siglo XIX, en los personajes de los cuentos de los hermanos Grimm, donde todos eran malos.

A modo de curiosidad, te cuento que en el año 2003 se celebró en Alemania un encuentro de quinientas personas que estudiaron sus cuentos. El director de la unión europea de cuentos explicó que los cuentos de los hermanos Grimm no eran originales de ellos, sino que fueron una recopilación de cuentos orales de aquella época cuya finalidad era educar a los adultos, por eso las narraciones transmitían las normas sociales.

En los originales las malas suelen ser las madres: Blancanieves hablaba de cuando la belleza de la madre es superada por la de la hija y esta es rechazada, la de Cenicienta cuando se tiene hijos para que te sirvan... eran narraciones crueles y aceptadas en la época.

Lo que hicieron los hermanos Grimm en el siglo XIX al presentar estos cuentos fue agregarle un párrafo en el que la madre biológica moría al inicio de la historia para que pudiera ocupar el rol de buena y así introducir un nuevo personaje que ocupara el rol de mala: la madrastra.

A los seres humanos nos cuesta manejar la polaridad de las emociones, nos cuesta asumir que podemos querer a la misma persona por la que podemos sentir rechazo en algunos momentos. Por esto mismo se crean dos personajes: quien ama y es la buena frente a quien rechaza, que es la mala.

Cuando esto salió a la luz en 2003 se armó un revuelo en el sector y en Inglaterra se hizo una encuesta para preguntar a la población si prefería mantener los cuentos originales en los que la madre era la mala o mantener la modificación de los Grimm.

El resultado fue que más del 65 por ciento de los adultos que respondieron preferían mantener la modificación.

Hemos crecido con la idea de que la madrastra es una bruja mala persona, y los padrastros unos abusadores. ¿Quién va a querer ocupar este rol o tenerlo en su vida como hijastro?

No olvidemos que el calificativo de buena o mala no es intrínseco al rol que ocupamos las personas, sino que tiene que ver con la calidad humana de estas. Por eso existen tanto malas madrastras y malos padrastros como malas madres y malos padres, de la misma manera que hay profes buenos y malos, y así con todos los roles y desempeños profesionales.

Conocer el origen de esta visión nos puede ayudar a entender a qué se debe la animadversión que sentimos por esta figura desde el inicio de la relación, pues más allá de las inseguridades propias, de la baja autoestima y de posibles heridas infantiles que esta figura pone de relieve, nadie está libre de la carga que supone el contexto social, histórico y cultural en el que nos desarrollamos.

Disney y Hollywood han alimentado la visión que ofrecieron los hermanos Grimm al obviar el rol de la madre. Así, la madrastra es mala y perversa, y cultiva la rivalidad entre mujeres que el patriarcado ha sembrado desde sus inicios.

Entender el origen de esta realidad nos ayuda a abrirnos a una visión nueva para eliminar nuestro sesgo y, con ello, abrirnos a todo lo bueno que pueden aportar.

He dudado y reflexionado mucho acerca de mantener la designación castellana de esta figura, pues me planteaba utilizar el término que la hija de Miguel Ángel usa a veces para referirse a mí, su madrastra, que es *madrina*.

Sin embargo, como el lenguaje es muy importante y este término, y por tanto su rol, está muy estigmatizado en nuestra sociedad, me ha parecido importante utilizarlo al tiempo que aporto una visión diferente.

Con ello trato de aportar mi pequeño grano de arena para visibilizar este rol desde un enfoque diferente.

El lugar que ocupa cada persona adulta de la familia enlazada suele generar bastante controversia, pues los egos y las heridas se suelen anteponer. De este modo, se pierde perspectiva.

A decir verdad, no es un tema sensible en sí, pues si lo analizamos sin implicación personal podemos descubrir los múltiples regalos que esta realidad suele traer.

La dificultad reside en las heridas, miedos e inseguridades que despierta en algunas personas, la culpa que genera en otras y la polaridad desde la que interpretamos lo que vivimos.

Así pues, y entendiendo que es un tema que suele escocer, para desarrollarlo pondré toda mi sensibilidad a tu servicio. Con ello intento que esta parte del libro sea enriquecedora. Partiré de mis vivencias personales y luego daré paso a la experiencia profesional acompañando a familias en sus procesos de enlazarse.

Somos una familia enlazada en la que ambos aportamos hijos de relaciones anteriores, por lo que soy madre y madrastra, y Miguel Ángel, padre y padrastro.

Después de estos años de experiencia profesional hemos desarrollado la creencia de que es más fácil ser madrastra y padrastro cuando también se es madre y padre. Aunque no siempre es así, lo hemos constatado en muchos casos.

Creemos que se debe a que hay cuestiones relativas a los roles de madre y padre que, cuando se trata de los hijos de la pareja, se pueden entender con mayor facilidad y permiten aceptar determinados límites.

Los hijos de la pareja

David y Marieta se separaron cuando sus hijas tenían cinco y siete años. Su relación era aparentemente buena. Y digo aparentemente, porque en cuanto empezamos a rascar en las sesiones se vislumbró que había una relación de sumisión por parte de David, que aceptaba las exigencias de Marieta como si no tuviera otra opción.

En cualquier caso, aquella relación guardaba un equilibrio funcional para ellos.

Cuando, cuatro años después de separarse, David inició una

relación de pareja, Marieta se mostró contenta, pues entendía que una mujer cuidaría mejor de sus hijas mientras estaban con el padre.

De hecho, Sara, la novia de David, se implicó desde el primer momento en la crianza de las hijas de este.

Ella no era madre y no entendía otra forma de relacionarse con las pequeñas que siendo un agente educativo más.

La relación entre todas parecía ir como la seda. David no se lo podía creer, estaba pletórico y feliz, sentía que había recibido un premio mayor que el de la lotería.

Y así fue hasta que iniciaron la convivencia. Entonces, el papel educativo de Sara dejó de gustarles tanto a las niñas.

David y Sara eran los mismos y cada uno ocupaba el mismo rol, solo que la intensidad de la convivencia ponía de manifiesto cuestiones que en la no convivencia pasaban desapercibidas. Y es que David había dejado de hacerse cargo de cuestiones que le correspondían como padre y Sara las había asumido como propias.

Esto llevó a que, al mes de convivir, Sara, en un momento de desbordamiento y desesperación gritó con vehemencia a la hija mayor.

Estaban en casa las dos niñas y Sara. Aquella reacción no le gustó nada a la hija mayor, que en aquel momento tenía once años. No se lo esperaba de la novia de su padre y se asustó.

Cuando Marieta se enteró por su hija, montó en cólera. David propició entonces muchos cambios, entre otros que su pareja y sus hijas no coincidieran, así que la convivencia cesó.

Aquello supuso una crisis de pareja de la que pudieron aprender. Después de mucho trabajo en sesiones, recondujeron la situación.

Para empezar, David comenzó a buscar su sitio en la relación con la madre de las pequeñas. Poco a poco abandonó el rol de sumiso que había adoptado desde muchos años antes de separarse.

Comenzó así a poner límites tanto a la madre como a su hija mayor, pues esta replicaba la forma que la madre había tenido de relacionarse con su padre.

Una vez restaurada la dinámica relacional con ellas, comenzó de nuevo a compartir tiempo de ocio con sus hijas y su pareja fuera de la casa. Esta fase duró varios meses.

No fue tanto el cambio externo, que también, sino el interno. El lugar desde el que David se comenzó a relacionar con las mujeres de su familia era muy diferente. Ahora se respetaba a sí mismo y respetaba a las demás.

Y en el momento en el que escribo estas líneas, David y Sara mantienen una relación estable de convivencia con un equilibrio nuevo entre todos los miembros de la familia. David y Sara se sienten ahora mucho más a gusto, y por tanto también las niñas.

Esta vivencia no es un caso aislado. Se trata de una situación bastante frecuente. Por eso solemos explicar que el rol que ocupamos en la relación con los hijos de nuestra pareja tiene más que ver con un tío o una tía.

A muchas personas no les gusta que les digamos esto, pues se sienten inferiores, como si las relegáramos a un papel secundario que no se merecen por todo lo que hacen y lo mucho que se implican en las vidas de las criaturas.

Sin embargo, dada nuestra dilatada experiencia tanto personal como profesional, nos cercioramos de que al inicio es positivo adoptar este rol, pues los agentes educativos por excelencia son la madre y el padre.

Otra cosa es que la pareja actual ofrezca un modelo de referencia que se pueda considerar más sano o mejor.

En cualquier caso, será un modelo más de referencia en la vida de los hijos, pero como estos necesitan sentir que nadie pretende ocupar el lugar de su madre o padre, es im-

Hemos crecido con la idea de que la madrastra es una bruja mala persona, y los padrastros unos abusadores. ¿Quién va a querer ocupar este rol o tenerlo en su vida como hijastro?

portante ir despacio para evitar problemas que requieran reparación, como les pasó a David y Sara.

En este caso se dieron varias dificultades que tienen que ver con el rol de madrastra y que desarrollo un poco más adelante, en el epígrafe «Las madrastras».

Ahora deseo que te quedes con que lo bueno es que siempre cabe la reparación. Aunque es más fácil enderezar el tronco que crece derecho desde el inicio que hacerlo después, por eso cuidar esto será beneficioso para la pareja, los hijos y la familia en sí.

Evidentemente, a medida que la relación y el vínculo se estrechan, sobre todo cuando hay convivencia, se difuminan algunos límites del rol que se ocupa como pareja de mamá o de papá.

Ahora bien, en ningún caso se debe perder la perspectiva: el lugar que ocupan madrastra y padrastro es el de «pareja de». La relación con los hijos existe por el hecho de ser ambos pareja, pues de lo contrario probablemente ni se conocerían.

Cuando los hijos interpretan que una persona nueva en sus vidas trata de ocupar el rol de su madre o de su padre, esto suele provocar la aparición de rivalidades con la pareja de su progenitor.

Puede llegar a esta conclusión porque hay hechos de la relación que le inducen a creerlo, o porque la expareja ha hecho determinados comentarios en este sentido, o simplemente por miedo a ser desleal a su madre o padre, a quien no forma parte del núcleo de la familia enlazada.

Sea cual sea el origen de esta interpretación, este es un buen momento para dar un paso atrás y conceder más espacio a los menores, así como atender sus miedos y aumentar el tiempo de exclusividad de su progenitor con ellos a solas.

No considero posible ocupar este rol sin vivir presente

en la observación y en la escucha tanto interna como externa hacia las criaturas.

Es un equilibrio difícil de alcanzar, pero necesario y muy fructífero.

Conocer el lugar que ocupamos como madrastra y padrastro es esencial también para la salud de la relación de pareja.

Javier se enfadó en una sesión porque le señalamos la importancia de que diera un paso atrás en lo relativo a los hijos de Mireia, su pareja.

Ella estaba preocupada porque sus hijos no reconocían ni agradecían todo lo que Javier hacía por y para ellos. Entendía que él se ofendiera y temía que en algún momento se cansara y cesara la relación, pues sus hijos no aceptaban a Javier.

Desde nuestro punto de vista, él ocupaba demasiado espacio en la vida de los menores con un papel activo en cuestiones educativas que el tiempo de relación y el vínculo aún no favorecían.

Su ofensa partía de considerar que entonces siempre debería ocupar un segundo plano en la vida de los hijos de ella.

A Javier le costó mucho entender que su lugar en la vida de los pequeños era nuevo y que compararlo con cualquier otro rol era desigual e injusto para él.

El hecho de no ser padre era un obstáculo para que Javier encontrara su lugar en la relación con los hijos de Mireia, pues su referente de hombre en la vida de unos críos era el de padre.

Nos cuesta entender que como madrastras y padrastros ocupamos un lugar nuevo en la vida de las criaturas, y tener como referente para posicionarnos el lugar de madre y padre nos puede hacer caer en errores que dificultarán la relación con los niños y niñas.

Por eso es importante tener claro de dónde se parte en la relación, y a partir de ahí dejar que esta se fragüe a su ritmo.

Tanto madrastras como padrastros nos podemos permitir el lujo, al inicio de la relación con los menores, de asumirla desde un lugar mucho más relajado, pues carecemos de la responsabilidad de ser agentes educativos.

De hecho, es fácil que los pequeños perciban a la pareja como «mi mejor amigo mayor». Muchas madres y padres nos han comentado que sus criaturas se refieren a su nueva pareja en estos términos.

Niños y niñas que no se conocen entre sí llegan a la misma conclusión con respecto a la pareja de alguna de sus figuras parentales.

Este punto de vista nace de un lugar muy natural, de cómo los sienten, pero no es obligatorio que lleguen a esta conclusión. Lo cuento como ejemplo de la visión que obtienen a partir de la relación y el vínculo que llega a darse.

En un primer momento suelen ayudar los siguientes factores:

- Entender que la relación de los pequeños o adolescentes con *la pareja* se da por la relación de noviazgo de los adultos, no por elección propia de ellos ni de la pareja. Es una consecuencia, no una causa.
- Que viene a ocupar un lugar nuevo, su existencia no reemplaza el lugar de ninguna otra persona, sino que crea una nueva figura y un nuevo referente en la vida de las criaturas. Por todo ello suma. Su presencia no resta en ningún momento a lo que otras personas, como la madre y el padre, aportan a la vida de los niños y niñas.
- La visión inicial de un rol similar a la de un tío o tía puede darse para descargar la responsabilidad de ejercer un papel educativo que en realidad no le corresponde.

Esta perspectiva no es definitiva. Evoluciona a medida que se estrecha y se crea (o no) el vínculo entre las partes.

En nuestro caso, como madrastra y padrastro no ocupamos el mismo lugar que antes en la vida de los hijos de nuestra pareja, pues el paso del tiempo, la cotidianeidad de la convivencia, las experiencias conjuntas, los conflictos y alegrías compartidas han creado un vínculo que ha permitido que la relación se estreche.

Por eso, la forma de relacionarme con los hijos de Miguel Ángel y él con los míos es muy distinta de como era al inicio, pues ahora nos implicamos en asuntos de los que antes no nos encargábamos, pues entendíamos que debíamos dar un paso atrás, por ejemplo al llamar la atención o poner un límite.

Según en qué circunstancias, hay temas que seguimos atribuyendo a aquella persona a quien le corresponde la responsabilidad parental, por considerarlo lo mejor para todas las partes.

Así que hay cuestiones educativas en las que no nos metemos. Podemos conversar, reflexionar e incluso atrevernos a opinar entre nosotros como pareja, pero sabemos que hay decisiones que solo corresponden a la madre y al padre.

No existen unos hitos de tiempo. La propia relación con los menores marca los tiempos, pues tiene que ver con que ellos, los pequeños, nos abran las puertas de sus corazones y nos concedan un lugar en ellos.

Un lugar que, por desgracia, estará condicionado en muchas ocasiones a la contaminación adulta de la expareja. Ellos no lo han elegido así; más bien han sido víctimas.

Hay una pregunta básica que cualquier pareja debería plantearse en una situación de familia enlazada y que casi nadie se hace: ¿qué esperas de mí con tus hijos? Y a la inversa, hay que contar lo que se espera de la relación de la pareja con los hijos propios, cuando los hay.

Algo tan sencillo como esta pregunta aliviaría muchísimas tensiones, disminuiría los conflictos y acortaría parte del proceso.

De esta pregunta se pueden derivar conversaciones y reflexiones muy esclarecedoras que permitan tener una base común en el auténtico pilar de la familia enlazada: la pareja actual.

En nuestro caso, es cierto que después de tantos años esos límites en los roles están más difuminados, pues tanto los hijos de Miguel Ángel como los míos llevan ya más de la mitad de sus vidas en este molde familiar compartiendo convivencia con su padrastro y su madrastra, que soy yo.

Sin embargo, el que nosotros dos tengamos claros nuestros roles con respecto a los hijos de nuestra pareja nos ha salvado de muchas discusiones, sobre todo cuando solo correspondía decidir a la madre y al padre o a uno de los dos, y tener claro esto nos permite dar un paso atrás en determinados momentos y no enfrascarnos en discusiones que solo nos alejan como pareja.

No intervenir en las reglas de la otra casa

Justo el día antes de escribir estas líneas, Miguel Ángel y yo tuvimos una conversación sobre un asunto peliagudo para muchas familias: las extraescolares.

No sin dificultad, establecimos en su momento un criterio común para tener en cuenta las necesidades de nuestra familia enlazada y nuestro proyecto como familia.

No fue fácil, pero lo logramos después de muchas conversaciones, más reflexiones y alguna que otra discusión.

El caso es que lo de ayer tenía que ver con el hijo de Miguel Ángel y una decisión que ha tomado su madre

Hay una pregunta básica que cualquier pareja debería plantearse en una situación de familia enlazada y que casi nadie se hace: ¿qué esperas de mí con tus hijos?

de manera unilateral y que tiene que ver con el tiempo que sus hijos están con ella y que no guarda coherencia alguna con nuestros valores.

Lo comentamos en pareja y decidimos, por el bien del pequeño, darle una opción diferente de nuestra propuesta inicial, que nos parecía que, dadas las circunstancias, era la más beneficiosa para él.

Es decir, modificamos nuestros planes iniciales por su bien y fuimos capaces de hacerlo sin sentirnos ofendidos.

Tuvimos en cuenta que lo que tanto nosotros por un lado como ella por otro habíamos decidido no era beneficioso para el pequeño. El consenso no era posible, ya no lo era cuando él y ella eran pareja y no lo ha sido en este tipo de asuntos en casi ningún momento. Por eso tomamos juntos la decisión más beneficiosa para el pequeño.

Evidentemente, la elección fue más de Miguel Ángel que mía, pues yo, dado mi carácter, habría intentado hablarlo con ella una vez más. Pero esa es mi manera de hacer las cosas, no la suya.

Por eso ayer di un paso atrás. En estas ocasiones necesito recordarme a mí misma cuál es mi lugar en la vida de ese pequeño y lo hago tantas veces como lo necesito.

Y es que es al padre a quien le toca decidir qué hacer. Como pareja, podemos (y eso fue lo que hicimos) conversar sobre el tema, pero en ningún momento puedo inmiscuirme en la decisión final.

Este ha sido un desafío descomunal para mí como pareja de una persona que tiene hijos propios, es decir que no son comunes.

En la vida en general me cuesta dar un paso atrás y soltar el control, y esto me ha jugado muchas malas pasadas en nuestra relación. Así pues, he aprendido muchísimo a base de ensayo y error.

Ahora soy capaz de aportarle a mi pareja mi visión, a

veces tengo la templanza y capacidad de preguntarle si quiere mi opinión, otras veces se la doy sin que me la pida y sin pedir permiso, como ayer, y está bien, pues a estas alturas de la relación nos lo podemos permitir sin sentir que es una invasión.

Y a partir de ahí suelto, suelto porque es su proceso y no soy madre de su hijo, así que no tengo potestad alguna sobre las decisiones que su madre toma de manera unilateral y tampoco debo convencer al padre de que haga o diga lo que considero más conveniente para el pequeño.

Hay decisiones que por corresponsabilidad parental habría que consensuar entre la madre y el padre, y otras en las que estaría bien hacerlo pero no resulta posible por la falta de escucha o la disparidad de criterios. En cualquier caso, conviene tener clara la importancia de no intervenir en cuestiones privadas de la otra casa, ni permitir la intromisión de la expareja.

Los niños y las niñas pueden entender perfectamente que en cada casa hay normas distintas, lo importante es que estas no sean arbitrarias, sino que se mantengan, sobre todo los límites, y que no se entre a valorar en ningún caso las normas de su otro hogar.

Sin embargo, a las personas adultas esto nos suele costar más que a los menores, por lo que incurrimos en el error de tratar de convencer a la pareja de que haga según qué cosas o las vea como una misma. Tarde o temprano, este error pasará factura a la relación.

Otro tanto sucede cuando la expareja hace algo similar y se toman decisiones dentro del hogar que se mantiene con la nueva pareja, basándose en el criterio de la ex. Esto es una invasión al espacio y a la intimidad que muy probablemente generará conflictos.

Ante este tipo de situaciones, se suele proyectar la animadversión que se siente por la expareja hacia los hijos de esta. Los hijos son una extensión de su madre y su padre y es fácil achacarles a ellos, a su existencia misma, el deterioro o las dificultades propias de la relación.

Aquí conviene poner mucha atención para evitar hacer interpretaciones incorrectas.

Hay situaciones que se viven con relación a los hijos de la pareja (o los propios) y la relación con la expareja que suponen retos personales y para la relación en sí, pero en ningún caso estas personitas son la causa de las dificultades.

Si vemos a los hijos de nuestra pareja como la causa del conflicto entre nosotros, nos resultará inevitable sentir rechazo hacia ellos. Mientras las dificultades sigan ahí, aumentará el sentimiento de animadversión hacia ellos.

El trasfondo no tiene que ver con lo que se vive, sino con lo que esto nos supone, con lo que nos despierta de piel para dentro.

Si tenemos en cuenta que hemos venido a esta vida a aprender, podemos afrontar este tipo de situaciones de dos maneras:

Desde un rol pasivo, al sentirnos víctimas y percibir a los demás como responsables de nuestro malestar y de las dificultades que atravesamos.

O bien desde un rol activo, al asumir la parte de responsabilidad de la que podemos hacernos cargo, que tiene que ver con descubrir el aprendizaje que encierra cada situación.

Si no lo hacemos, podemos estar tranquilos, pues la vida nos volverá a poner ante la misma situación en otro momento, lo que nos dará la oportunidad de alcanzar dicho aprendizaje.

Las situaciones solo dejan de repetirse cuando el aprendizaje se ha logrado. Esto da paso a otro tipo de situaciones que nos traerán unos aprendizajes distintos.

Cuando nos resistimos a estos o nos quedamos en el

Si vemos a los hijos
de nuestra pareja como
la causa del conflicto
entre nosotros, nos
resultará inevitable sentir
rechazo hacia ellos.
Mientras las dificultades
sigan ahí, aumentará
el sentimiento de
animadversión
hacia ellos.

lamento, en la víctima, no podemos prosperar en nuestra vida y mantenemos el sufrimiento como un ingrediente principal de esta.

El rechazo y los celos hacia los hijos de la pareja

Sentir rechazo por los hijos de la pareja solo es un síntoma de que se deja de atender algo que tiene que ver con el mundo interior, ya sea el propio o el de la pareja en sí.

Muchas veces tiene que ver con faltas de límites en la definición de los roles propios o falta de límites en cuanto a la relación con quien fue pareja.

El rechazo es una emoción más que no habla mal de quien la siente. Hay que tenerla en cuenta como una alerta que salta por la falta de atención a alguna necesidad.

Es habitual que quien siente rechazo se crea culpable o mala persona, y por eso se detenga a juzgarse o excusarse a sí misma, cuando lo que requiere es mirar hacia dentro para escucharse y descubrir la necesidad y la herida que requiere atender.

Algo similar sucede cuando se sienten celos hacia los hijos de la pareja.

Cualquier emoción incómoda que se siente hacia ellos se puede vivir de puertas adentro como un agravio y hacer un severo autojuicio, pues a las madrastras y los padrastros se les exige socialmente un comportamiento impecable que no se exige a madres y padres.

No solo en las relaciones hacia los demás necesitamos incorporar altas dosis de compasión, sino especialmente en la relación intrapersonal, pues es en esta relación donde comienza todo lo que se refleja después en las interpersonales.

Como toda emoción incómoda, los celos hacia ellos suelen ser el síntoma de algo que necesitamos atender, ya sean heridas de la infancia que no están sanadas del todo, baja autoestima u otras cuestiones que se pueden abordar tanto a nivel individual como en pareja.

A veces la relación de pareja fluctúa en función de si los hijos e hijas están o no presentes.

La pareja, cuando no está con sus hijos, se puede mostrar más irascible o la invade la añoranza ante la ausencia de estos. Por eso recupera y exterioriza la alegría y el buen ánimo cuando ellos regresan. Vuelve a ellos el brillo que parecía faltar cuando no estaban sus hijos.

Puede suceder al contrario, que la pareja tenga más conflictos ante la presencia de los niños debido a una disparidad en cuanto a los criterios educativos o a otras cuestiones cotidianas que se esfuman cuando están a solas, momentos en los que la esencia de la pareja recupera su brillo.

Ante situaciones así puede despertarse la animadversión por los hijos de la pareja, porque se incurre en el error de adjudicarle a su presencia el malestar que vive la pareja a partir de discusiones relacionadas con ellos.

Es imprescindible desidentificar a los menores como causantes de los conflictos de la pareja en este molde familiar. De lo contrario, aumentarán los roces entre la pareja y en el seno de la propia familia. No podemos dejar de transmitir lo que sentimos, y esas sensaciones internas llegan de alguna manera a las personas que nos las hacen sentir.

Es importante entender que el tiempo de crianza es limitado y que, si son pequeños, a medida que los hijos crezcan se dispondrá de más espacio para la pareja, pero al comienzo, como cualquier pareja que tiene hijos comunes, los tiempos de pareja a solas pueden escasear.

Y es crucial contar con dichos espacios, pues la pareja es el eje vertebral sobre el que sustenta la familia enlazada, y la calidad de dicha relación va a determinar en gran medida el estado de la familia.

Sin embargo, a veces las expectativas no se ajustan a la realidad y encontrar estos momentos se vuelve una tarea difícil, sobre todo cuando ambos miembros de la pareja aportan hijos de relaciones anteriores y el calendario de los hijos de cada uno no coincide.

En cualquier caso, es importante entender que el amor que se siente hacia los propios hijos no es el mismo amor que se siente hacia los padres, ni el mismo amor que se siente hacia unos abuelos o una pareja.

Entender esto es imprescindible para ampliar la mirada y comprender que una cosa es el amor hacia las criaturas propias y otra bien diferente es el amor hacia la pareja.

De la misma manera que al ver un rastro de sangre en nuestro cuerpo buscamos la herida de la que emana, ante una emoción incómoda como los celos debemos buscar la herida que la origina, pues los celos o el rechazo solo son el síntoma.

A veces el síntoma emocional no tiene que ver con una herida infantil, sino que nos debe poner en alerta sobre alguna necesidad interna que no atendemos.

Así que en lugar de juzgar y condenar este sentimiento, los celos, como cualquier otra emoción desagradable, entiende que se limitan a alumbrar allí donde debes poner atención para hacer los cambios necesarios que te proporcionen más paz y un mayor equilibrio.

A modo de conclusión, es básico tener en cuenta que, cuando hay hijos por ambas partes, no es posible querer de la misma manera a los hijos propios que a los de la pareja.

Podemos querer tratarlos en igualdad de condiciones, y en según qué contextos estará bien, pero te animo a no pretender quererlos de la misma forma porque no es posible.

El vínculo es diferente, y el amor también. Pretender que sea de otra manera supone recaer en la exigencia y en el juicio crítico por no lograrlo.

Las madrastras

Gran parte de lo que detallo a continuación es aplicable también a la figura de los padrastros, pero lo canalizo en el rol de las madrastras porque es el que más conflictos suele generar. Esto se debe a que ellos no cargan con el mismo peso social y estigma que ellas.

Y es que, en nuestra sociedad, ser madrastra y no ser madre es un rol dificilísimo, pues casi todo (o todo) lo que concierne al sexo femenino se examina con lupa y se juzga con más dureza.

El ejemplo más básico es ese padre que está en el súper comprando con su hijo en la mochila de porteo o empujando el carrito y a las personas de alrededor se les cae la baba al tildarlo de padrazo, mientras que la mujer que hace esto mismo pasa totalmente desapercibida.

Por no extenderme demasiado, déjame hacerte una propuesta: busca en el diccionario de la RAE los siguientes conceptos: mujer pública y hombre público, zorro y zorra, camarera y camarero, asistente y asistenta, y mira las distintas acepciones cuando se trata del término en femenino y cuando es en masculino.

El lenguaje que utilizamos es un reflejo de nuestra sociedad, y ahí queda patente la asimetría que aún existe entre ambos sexos. Esto es evidente al abordar los roles de madrastra y padrastro.

Los hombres no reciben la misma carga de juicios que nosotras. Además, las madrastras que lo son sin ser madres se llevan la peor parte a ojos de nuestra sociedad.

Entre el sistema patriarcal para el que la familia normativa es lo bueno y la sacralidad bajo la que se ve la maternidad, la madrastra apenas puede valorarse como algo positivo.

Además, en la programación dual en la que vivimos, si la madre es la buena, la madrastra es la mala; una bruja, vaya. Esta polarización tan dañina existe, por desgracia, y es más común de lo que te imaginas.

Cuando publicamos nuestro primer libro, *Separada*, quedó patente algo que observábamos desde hacía mucho tiempo: el estigma tan grande que aún hay ante las separaciones, sobre todo cuando existen hijos.

Al compartir esta realidad, muchas personas se extrañaban y había quien lo ponía en cuestión, y siempre con el mismo argumento: «Hoy día, muchas personas se divorcian».

Sí, cada vez es algo más frecuente. Sin embargo, las personas, sobre todo madres, que se separan, no se atreven a expresarlo con libertad al sentir que van a confesar algo malo y van a recibir la desaprobación ajena. Por desgracia, todo esto suele suceder.

Todavía es un tema tabú, aunque sea común, de la misma manera que el sexo se practicaba en casi todas las parejas y era un tema innombrable.

El hecho de que sea habitual no obsta para que nuestra sociedad lo aborde como un tema del que no se quiere hablar. Por muchos motivos, uno de ellos es que los duelos son aún un asunto que en Occidente se prefiere evitar.

Me imagino la cara de incredulidad de quienes leen estos comentarios acerca del rol de las madrastras y la estigmatización tan fuerte y dañina que reciben.

Lo hemos corroborado en el trabajo que llevamos a cabo con personas en esta situación y las conversaciones

Los hombres no reciben la misma carga de juicios que nosotras. Además, las madrastras que lo son sin ser madres se llevan la peor parte a ojos de nuestra sociedad.

que tenemos con compañeras que trabajan en este ámbito.

Cada vez somos más madres y padres quienes dejamos de ser pareja e iniciamos nuevas relaciones. Por eso es imprescindible que nos abramos a crear un nuevo discurso y no nos anclemos en visiones como la que nos regaló *La Cenicienta*, que perpetúa la idea de ser las malas.

La madrastra que no es madre suele sentir una angustia muy grande en lo tocante a saber cuál es su lugar, pues entiende que él y sus hijos son familia, pero ella, ¿qué lugar ocupa? Hay una asimetría grande que preocupa y angustia, pues la pertenencia no es la misma.

Se incorpora de alguna manera a la familia y por ello se siente en la obligación de demostrar que es buena y merece un sitio. Pero ¿cómo demostrarlo? Pues acogiéndose a todos los mandatos del estereotipo de género de ser mujer en nuestra sociedad: ser cuidadora, complaciente, atenta a los detalles, disponible en todo momento... Esto, que en los últimos años ha cambiado muy lentamente en las mujeres que somos madres, permanece inamovible en las madrastras, que deben someterse a estos mandatos para demostrar que son buenas.

Esto es más intenso cuando no son madres, pues parece que las madrastras que también somos madres recibimos menos castigo social, que el estigma se reduce, pues de alguna manera cumplimos con nuestra responsabilidad social como mujeres al convertirnos en madres.

Sí, estamos en pleno siglo XXI, pero parece que las mujeres que no son madres tuvieran que justificarse ante la sociedad por el hecho de no serlo. Cuanto más se acercan a los cuarenta años, más abundan los comentarios no solicitados acerca del momento en el que se convertirán en madres.

No debemos dejar de mirar de dónde venimos. Echar

un vistazo a nuestra historia reciente es importante para tener una perspectiva más amplia de lo que sucede en el presente.

A las mujeres se nos tenía en cuenta como elemento necesario para la reproducción, por lo que éramos tanto más válidas cuanto más fértiles fuéramos. Una mujer que no tenía hijos por el motivo que fuera no gozaba de la misma consideración que la que sí los tenía.

Y la que se convertía en madre estaba bien considerada cuando renunciaba a sí misma para cuidar. Cuanto más abnegada y sacrificada fuera en mejor estima se le tenía.

Por ello las madres aún cargamos con un gran complejo de culpa cuando nos dedicamos tiempo a nosotras y nos cuesta hacernos cargo de nuestro autocuidado desde la responsabilidad con nosotras mismas, pues tenemos un historial que nos hizo creer que éramos malas madres si no vivíamos por y para el cuidado de nuestras criaturas al tiempo que complacíamos a nuestra pareja.

Por esto, las madrastras que también somos madres no cargamos con un estigma tan pesado: ya hemos asumido previamente nuestro rol.

Así pues, la madrastra que no es madre, en su intento de demostrar que es buena, asume todos los papeles que tradicionalmente se le han asignado a la mujer para no sentirse mala, y además busca así la aceptación de su pareja en lo concerniente a sus hijos y evitar el juicio ajeno.

Desarrollar este rol en semejantes condiciones no nace del sentir propio, sino del miedo y del desconocimiento de cómo formar parte de esta familia que amplía el molde ante su llegada.

Es importante tener en cuenta, que en cualquier caso, cada vez que nos salgamos del molde de familia estándar aflorarán la culpa y el miedo al rechazo. Ser consciente de esta realidad permitirá aceptar la culpa como compañera de viaje, y no como obstáculo.

Las madrastras reciben, además, una fiscalización constante acerca del rol con los hijos de la pareja. Si no eres madre sino solo madrastra, serás mala mientras no se demuestre lo contrario. Esta imposición social genera un conflicto interno muy grande que se traslada a la pareja.

Es fundamental reconocer esta realidad para identificar lo que se mueve en el interior de la persona y hablarlo en pareja.

En ningún caso se trata de señalarse con dedo acusador dentro de la pareja, pues a decir verdad ninguno de los dos es culpable ni responsable de esta situación. Todo deriva del contexto social y cultural en el que vivimos.

En la medida en que esta dificultad pueda reconocerse y asumirse, el malestar disminuirá al conocer su procedencia y la exención de responsabilidad. Solo entonces se podrá utilizar como una oportunidad de acercamiento de la pareja.

Absolutamente todo lo que separa puede utilizarse a la inversa, para conectar, pero solo si se hace uso de la autorresponsabilidad emocional y se comparte desde la vulnerabilidad.

Sin compasión, es decir, sin las gafas del amor, se convertirá en un elemento de separación.

Necesitamos escuchar más con el corazón y menos con las ansias de que la otra persona nos entienda o de tener la razón.

El contexto social y cultural no favorece nada las relaciones de pareja en las que uno o ambos desempeñan el rol de madrasta o padrastro. Siendo conscientes de esta realidad, no hay que victimizarse, sino hacerse cargo de esta realidad para reconocer los miedos y las necesidades particulares que se derivan de ella.

Debido al estigma social que recae sobre las madrastras, sean o no madres, pero sobre todo cuando no lo son, la preocupación por hacerlo bien suele ser una fuente de sufrimiento por el nivel de exigencia con que desempeñan su rol.

Pero este hacerlo bien tiene mucha trampa, porque si se implica mucho la acusarán de creerse la madre de las criaturas, mientras que si no se implica tanto la acusarán de despreocupada y negligente.

En cualquier caso, parece que no hay salida correcta o buena a ojos de nuestra sociedad. Es un callejón aún sin salida.

Solo me queda animar a las madrastras, y también a los padrastros, a que se guíen por aquello que les da paz, una cualidad nada fácil de encontrar cuando hablamos de roles nuevos que han sido estigmatizados y en los que se carece de referentes.

Por ello hay tres pilares fundamentales que quien se encuentre en esta situación puede seguir:

- Tener en cuenta las necesidades emocionales y los miedos de los menores.
- Respetar el lugar que ocupan la madre y el padre y no tratar de usurparlo, sino de encontrar su sitio propio.
- Y, por supuesto, muchísima comunicación con la pareja para acoplarse de manera conjunta teniendo como termómetro la paz interior.

Con todo lo ya dicho, llega el momento de la verdad: crear las respuestas propias.

Y las mejores y más acertadas no son las correctas de cara a la sociedad, sino las que generan paz interior, las que más equilibran las necesidades de la familia.

Si alimenta la inquietud, no sigas por ese camino. Reflexiona y hablad para encontrar otra manera. Si, por el contrario, genera paz en ti, ya sabes que ese es un buen camino, al menos por ahora.

Muchas veces esa paz interior se esfuma, no porque algo esté fuera de lugar, sino porque los miedos, la inseguridad o la culpa afloran.

En ese caso conviene hacer un alto en el camino para identificar la emoción que genera malestar y parar a escuchar lo que tenga que decirte o enseñarte.

La madrastra que es madre vive buena parte de lo ya descrito, pues el sufrimiento de las madrastras es común con independencia de que sean madres o no, pero las que lo son reciben un estigma menor y no sienten la misma presión para pertenecer a la familia. Al tener hijos no comparten este temor, aunque tienen otros motivos de preocupación; por ejemplo, cómo encajar a ambas partes de la familia, cómo se lo tomarán sus hijos, cómo hacer para que convivan crianzas distintas, qué papel ejerce cada adulto con los hijos del otro, cómo se lo tomará su ex, si la pareja encajará con los hijos y ella con los suyos... Todos esos asuntos se abordan a lo largo del libro.

El miedo más frecuente de las madrastras tiene que ver con si encajará o no con sus hijos y si les gustará.

Es un miedo doble, tanto por su propia relación con las criaturas como por lo que puede suponer el que ellos no la acepten en su relación de pareja. De hecho, muchas rupturas de pareja antes del primer año de noviazgo se deben a la no aceptación de los hijos.

Otros miedos tienen que ver con:

- «Que mi pareja perciba que sus hijos no me gustan y no me caen bien».

Esta situación genera mucho estrés en quien la siente, pero es una realidad que hay que mencionar.

Las personas adultas se enamoran, pero el enamoramiento no tiene por qué extenderse a los menores. Forzarnos o exigirnos en este sentido solo añade más estrés.

A veces tiene que ver con que no se conoce aún a las criaturas, otras con que despierta rechazo porque toca heridas propias que conviene revisar, y otras porque, en vez de ver a los niños o niñas que tienes delante, ves una extensión de la expareja.

En cualquier caso, es importante entender que este sentimiento no nos define, lo que habla de nosotras es lo que hacemos con él. Las criaturas no son culpables ni responsables de casi ninguna situación. Muchas veces su comportamiento incómodo es consecuencia de algún malestar o sufrimiento. Por eso conviene que como personas adultas nos hagamos cargo de nuestro propio malestar.

Esto suele pasar por la necesidad de poner cierta distancia para contar con un espacio propio donde atender todo el revuelo interior sin la exigencia de compartir tiempo conjunto.

Tienes toda una vida por delante. Si sientes ahora algún tipo de rechazo, date el tiempo que necesites, no te fuerces ni te exijas.

Persigue aquello que te dé paz y libérate de la exigencia de hacer lo políticamente correcto.

Al alimentar tu paz cuidas a la familia que estáis formando.

Amelia no era madre y me confesaba entre lágrimas que no quería a los hijos de su pareja como pensaba que debía quererlos. Además, «no soy como creía que iba a ser en familia».

Teniendo como referente el modelo de familia normativa, sus expectativas y la realidad chocaron de frente. Esto es muy habitual cuando nos convertimos en madres y padres, pues tenemos en cuenta lo que se ve en portadas de revistas o fotos de Instagram, pero no sabemos nada de la sombra que proyecta esta realidad.

Amelia se dio de bruces con cuestiones de ella que no le gustaban y necesitó hacer el duelo de la idea de familia que tenía con su pareja. Solo así emprendió un viaje hacia dentro para cultivar su identidad propia.

Necesitó poner espacio en los encuentros con los hijos de su pareja y reducir el tiempo que compartían para encontrarse a sí misma.

Seguía compartiendo tiempo con Álvaro, su novio, pero también a solas con ella misma o compartido con amistades cuando estaban sin criaturas.

Desde el primer momento asumió el rol de cuidadora de los niños, descargando así a Álvaro de buena parte de sus responsabilidades como padre. Llegó a asumir hasta la carga mental derivada de los cuidados de los pequeños.

De hecho, es muy frecuente que las parejas hombres deleguen sus responsabilidades paternofiliales en sus parejas mujeres. Conviene que ellas pongan mucha atención a este asunto, pues al añadirse la carga social por la que ellas lo asumen desde la inercia y la comodidad de ellos tenemos un cóctel que puede salirle caro a la relación.

Amelia tuvo la habilidad de saber expresarse con Álvaro. Pese a sus reticencias iniciales a cualquier cambio, él terminó entendiéndola y respetando el espacio y el ritmo que ella necesitaba.

Cuanto más preparada se sintió, más tiempo compartió con los pequeños y en familia. En esta segunda etapa se sentía mucho más cómoda, segura y confiada.

Por eso, cuando iniciaron la convivencia, el proceso fue muy fácil y ella se sentía feliz.

Eso sí, siempre mantuvo espacios privados en los que no cabía más que ella en algunos momentos y en otros ella y sus amigas. Esos espacios eran nutritivos para Amelia y la anclaban a sí misma.

- La incertidumbre que se produce cuando la relación entre las figuras parentales es conflictiva es muy grande, ya que puede acarrear consecuencias a la relación de pareja.

En los momentos de conflicto de la pareja, quien no ha descargado aún su mochila de la relación anterior, no la ha sanado o cerrado de alguna manera, puede proyectar en la relación actual miedos o dinámicas de aquella relación que fue, y esto es más patente en épocas o momentos de mayor conflictividad entre quienes fueron pareja y comparten ahora la responsabilidad parental.

En estos casos, el papel de quien está al lado (es decir, de la madrastra o del padrastro) es fundamental para no avivar el fuego que ya existe, y también para poder acompañar a la otra persona, es decir, sostenerla emocionalmente.

A veces ese sostén pasa por limitarse a escuchar en silencio, por abrazar, por validar lo que la pareja siente, por preguntarle si desea que exprese su punto de vista, pero en ningún caso para entrar a opinar o juzgar, decirle lo que tiene o tendría que hacer, y mucho menos tomarlo como algo personal.

Estar al lado de una persona a la que amas y reconocer el dolor que las acciones de otra persona como su ex le causan, al tiempo que te sientes impotente al respecto es una de las sensaciones más amargas que podemos experimentar los seres humanos.

A veces puede ser desquiciante, pues quien es testigo tiene claro lo que haría y cómo lo haría, y querría hacerlo para salvar a su pareja del sufrimiento, pero esa opción no es posible ni saludable para la relación.

Es un camino personal que debe recorrer la persona protagonista de esta historia.

Por eso, ante el dolor o sufrimiento de nuestra pareja, si no podemos hacer nada de forma activa por modificar la situación y paliar así su dolor, cedemos a la tentación de decirle lo que debe o tiene que hacer.

Esto nace desde un profundo amor y deseo del bienestar de la pareja. Sin embargo es una actitud torpe que puede generar más sufrimiento aún al crear un conflicto entre ambos, e incluso puede añadir presión y estrés a quien tiene el conflicto o la relación conflictiva con su ex.

Aceptar que se trata de su proceso personal y no del vuestro como pareja, aceptar que no puedes salvarlo y que es un camino que debe recorrer por sí mismo suele ser muy difícil, sobre todo para quienes tendemos a ejercer el control.

Pero es que, para construir una relación sana, no hay otro camino.

Teniendo en cuenta que a esta vida hemos venido a aprender y que la vida nos pone por delante las situaciones y personas que requerimos para lograr los aprendizajes que nos permitirán evolucionar en nuestro propio crecimiento personal, a cada miembro de la pareja le toca asumir su aprendizaje en cada una de estas situaciones.

Hay un aprendizaje individual para cada uno, y suele haber algún otro conjunto como pareja.

Esto me parece de las cuestiones más difíciles de ser

pareja en una familia enlazada, pues el factor de la expareja no es inocuo para la nueva relación.

Es todo un reto que la pareja actual debe asumir para aceptar su contexto tal y como es, pues habrá quienes se digan que no les va a afectar lo que haga o diga la otra persona, y traten de vivir dando la espalda a esta realidad.

Esto solo servirá para acumular basura debajo de la alfombra, creando un suelo irregular sobre el que se sustente la nueva relación.

Es importante reconocer la realidad completa para poder elegir de manera libre y consciente cómo se querrá abordar dicho contexto en pareja.

Existen dos extremos a este respecto: quienes viven esta realidad desde la competencia desprestigiando, aunque sea en la intimidad, a quien fue pareja; y quienes tratan de forzar de una manera implícita o explícita una relación cómplice entre todas las partes, buscando crear una tribu en torno a los niños y niñas con la mejor de las intenciones.

En cualquier caso, hay falta de aceptación a lo que es y respeto por el proceso individual de la madre o el padre de las criaturas.

Como seres humanos, necesitamos aprender a vivir con nuestro ego para ser capaces de identificarlo y así recuperar pensamientos, reflexiones y decisiones desde la conexión con lo que somos, en vez de hacerlo bajo el paraguas de nuestros miedos y creencias.

Esto pasa por aceptar la realidad que es en lugar de pretender que las cosas sean como creemos que podrían o deberían ser.

Aceptar que cada persona libra su propia batalla interna y que cada cual carga con su propia mochila servirá para dejar de luchar contra lo que es.

No hay que hacerlo desde la resignación, sino desde la entrega con confianza en la vida y en los procesos.

Es importante aceptar que los conflictos que tu pareja pueda tener con su ex forman parte de su proceso y no del vuestro, que no puedes salvarle y que es un camino que debe recorrer por sí mismo.

La otra persona, tu pareja y tú vivís muchas situaciones compartidas que suponen aprendizajes distintos para cada cual. La responsabilidad individual consiste en preguntarse qué se puede aprender de ello y hacerse cargo de lo que corresponda sin mirar y controlar si los demás hacen lo mismo que tú.

Patricia no entendía cómo, pese a ser el padre de su hija quien decidió terminar con su relación, dos años después aún se mostraba rígido y absolutamente inflexible ante las propuestas que ella hacía de compartir espacios los tres juntos en ocasiones especiales para la niña, como la fiesta de fin de curso o su cumpleaños, por ejemplo.

Después del primer año separados, ella no solo había superado el duelo, sino que además se sentía agradecida por la decisión que había tomado él, pues se había dado cuenta de que fue la mejor opción y que él fue capaz de hacer algo que ella nunca habría hecho por sí misma.

Por eso, tras aquellos primeros meses, casi año, de mucha tensión entre ellos y de evitarse, ella se acercó a él para agradecerle lo que hizo y reconocerle su valentía.

Patricia esperaba que después de aquello su relación pudiera ser cercana. Sin embargo, se encontró con que él se mantenía igual de tenso y distante con ella.

A cualquier propuesta de cambio o de acercamiento que ella le hacía, su respuesta siempre era fría y negativa.

Aquello era un motivo de profunda frustración, sobre todo porque trataba de entenderlo y no lo lograba.

En nuestras sesiones, después de reconocer y darle salida a la frustración, ira y tristeza que esto le producía, la invité a recorrer el camino de la aceptación y lo hizo. Pero, al hacerlo desde el ego, no desde el ser, no funcionó.

Seguimos trabajando otros aspectos y a los dos meses me dijo:

«Rocío, solté el control de que Víctor hiciera las cosas como yo creo que es mejor para nuestra hija y acepté que él no quisiera un acercamiento, y lo hice para ver si así él cambiaba de actitud y se daba cuenta de que lo mejor es que tengamos una relación más cercana, pero no ha funcionado, sigue tan rígido en su postura como siempre, y se muestra totalmente inflexible».

Por supuesto que no había funcionado, pues Patricia no había aceptado la relación con el padre de su hija, ni tampoco había soltado el control.

Es lo que se había dicho a sí misma, pero el único cambio real era que ya no trataba de convencerlo de que la mejor opción era la que ella le proponía, pero en ningún caso se había producido ese cambio interno en Patricia que se da como consecuencia de aceptar y soltar.

La aceptación y la capacidad de soltar el control de forma íntegra solo puede darse cuando nos desapegamos del resultado, tal y como promulga la filosofía taoísta. Según esta, debemos hacer todo lo que nos corresponda y desapegarnos del resultado.

A Patricia no le dio ningún resultado porque seguía bajo el mandato del control, no había soltado ni aceptado la actitud de Víctor.

Lo más que hizo fue desistir de convencerlo, para que fuera él quien se diera cuenta y cambiara.

Cuando hacemos un cambio profundo interno, cuando integramos un aprendizaje, el cambio fuera se da de una manera inevitable y desconocida. No podemos saber cuándo ni de qué manera se producirá.

En realidad, lo único que estaba en la mano de Patricia era cómo elegía afrontar la situación y su relación con Víctor.

Podía o bien lamentarse porque la relación no iba como ella deseaba y le parecía que era mejor, luchando por conseguir un cambio algún día, o bien abrirse al aprendizaje que esto suponía.

En sesiones posteriores reconoció que la rigidez que él mostraba y su negativa continua a hacer cambios en los horarios y tiempos de cuidados de la pequeña le impedían conciliar como ella quería. Así pues, se había visto «obligada» a cambiar de trabajo. El nuevo era mucho mejor porque había ganado mucho en calidad de vida y en otros muchos aspectos, como tener un horario fijo en lugar de turnos.

No, ella no estaba obligada a cambiar de trabajo, ella lo eligió al aceptar que Víctor no le iba a cambiar ningún día ni a hacer modificación alguna de horario aunque ella trabajara por turnos.

En lugar de sentirse víctima de la situación buscó una alternativa, que además le ofrecía mejores oportunidades y mayor calidad de vida que la que habría logrado de haber convencido a Víctor.

Y es que la vida es así. Cuando aceptamos de forma íntegra, cuando realizamos el aprendizaje desde lo más profundo de nuestro ser, se produce la magia, se producen nuevas oportunidades, y mejores, que las que cabría imaginar.

Solo le quedaba aceptar el carácter de él y soltar la pretensión de tener otra relación, y para hacerlo era imprescindible que se desapegara del resultado.

Volviendo al tema que nos ocupa, con relación a la pareja y lo que vivís en situaciones de conflicto, lo ideal es que como pareja podáis hablarlo, compartirlo, apoyaros, escucharos. Pero no lo hagáis desde el enseñar al otro. Despojaos de otra pretensión que compartir en pareja desde la vulnerabilidad de cada cual. De ese modo, cuando estéis preparados, no en el fragor de una discusión o conflicto entre vosotros o con quien fue pareja, propondréis caminos para continuar con la mayor salud mental posible.

Es fácil que quien es pareja vea desde fuera lo que la otra persona debería hacer en la relación con su ex, pero quien debe valorar esto es la persona protagonista.

En momentos de complicidad le puedes preguntar si quiere tu opinión, si le puedes decir lo que ves desde fuera, pero respetando que sea capaz de verlo o no.

Llegar a este punto es un grandísimo desafío como pareja, pero esencial para que lo que sucede con la expareja no sea causa de conflicto recurrente.

Para hacer el abordaje que propongo, los espacios individuales son esenciales, dadas las dimensiones de la impotencia derivada de no hacer aparentemente nada ante situaciones de conflicto de la pareja con su ex.

Sin embargo, respetar su proceso y sostener emocionalmente ya es bastante. Para asumir este rol de cuidador, confiando en la pareja y respetando sus decisiones y aprendizajes, es muy importante contar con un espacio terapéutico o una red de amistades que sepan apoyar.

Muchas personas, sobre todo mujeres, tendemos a querer rescatar a otras personas, de manera especial a aquellas a quienes más amamos, de situaciones desagradables. Pero ese rescate puede costar un precio alto, en este caso a la pareja, al deteriorarla o provocar una crisis cuando lo que se pretendía era algo totalmente distinto y desde la mejor de las intenciones.

Una vez más, la importancia de la comunicación en la relación de pareja sale a relucir. Cuando hay una relación conflictiva con la expareja, el papel de ambos miembros es difícil, pues afecta a ambos y a la relación en sí.

Escuchar al otro y hablar desde la vulnerabilidad expresando los miedos y necesidades propios y creando soluciones conjuntas es una manera de utilizar cada situación desagradable como una oportunidad para que la pareja conecte más y fortalecer así la relación.

La clave no es lo que vivimos, sino cómo elegimos afrontar lo que vivimos: ¿desde la lucha o desde la aceptación?

- ¿Cómo van a encajar mis hijos con los suyos y cómo vamos a encajar los adultos con ellos?

No lo sabes ni podrás saberlo. Tendrás que descubrirlo por ti misma.

Lo único que se puede hacer en estos casos es favorecer un ambiente en el que la conexión entre los distintos miembros sea posible, pero no existen pautas que garanticen convertir en realidad el deseo de que encajen y se lleven bien.

En la etapa en la que facilitaba grupos de familia y de crianza constaté la presión de las madres por que sus hijos se llevaran bien entre ellos y tuvieran buena relación como hermanos.

Pero esto no se puede garantizar como si se aplicara una fórmula magistral. Se pueden cuidar algunos aspectos para favorecer una buena relación, pero el que se dé o deje de darse no depende solo de la intervención adulta.

Por ello es importante que tengas claro qué se puede hacer. Ocúpate solo de ello y suelta todo lo demás, como la expectativa de que lo que haces genere unos frutos determinados.

Hay relaciones fraternales en las que hay mucha complicidad en la infancia pero poca en la adultez, y viceversa.

La clave estriba en aceptar que se está ante un proceso muy largo que dura años, en entender que el tipo de relación que tenga no depende exclusivamente del abordaje adulto y que los hijos pueden encajar o no.

La relación de pareja puede subsistir aunque estos no se conviertan en mejores amigos o en casi hermanos. Esta idea es un factor adicional de estrés para la relación, capaz de generar una presión que desfavorezca un vínculo estrecho.

Lo que puede ayudar a que encajen está más relacionado con el respeto al ritmo de cada uno en la vinculación con los demás, en la identificación y atención de las necesidades y miedos de cada uno, en guardar los tiempos de exclusividad de cada progenitor con sus hijos, y en favorecer los espacios de conexión desde la alegría y el disfrute.

Hay que hacerlo con una mirada curiosa y exploradora, sin la expectativa de que esto genere unos resultados determinados.

Y a partir de ahí toca soltar y confiar.

El conflicto entre madres separadas y madrastras

Reconozco que me fascinan los ejemplos que algunas *celebrities* y deportistas olímpicas dan en los últimos meses al tener una actitud no solo de respeto, sino de admiración las unas con las otras, pues es solo un exponente de cómo ha cambiado la sociedad de unos años para acá.

Las mujeres albergamos un gran poder en nuestro interior gracias a esa energía femenina más desarrollada que favorece la conexión con la intuición, con eso que va más allá, con lo invisible.

Un poder que no solo se ha tratado de ocultar, sino que se ha desprestigiado como si de banalidades, invenciones o cuestiones de brujería se tratara. Lo masculino se ha alzado por encima de todas las cosas como la única forma loable de ser y estar, de existir en definitiva.

Todos los seres humanos gozamos de energía masculina y de energía femenina. Ambas son necesarias y complementarias, pero el patriarcado se ha encargado de enaltecer rasgos como la competitividad y la productividad, que provienen de la energía masculina.

Y para ello ha denostado rasgos como la conexión emocional o la intuición, que emanan de la energía femenina. También ha promovido la rivalidad entre nosotras y nos ha hecho creer que las mujeres somos nuestras peores enemigas.

Hemos caído en este discurso, convencidas de su veracidad prevaleciendo durante años la envidia sobre la admiración.

La envidia y la admiración son las dos caras de la misma moneda. La envidia surge del miedo y la admiración del amor.

En el verano de 2024, el gesto de la cantante Karol G con la excantante de La Oreja de Van Gogh Amaia Montero invitándola a subir al escenario después de dos años de silencio, y el de las deportistas y medallistas de los Juegos Olímpicos de París 2024, Rebeca Andrade, Simone Biles y Jordan Chiles, cuando en el instante antes de que Andrade (oro) subiera al podio, Biles y Chiles (plata y bronce) acordaron, por gestos y de forma espontánea, hacer una reverencia ante su compañera. Cuando Andrade se dispuso a recibir el oro, sus competidoras se volvieron hacia el centro del podio para inclinarse ante ella y así enaltecer su triunfo. Terminaron las tres cogidas de la mano, sonriendo y haciéndose selfis en las que cada una mostraba su medalla, su triunfo, al tiempo que celebraban el de las otras, sus competidoras.

Son solo dos muestras de la forma en la que las mujeres nos relacionamos desde hace años: desde el amor, el reconocimiento y admiración mutua.

Nos está costando mucho porque supone ir a contracorriente de un sistema que es un gigante. Las cosas están cambiando gracias al cambio de mirada de las personas, no del sistema.

No se trata de mirar hacia fuera para pedir o exigir según qué cambios, sino de asumir la responsabilidad interna del cambio que queremos ver fuera, pues el cambio externo solo será posible si se hace primero el interno.

Por supuesto, la educación de nuestros hijos e hijas es importante, pero más importante es asegurar la coherencia entre lo que les enseñamos y lo que hacemos, pues aprenden mucho más por lo que nos ven hacer a sus figuras de referencia que por lo que les decimos que hagan.

Por eso es importante hacer, desde la compasión, una autoevaluación de cómo vivimos y afrontamos eso que queremos enseñarles en la parcela individual. De este modo podemos valorar si somos coherentes o no.

Esta rivalidad entre mujeres se evidencia ante la llegada de la figura de la madrastra, pues los miedos y la inseguridad propias afloran con fuerza. Es más fácil mirar hacia fuera con actitud acusatoria que hacernos cargo para mirar hacia dentro y responsabilizarnos de lo que la situación genera en nuestro interior.

La madrastra o el padre podrían actuar de forma inadecuada para las criaturas. En el caso de detectar una negligencia, habrá que tomar las medidas oportunas para salvaguardar el bienestar de los menores.

En los casos en los que no la hay pero las criaturas no se encuentran del todo a gusto, será importante escucharlos, validarlos y ayudarlos de la mejor manera posible.

Ahora bien, estos casos no son la mayoría. Hay malas personas, pero en términos generales la mayoría somos buenas personas que, como aprendices de la vida que somos, cometemos errores desde nuestras torpezas, no desde la maldad.

Y desde esta visión solo me queda invitarte a la reflexión y a cuestionar las creencias acerca de las mujeres en general, de las madres y de las madrastras en particular, y las exigencias a las que están sometidas.

Desde ahí, podemos transformar esta mirada miedosa por una mucho más amable y amorosa.

Esto no significa en ningún caso que haya que tener una relación cómplice y de amistad entre madre separada y madrastra, sino basada en una actitud interna que reporte paz y favorezca a las criaturas, sea cual sea el tipo de relación que se pueda establecer entre estas.

Recuerdo que hace un tiempo una mujer madre nos dijo en Instagram:

«¿Cómo gestionar no morir cuando tu hijo le dice "te quiero" a la novia de tu ex y ella le contesta: "yo también"?».

Y otras contestaron:

«¡Jo! ¿Cómo puede ponerle triste eso? ¡Es una suerte! Ojalá mi ex conozca a alguien que trate a mis peques tan bien que eso los haga sentir que la quieren».

«Pienso que igual que la anterior: sería maravilloso que mi hijo se sintiera querido por la pareja de su padre. Mi hijo me cuenta lo que juega con sus hijos y lo que se divierte, siento paz a pesar de que la relación con mi ex no sea cordial».

«A mí me tranquiliza mucho que quieran a la pareja de su padre, pero al principio también sentía inseguridad cuando los veía entusiasmados con ella. Ahora me da tranquilidad porque el hecho de que la quieran es señal de que los trata y cuida y quiere bien».

Aún recuerdo con ternura la primera vez que el padre de mis hijos me contó que tenía pareja, bueno, en realidad siempre me he enterado primero por las cosas que me contaban mis hijos. A raíz de eso yo deducía que no era una amiga más, pero dentro de una conversación y por un asunto concreto él hizo alusión a ella.

En aquel momento, por pura inercia me dio un pellizco dentro, recuerdo con total claridad que se me activaba la alerta, como si se tratara de algo malo, como si yo y mi lugar como madre estuviéramos en peligro.

Gracias a mi profundo autoconocimiento y a mi intento de vivir en conexión conmigo misma, pude identificarlo al momento y preguntarme por el peligro real.

Al conectar conmigo fui consciente de que no existía ningún peligro para nadie, de que ni ella ni la situación suponían una amenaza ni para mí ni para mis hijos.

Me hizo gracia verme en esa situación de miedo, aunque durara solo unos segundos, y reflexioné acerca del poder de las creencias, de la fuerza que tiene la inercia y de la importancia de vivir en conexión para no contarnos películas que nacen de la falta de autoestima y de amor propio.

No habría reaccionado así unos años antes, pude hacerlo porque ocupaba ya un lugar en mi vida de plenitud conmigo misma y me sentía completa.

Aún no he conocido a ninguna de las parejas del padre de mis hijos, pero desde la distancia he sentido cómo muchas de ellas les han hecho aportaciones positivas.

Las madres solemos hacer frente a dos grandes dificultades a la hora de aceptar a las madrastras: la sensación de pérdida de control sobre la vida de nuestros hijos y el miedo a que nos quieran menos, a que ellas les gusten más de lo que podamos gustarles a nuestras propias criaturas.

Reconocer este o cualquiera que sea el miedo que se despierta en estas situaciones es fundamental para no sufrir con algo sobre lo que no se tiene poder de control alguno para poder modificar.

Cuando una madre no se hace cargo de sus miedos o de sus inseguridades para fortalecer su autoestima, puede vivir la situación con muchísimo sufrimiento. Sin pretenderlo, somete a sus hijos a un conflicto de lealtades por las actitudes que se derivan de su falta de autorresponsabilidad emocional.

Y esto no es ajeno a la relación de pareja actual ni a los hijos, que pueden vivir las consecuencias. Por eso la pareja deberá poner los límites que sean necesarios y entender y atender a los menores para convertirse en el refugio donde pueden ser ellos mismos sin miedo a fallar a papá o a mamá.

La polaridad bajo la que vivimos hace que si hay una madre y una madrastra, solo una de ellas pueda ser la buena, lo que por exclusión convierte a la otra en la mala. Así, sin ser conscientes de ello, comienzan una batalla y una competición interna por ganarse el puesto de la buena.

Esto puede suceder tanto en una mujer como en la otra, o peor, en ambas, y no tiene que ver con lo que se vive en realidad, sino con cómo se afronta la situación. Es algo personal que bebe de las creencias y de las heridas propias.

Cuando hay mucha conflictividad entre los progenitores, la madrastra puede generar rechazo hacia la madre de sus hijastros, y cuando la madre es «guay», es casi peor para la madrastra, porque le genera aún más inseguridad, pues si la madre lo hace tan bien, no hay lugar para ella. Y esto sucede porque la una se define en función de la otra.

Es superimportante encontrar la identificación y el lugar propio en el nuevo molde familiar, para no caer en la identificación según la otra u otras personas.

Este es otro de los grandes desafíos de ser familia enlazada: encontrar el lugar propio sin ser la madre o padre de las criaturas y sin tener una vinculación familiar sanguínea.

Nuestra estructura cerrada como estándar de familia no nos permite sentirnos relajadas, no concebimos estar tranquilas y seguras de que, pase lo que pase, el lugar como madre y el lugar como madrastra están a salvo.

Son lugares distintos, ni mejores ni peores. No se trata de que existan o la una o la otra, sino la una y la otra. Esta visión tiene que sumar, no restar.

El lugar como madre y padre es sagrado, es un vínculo sin igual en la vida, es un espacio irreemplazable. Incluso aunque la madre fallezca, ese espacio vacío no se llena nunca, porque sigue ocupándolo quien ya no está.

Incluso en situaciones de abandono sucede algo similar.

Las madrastras y padrastros ocupamos un lugar privilegiado en la vida de las criaturas porque podemos estar muy cerca, pero jamás podremos ocupar el lugar que en sus corazones ocupan su madre y su padre, por bien que lo hagamos y muy molones que podamos ser a ojos de los niños y las niñas.

Lucas era el mayor de dos, tenía cuatro años cuando sus padres se separaron y su hermana Rosa tenía dos. Se habían criado con su madre porque el padre trabajaba muchas horas fuera de casa y cuando estaba consideraba que debía descansar, así que los fines de semana casi todos los planes fuera de casa los hacía Valentina con sus criaturas y amistades o familiares.

De hecho, en las fotos de los álbumes familiares de aquella época apenas aparecía el padre, pues casi nunca estaba presente.

Cuando Lucas tenía seis años, su madre, su pareja, Ramón, y el hijo de este iniciaron una nueva etapa con la convivencia.

Valentina nos pidió ayuda cuando sus hijos eran adolescentes, pues el mayor se mostraba muy enfadado desde hacía un tiempo y su comportamiento llegaba a asustar a la madre, pues temía que en algún momento la ira de su hijo fuera a más.

Lo que le pasaba a Lucas era que, pese a haber convivido más de la mitad de su vida con su madre y con un padrastro a quien quería mucho y con quien compartía numerosas confidencias, echaba de menos a su padre, a quien había idealizado durante toda su niñez para no asumir algo tan doloroso como su ausencia.

Lucas había admirado siempre mucho a su padre, su madre sentía que, hiciera lo que ella hiciera, a su primogénito no le iba a parecer igual que si lo hacía su padre.

Pero su padre, que estaba físicamente con sus hijos cuando el régimen de custodia se lo indicaba, no había conectado en realidad con ellos de una forma profunda.

El padre de Lucas era un Peter Pan, parecía más un eterno adolescente, y de alguna manera, su forma de estar en el mundo y relacionarse con sus hijos dejaba un vacío que a Lucas le dolía.

A ojos de un extraterrestre, ese vacío no tendría sentido, pues Lucas convivió con su padre los primeros cuatro años y este siempre se había hecho cargo durante los fines de semana y las tardes que le correspondían desde entonces.

Sin embargo, la forma que madres y padres tenemos de vincularnos con nuestros hijos es determinante. El padre de Lucas lo hizo lo mejor que sabía y podía, pero dejó un vacío en el interior de su hijo que afloró en la adolescencia.

Y que, por muy buen hombre que fuera su padrastro, con quien convivía mucho y quien le prodigaba cuidados, eso no era suficiente para cubrir ese vacío, ya que se trata de una parcela que solo una madre y un padre, cada cual en su lugar, pueden ocupar.

En la vida de Lucas había un sitio para mamá, otro para papá y otro para su padrastro, y aunque el de su padrastro lo llenaba, no podía llenar el espacio que papá no estaba ocupando.

En la sistémica familiar se entiende que las personas que fallecen siguen formando parte del mismo sistema, pues aunque no estén de cuerpo presente, siguen ocupando un lugar en los corazones de las personas a través, entre otras cuestiones, de la huella que han dejado.

Que un padre o una madre esté más o menos presente, se haga más o menos cargo, guarda una relación directa con el vínculo en sus hijos, y sus carencias jamás podrá reemplazarlas otra persona de la manera que hubieran necesitado los pequeños que hiciera.

Ayuda, en estos casos, contar con una madrastra o un padrastro capaces de aportar lo que papá o mamá no lograron, pero eso no eximirá del dolor que genera sentir el vacío que la otra persona, de forma más o menos consciente, dejó.

Lucas necesitó sacar el enfado, fruto del dolor que sentía, al toparse con la realidad del padre que tenía frente al que había idealizado.

En el momento en el que integremos que cada persona ocupa un lugar distinto, los miedos se reducirán y podremos ver oportunidades donde desde las inseguridades solo reconocemos problemas.

A veces me sigo incomodando cuando voy con mis hijos y las criaturas de Miguel Ángel y aluden a mí como si fuera su madre. No, no lo soy, y sé que a ellos tampoco les gusta que esto suceda porque madre solo hay una.

Sé que me quieren muchísimo, incluso que a veces me echan de menos cuando pasamos temporadas sin vernos, como por ejemplo en verano, sé que me tienen presente, pero no soy ni seré jamás su madre.

Llevamos tantos años como familia enlazada que ante estas situaciones muchas veces nos miramos, reímos y contestamos según nos parece. Ya lo hemos convertido en algo divertido cuando sucede, cuando antes nos incomodaba muchísimo. Y eso es así porque siempre ha habido mucho respeto, hemos sido claros respecto a qué lugar ocupa cada cual en sus vidas y muchísimas conversaciones abiertas en el seno de nuestra familia.

Hablar esto con los niños y las niñas es superimportante. Nombrar lo que vivimos y compartir nuestros sentimientos evitará conflictos y muchos malestares.

Para que todo esto tenga orden, es de suma importancia el papel del hombre, quien muchas veces da un paso atrás como si se tratara de un tema de mujeres o entre mujeres. Esta visión es muy machista, y su pasividad puede perjudicar a la familia y de manera muy especial a la relación de pareja.

Reconocer que en todos estos roles existe el dolor y la incertidumbre, pues no hay modelo de referencia, ayudará a desarrollar una mirada compasiva, necesaria para encontrar la manera propia de encajar el nuevo molde familiar contemplando todas las piezas de este.

Ocupamos lugares nuevos acerca de los que no existen referentes reales, por lo que es crucial entender que lo novedoso y no deseado por ninguna de las personas implicadas; es decir, ni la madrastra ni el padrastro soñaron con ocupar este rol, ni tampoco la madre o el padre con llegar a separarse.

Reconocer la complejidad que supone para todas las partes implicadas, eliminar los juicios y poner la mirada hacia dentro es construir un camino que puede dar muchos más frutos que ningún otro.

Pues al fin y al cabo los miedos son el punto de encuentro entre la madre separada y la madrastra. Es la misma moneda vista desde las caras opuestas.

Si cada una pudiera entender que la otra está librando su propia batalla y dejar de mirar a la otra como el foco de peligro y el punto de referencia, es decir, de comparación para ejercer su rol, vivirían mucho más en paz.

Y con que al menos una de ellas lo pueda vivir así, estará sembrando armonía.

La compasión no significa poner la otra mejilla, significa no tomarse como un ataque personal lo que hace el otro, sino saber que esto nos habla del nivel de sufrimiento interno.

Y comprenderlo no debe suponer permitir una invasión en la relación de pareja ni en el núcleo de la familia enlazada, sino crear una distancia emocional que permita no engancharse a una batalla que no es interpersonal, sino intrapersonal.

Esa persona lucha con los miedos, inseguridades y heridas. Por eso la mejor medicina es la compasión, pues de lo contrario se entrará en una batalla que puede ser infinita.

Es inevitable que dicha guerra afecte a las criaturas. Si al menos una de las partes se coloca en un rol de madurez emocional, eso sumará mucho, pues demasiado difícil es el proceso como para vivirlo desde la competencia.

Las personas somos libres de poner en nuestra mente lo que deseamos, por lo que podemos construir en nuestro interior cualquier mundo. Esto va a suponer un gran cambio.

En tu caso, puedes elegir pensar que la otra persona hará según qué cosas solo para fastidiarte, con lo que entrarás en una lucha tremendamente agotadora, o asumir que libra su propia batalla interna y que el nivel de expresiones externas es una muestra del sufrimiento interno que alberga.

Desde la distancia y sin pretender el reconocimiento externo, se puede generar un punto de encuentro gracias a la compasión. Al ser un proceso difícil para ambas, lo que vive una en su fuero interno lo puede extrapolar a lo que está viviendo la otra, pues como decía, son los mismos miedos afrontados desde lugares opuestos, como las dos caras de la misma moneda.

Para ello es imprescindible trascender la victimización, ya que desde el rol de víctima no se puede alcanzar la compasión.

12

DUDAS FRECUENTES

¿Cómo podemos organizarnos si nuestros calendarios con hijos y sin ellos no coinciden?

El hecho de que los calendarios no coincidan durante un tiempo puede ser beneficioso. El motivo es que puede formar parte de una manera progresiva de establecer lazos, primero con la pareja y después con los hijos de esta.

Aun así, será importante que la pareja encuentre ratitos, aunque sean al final del día, para encontrarse a solas y poder nutrirse, pues es el sustento de este molde familiar.

En estos casos, cuando se quiere hacer coincidir los calendarios, es importante revisar los convenios reguladores para ver si existe alguna posibilidad creativa de lograrlo.

Muchas veces sucede que uno de los progenitores decide el orden de los fines de semana o vacaciones los años pares, y el otro decide en los impares. Al ser una pareja en la que ambos tienen hijos, se puede contar con esta realidad para que uno de los dos elija en función de la situación de quien no puede elegir.

Otras veces esto no es posible, aunque se puede hablar directamente con una de las exparejas y proponerle el cambio para sincronizar calendarios.

Y cuando ninguna de las dos opciones sea viable, solo

se me ocurren dos posibilidades: encontrar una solución creativa dadas las circunstancias o aceptar la falta de coincidencia del momento, asumiendo que ahora es así y que más adelante tal vez lo podáis cambiar.

La angustia deriva de vivir el presente a disgusto porque no cumple las expectativas y lo sentimos como algo estático y perenne.

Las circunstancias cambian. Tal vez más adelante a una de las exparejas también le interese el cambio.

No os obstinéis y descubrid la oportunidad que os ofrece esta situación actual, sobre todo haciendo uso de la creatividad en lo cotidiano para crearos momentos de pareja.

A veces puede ser un café durante alguna extraescolar; otras, acostar a los niños antes para tener vuestra cita semanal... No os ofusquéis por lo que no puede ser y poned el foco en lo que sí puede ser creando vuestros propios momentos en función de vuestras circunstancias.

Tal vez os queden muchísimos años por delante como familia enlazada. Sentad ahora unas buenas bases en lo que es y tenéis actualmente y dejad que lo demás suceda en función de la necesidad desde lo que es y no desde lo que os gustaría que fuera.

Con ellos siempre hacen planes mejores

Entrar en el callejón de la comparación es entrar en una cadena de sufrimiento infinita.

Lo que los niños y las niñas se llevarán a la tumba es cómo los hacías sentir. Eso perdurará en sus corazones para siempre.

Por ello es mucho mejor que te centres en lo que deseas hacerles sentir. Todo lo demás es accesorio y parte de los juicios y del miedo a no ser suficiente que puedes atender.

¿Ellos son mis suegros y los abuelos de los niños?

La pregunta más bien sería: ¿cómo los sientes?

Para nosotros fue una sorpresa la rapidez con la que tanto los hijos de Miguel Ángel como los míos comenzaron a llamar abuelos, primos y tíos a los familiares del otro miembro de la familia enlazada.

Evidentemente no sienten igual a unos abuelos que a otros, el vínculo y la relación que establecen es personal y lo determinan las experiencias compartidas.

No te respondas a la pregunta en función de lo correcto, sino de lo que sientes.

¿Meto a mi pareja en el grupo de WhatsApp del cole?

Si os suma como familia, ¿por qué no? Pero si puede ser una fuente de conflicto, ¿para qué?

Es habitual que la expareja sienta que la nueva pareja invade espacio propio al acudir a una fiesta del cole de los pequeños, a una tutoría o al estar dentro de este tipo de grupos.

Normalmente esta decisión inclusiva no se toma por intromisión, sino que está guiada por la buena voluntad, sin embargo, como familia enlazada debemos tener en cuenta no solo su núcleo, sino la lazada o lazadas que componen el sistema familiar, para así poder valorar la repercusión de la decisión y las consecuencias que se pueden derivar.

A veces el deseo de formar parte de estos espacios tiene más que ver con la necesidad de pertenecer al clan, que tiene mucho sentido, pero para que guarde orden en el sistema familiar debe entenderse que la pareja ocupa un lugar nuevo. Pretender pertenecer desde la comparación con los espacios que ya ocupan la madre o el padre es caer en una sensación de insuficiencia permanente. Como madre de dos que soy, en ningún momento he sentido el deseo o la necesidad de estar en más grupos de WhatsApp o acudir a más tutorías, pero sí he asistido a celebraciones escolares donde los hijos de mi pareja han sido protagonistas, como graduaciones o finales de curso.

Diferenciar entre las cuestiones educativas, que responden al rol de la madre y el padre, de las cuestiones más vinculares como la participación de los hijastros en celebraciones escolares puede ayudar a tomar una decisión u otra.

Una expareja insegura se puede soliviantar ante la presencia de la nueva pareja en cualquiera de estos escenarios. Sin embargo, conviene saber en cuáles se puede tener más consideración ante su negativa y en cuáles menos, como por ejemplo en la fiesta del cole.

La clave está en preguntarse para qué y valorar si la decisión tomada suma más a los pequeños o les resta, teniendo en cuenta las circunstancias.

Mi ex no toma decisiones sobre nuestras hijas consensuándolas conmigo. Antes tiene que hablar con su pareja y ¡no lo acepto! ¿Qué hago? Y encima me lo restriega en la cara. Llevamos cuatro años así.

Puedes hacer lo que quieras. La cuestión es qué te resulta más sano.

Tienes dos opciones: seguir peleándote con la situación o aceptarla.

Pelearte con la situación implica mantener viva una fuente de sufrimiento, y más cuando él te lo restriega. Pero eso no habla de ti, ni de lo buena o mala madre que eres. Por el contrario, habla de él.

Si no puedes hacer nada por cambiar la situación, ¿para qué alimentar así esa fuente de sufrimiento? La aceptación te daría paz, pero te desvincularía de él.

Esta cuestión puede tener mucho calado, pues a veces preferimos el conflicto con la persona que su ausencia por miedo a que ya no nos una nada.

Esto sucede de forma muy inconsciente. Puedes revisar para qué no aceptas una situación sobre la que no tienes poder de modificar. No por qué no la aceptas, sino para qué.

¿Cuándo podemos comenzar a darnos muestras de afecto delante de los niños?

Me sorprende que esta sea una de las preguntas más repetidas cada vez que abrimos ronda de *stories* en Instagram.

Y es que tenemos tan normalizadas las faltas de respeto y cualquier tipo de actitud agresiva, invasiva o incluso violenta, que nos cuestionamos acerca del daño que puede suponer el buen trato. Cuando tendría que ser al revés.

Mostrar el amor hacia la pareja con besos, abrazos o cualquier otro gesto cariñoso no perjudicará en ningún caso a niños y niñas. Necesitan tener claro todo lo que te he contado. Y teniendo claro todo esto, mostraos con naturalidad y sed el modelo de pareja que deseáis que tengan.

III

HISTORIAS REALES

SEIS HISTORIAS REALES DE FAMILIAS ENLAZADAS

Sentía que este libro se quedaba incompleto si no recogía la realidad concreta de algunas familias, pues, pese a que somos el molde familiar más en auge en nuestra sociedad actual, es sobre el que menos literatura existe y menos referentes hay.

Por ello, con ánimo de que puedas adentrarte en el corazón de algunas familias, les pedí a algunas que me regalaran parte de su tiempo y de su historia para ayudarte a ampliar la mirada acerca de esta realidad tan compartida y silenciada al mismo tiempo.

Como verás, son las mismas preguntas para todas. De ese modo podrás reconocer las diferentes formas de afrontarlo.

En algunas familias responde una de las partes de la pareja y en otras lo hacen las dos. Eso te ofrecerá la visión de ambos miembros, pues, aunque sean pareja y esta sea una experiencia compartida, la vivencia puede ser distinta.

Familia 1

Familia de cinco. La pareja son Álvaro y Sara, Álex es el hijo de él y Marc y Ana los hijos de Sara. Marc es el mayor, y Álex y Ana tienen la misma edad, entre quince y diez años.

Son familia enlazada desde hace dos años y comenzaron a convivir cuando Álvaro y Sara llevaban siete meses de relación.

Tanto Álvaro como Sara han querido contarte su experiencia como familia enlazada. Esto es lo que cuenta cada uno:

¿Cuál era tu expectativa cuando iniciaste esta andadura y cuál ha sido la realidad con la que te chocaste?

SARA: Pues mi expectativa estuvo teñida de un sabor agridulce por el miedo de todo lo vivido con anterioridad (sentimiento de fracaso, dificultad para mantener mis espacios individuales que tanto me había costado conseguir...) y por la sorpresa de experimentar el amor desde un lugar muy diferente (era la primera vez que me rendía a mi corazón). Sabía que no sería fácil construir un hogar con tantas piedras en la mochila, así que mis expectativas eran conseguir el reto de enlazar, saliendo lo más «ilesos» posible. Y no sería justa si no contara que había algo de *spoiler* en mi expectativa, porque haría trampa.

Resulta que yo conocía a mi pareja desde la infancia porque íbamos al colegio juntos, aunque no fuimos nunca amigos hasta que nos reencontramos en el cole de nuestros respectivos hijos (cuatro años antes de iniciar nuestra relación) y ellos se conocían ya, así que nuestro inicio tenía algo de camino recorrido.

ÁLVARO: Por mi parte, expectativas no tenía muchas. Me explico. Nunca había estado en una familia enlazada, así que no sabía muy bien lo que me iba a encontrar... Lo que había era mucho amor e ilusión por esta nueva etapa.

La realidad fue que cinco viviendo juntos no son dos, conlleva un esfuerzo grande y mucha energía. Más de lo que me imaginaba... Sobre todo, a nivel doméstico y a la hora de aunar planes.

Estoy segura de que has tenido una evolución en ti desde que iniciaste el proceso de familia enlazada hasta ahora. ¿Cómo lo describirías?

S: Me he hecho mayor. Recuerdo perfectamente el momento en el que me di cuenta de que a veces me había estado comportando como una niña caprichosa que «necesitaba» que le dieran lo que pedía porque, si no, se enfadaba. En ese momento... ¡casi me morí de la vergüenza!

Después, cuando poco a poco fui respirando y buscando una explicación dentro de mí acerca del origen de todo eso, entendí que me había acostumbrado desde niña a funcionar así (por la culpa que sentían mis padres mientras me criaban, o lo que sea, me «recompensaban» a menudo malcriándome) y pude ver claramente que si no dejaba esa forma de hacer o comportarme, lo pagaría caro y los de mi alrededor también.

Desde ese momento, todo cambió. Por arte de magia, experimenté una paz que antes no tenía, mi pareja comenzó a abrirse cada vez más a mí y nuestra relación pasó a otro nivel. También notamos cómo entre nuestros hijos, lo que antes eran motivos de discusión o saltaban chispas sin motivo aparente, se apaciguó.

Yo no soy la misma desde que enlazamos familia, soy mucho mejor y confío más en la vida y en el amor. Hace mas o menos dos años y medio, cuando iniciamos la relación de pareja, llevaba tres años sin pareja, porque así lo elegí, y ni por asomo me esperaba embarcarme en este viaje.

Pensaba vivir con mis hijos hasta que cumpliera veinte años la pequeña (¡faltaban doce!). Además me daba mucha pereza compartirme de nuevo desde la intimidad, no sexual sino emocional, y quedarme expuesta y vulnerable ante el otro por miedo a sufrir.

Á: Las personas estamos en constante evolución, y enlazar familias es un máster en evolucionar en muchas facetas de tu vida, en mi caso, comprensión, empatía, paciencia y sobre todo en aprender que el amor es infinito, que no se gasta ni mengua cuando lo compartes con más personas, solo crece.

¿Cuál ha sido el mayor reto al que os habéis enfrentado como pareja?

S: Uno de los retos mayores fue hacer hueco de nuevo a una pareja, cuando había hecho una coraza en mi corazón para crearme mi zona de confort para no volver a sufrir tras mi separación.

En sí creo que no era tanto el hacer hueco, como el integrar en la relación de pareja lo que tanto me había costado conseguir: priorizar mis espacios personales o de autocuidado. Había llegado el momento de poner en práctica en pareja lo que aprendí tras mi anterior relación.

Otro reto ha sido construir nuestra relación al mismo tiempo que sanar nuestras heridas. Es mi primera relación consciente y en nada se parece a las que tuve antes, así que el reto esta ahí, en construir no desde cero, sino desde menos cien. Por lo menos «cien vicios» que no sumaron en el pasado.

Por otro lado, no tener espacios apenas porque no coincidían nuestras alternancias con nuestros respectivos hijos y contábamos con un lunes y martes, cada quince días para nosotros. Superar ambos retos nos ha permitido desarrollar la creatividad a la hora de buscar soluciones o plantear escenarios donde ninguno de los dos había estado.

Por ejemplo, gracias a permitirnos sanar nuestras heridas y compartir nuestras sombras con respeto y confianza se ha afianzado nuestra relación como nunca antes habíamos experimentado con nadie. Y apenas tener espacios de pareja desde el primer día ha agudizado nuestro radar para disfrutar y valorar al máximo pequeños momentos en el día a día.

Á: Uno de los mayores retos ha sido el espacio como pareja, ya que hemos tenido durante dos años las semanas cambiadas y solo disponíamos de dos días cada quince para nosotros, así que hemos tenido que realizar un gran esfuerzo para poder encontrar tiempo de calidad y conexión entre nosotros, gracias a ese foco hemos crecido tanto como pareja y a nivel personal en estos dos años.

¿Cuáles eran esos miedos que tenías y que ahora consideras insignificantes?

S: Tenía miedo de no estar a la altura como madre, como pareja y como madrastra.

Á: Sobre todo a la conexión entre los peques, ya que nosotros sí que queríamos convivir y poder pasar más tiempo juntos, pero para los niños es algo que se encuentran sin pedirlo, ese era mi mayor miedo...

Ahora resulta insignificante, ya que tienen una capacidad de adaptarse enorme y con mucha presencia por la parte adulta han conseguido convivir desde el respeto y la armonía familiar.

¿Qué fue lo más difícil para ti en vuestro proceso de ser familia enlazada?

S: Soltar el control de cómo tenía que ser mi nuevo molde familiar y dejarme sentir sin juzgar en todas aquellas ocasiones que sobre todo tenían que ver con la crianza o las diferencias en los estilos educativos de mi pareja y mío.

Cabe mencionar que mi pareja es un gran maestro para mí en este punto, porque me ha enseñado con muchísimo amor y respeto a dejar el juicio y las críticas, a la vez que su capacidad de mostrarme caminos alternativos a los atascos que nos encontramos.

Á: Lo más difícil serían las dos maneras de educar que traíamos cada adulto a esta ecuación. No es que fueran muy dispares, pero sí había cosas que hacíamos diferente y hasta que pudimos ecualizarlo fue algo complicado.

Si tuvieras que destacar uno o dos aprendizajes después de estos años, ¿cuál sería?

S: Sobre todo cuando me di cuenta de que mi hijastro, durante un tiempo comenzó a comportarse con mucha rabia cada vez que no se hacía lo que él quería (esto durante los primeros meses no había ocurrido, o al menos no tan continuado, al contrario, al principio, se mostraba colaborador, amable...). Incluso comenzó a expresarse pegando o dando golpes a lo que tenía alrededor.

Ahí nos preguntamos qué nos querría estar expresando. Y al parar y ver su sufrimiento nos dimos cuenta de que había que indagar, tanto preguntándole a él directamente, como observando qué podía estar influyendo de su entorno, incluyendo nuestra familia enlazada, su madre, los abuelos, el cole...

Así que descubrimos que en todos los ámbitos él mostraba dolor de una forma u otra y de maneras similares. Yo por mi parte comencé a poner el foco en mí y en una sensación desagradable que me surgía y que al principio no era muy significativa pero se fue agrandando y volviendo dolorosa hasta que al final logré identificar.

Se trataba de un dolor antiguo que venía de mi historia, de una situación muy concreta de mi preadolescencia. Resulta que al empatizar con mi hijastro, se desenterró en mí el dolor de sentirme invisible cuando mis padres se separaron y me di cuenta de que «eso de portarse bien para que no me dejaran de querer, después de separarse unos padres» lo estaba percibiendo en mi hijastro y me estaba escociendo a mí también porque nunca lo había terminado de sanar.

Así que esto unido a que mi pareja se dio cuenta de que no había estado del todo atento al mantener los espacios de conexión con su hijo, que en el cole o con los abuelos también había que hacer algunos ajustes y que en casa de la madre del peque podría estar percibiendo ciertas rencillas, ya que su madre vivió con inseguridad nuestro proceso de enlazar (a pesar de llevar tres años ya separados cuando nosotros iniciamos el proceso), daba una explicación lógica al comportamiento que este precioso niño estaba mostrando.

El no quedarnos conformes con lo obvio, es decir, no creernos lo que vemos en la superficie, el no juzgar o señalar a los peques y sentir en nuestras carnes lo que sea que puedan estar sintiendo ellos, nos ayudó a desatascar.

También es verdad que fue difícil apartar pensamientos negativos del tipo «con lo que hemos pasado ya, ahora esto no lo quiero para mí y mis hijos», durante ese casi año entero que duró esta situación. Así como no tomárnoslo por lo personal y soltar la crítica.

No fue fácil en aquel momento mantener la pareja dentro de una fortaleza para seguir pilotando la nave.

Experimentar las transiciones de rendirse desde el miedo hacia el amor y del juicio a la aceptación de TODO lo que ocurría a mi alrededor fue difícil pero liberador. Ahora nuestros hijos tienen un poco más desarrollada la capacidad de autoconocerse y de reconocer a los demás más allá de su comportamiento, la forma en la que los hemos acompañado a los tres en este tipo de situaciones los ayuda a entenderse por dentro.

Á: Poner límites de manera sana y respetuosa, pedir lo que necesitas y tener muchas conversaciones incómodas.

Desde tu punto de vista, ¿cuáles son las tres cuestiones fundamentales o imprescindibles que debe tener en cuenta una pareja que se inicia teniendo uno de los dos o ambos hijos de su relación anterior?

S: Hablar en pareja y en familia mucho de lo que se quiere conseguir y si están en coherencia, aportando cada uno sus imprescindibles o lo que necesita para que exista respeto en la convivencia.

Dejar las prisas o los plazos y vivir sintiendo por dentro cuando hay que avanzar, parar o dar un paso atrás.

Claridad a la hora de explicarles cuál es el lugar de cada miembro de la familia, incluidas las exparejas...

Á: Los niños, es importante que siempre estén en el centro de las decisiones.

1. Las comunicaciones constructivas.
2. El respeto, tanto en la pareja como con los demás integrantes de la familia.

¿Qué ha sido o es lo más difícil de tu rol de madrastra o padrastro?

S: Soltar el juicio y el control en cuanto a la crianza, es decir, lo más difícil para mí fue aceptar que mi pareja tiene unas formas de criar y yo otras en algunos aspectos. Ceder en algunas cosas e incluir otras nuevas y encontrar ratos tranquilos para hablar mucho de ello sin enfadarnos.

Á: En realidad, para mí ha sido bastante fácil, ya que mi relación con ellos ha sido muy buena desde el principio. También es importante explicarles tu rol dentro de la familia, yo no soy su padre, ni tío, ni amigo... Soy el compañero de su madre y la persona que toma junto a ella las decisiones importantes dentro del núcleo familiar. Para esto también es de suma importancia que los adultos nos apoyemos y que si uno les dice algo el otro no desautorice.

¿Consideras que el proceso en sí es más fácil o más difícil si ambos aportan hijos de relaciones anteriores?

S: Creo que depende más de cómo los adultos sepamos gestionar las situaciones difíciles que el que se aporten hijos o no. Aunque si ambos aportamos hijos, puede ser que hablemos más el mismo idioma.

Á: Creo que en ambos casos tiene su miga, si ambos aportan hijos creo que la cosa está más equilibrada, ya que los dos son padres y se comparten desde ahí, si uno aporta y otro no, el que no aporta tiene que ser consciente de la paternidad del otro y entender lo que ello conlleva.

¿Qué harías distinto ahora que cuentas con la experiencia y el conocimiento con los que no contabas antes?

S: Cuidar más cada paso. Estaría más atenta a lo que expresa cada persona de la familia con su comportamiento, parando todo, el tiempo que sea necesario, y hablaría mucho de lo que nos duele a cada uno sin juzgar. Me resulta difícil parar dentro de la vorágine de quehaceres diarios.

Á: Quizá los tiempos. Creo que es importante que a los niños se les vaya integrando la idea poco a poco de todo lo que va a cambiar, lo que va a suceder. Esto puede facilitar las cosas en un futuro.

¿Qué le dirías a quien se encuentra en pleno proceso de ser pareja en una familia enlazada?

S: Que se relajen, que confíen en el proceso (a veces, más largo de lo que se imaginan) y que se mantengan conectadas consigo mismas a tope para escucharse por dentro y hacerse caso. Porque no es fácil a veces distinguir qué gobierna nuestras decisiones, si el miedo, el amor, la necesidad de cumplir con una idea o creencia...

Que se cuiden mucho más que nunca a nivel individual, para dar lo mejor de sí mismas, porque surgen muchas situaciones agotadoras y se necesita estar descansada para notar qué se siente y si los pasos que se van dando se dirigen hacia lo que se desea o quiere construir.

Á: ¡¡¡CORREEEEEE Y NO MIRES ATRÁS!!! Ja, ja, ja, es broma. Entiendo que cuando uno enlaza familia el motivo principal es el AMOR, y es un pilar importantísimo para que algo funcione, pero además hay que tener muchas cosas en cuenta, empezando por los peques, darles su lugar dentro de esta nueva familia, hablar mucho con ellos de sus sentimientos y emociones, también es importante la manera de comunicarnos entre todos, siempre con el respeto más grande que podamos dar.

Y luego en la pareja es muy importante y diría imprescindible la comunicación, el no juicio, el poder encontrar puntos de vista en común, el pedir lo que necesitas, el poner límites de manera sana... Como decía antes, el Amor es el motivo por el que todo se inicia y no hay que descuidarlo. Así que es muy importante que se disfrute como pareja, como padres y como familia enlazada.

Familia 2

Familia de cuatro. La pareja son Elisa y Mateo y cada uno aporta un hijo de su relación anterior: Sara y Mateo, de dieciocho y quince años.

Llevan once años como familia enlazada y comenzaron a convivir poco después del primer año de su relación.

Ambos han querido compartirte su vivencia.

¿Cuál era tu expectativa cuando iniciaste esta andadura y cuál ha sido la realidad con la que te chocaste?

MATEO: Esperaba construir una familia, un hogar, y choqué con mis miedos e inseguridades pero que superé.

ELISA: Mi expectativa era la de crear una familia, un hogar donde sentirnos acogidos. Y choqué con mis miedos a la convivencia nuestra como pareja y de nuestros hijos, aunque todo fue más fluido de lo que esperábamos.

Estoy segura de que has tenido una evolución desde que iniciaste el proceso de familia enlazada hasta ahora. ¿Cómo lo describirías?

M: Como un proceso muy bonito con sus retos, pero que desde el diálogo sincero, la comunicación total y absoluta y el respeto ha sido espectacular.

E: Pasé del miedo a convivir a la sorpresa de la buena marcha como familia enlazada. Hoy en día, con sus retos, diría que nuestro hogar es un punto de amor para los cuatro.

¿Cuál ha sido el mayor reto al que os habéis enfrentado como pareja?

M: Las dificultades con nuestras exparejas por visiones diferentes a la hora de educar a nuestros hijos.

E: El mayor reto como pareja creo que ha sido mantener el equilibrio a pesar de los desafíos que han llegado con las relaciones pasadas.

¿Cuáles eran esos miedos que tenías y que ahora consideras insignificantes?

M: A que no tuviésemos una buena convivencia juntos.

E: Especialmente miedo a convivir y que no nos adaptásemos en el día a día de comidas, rutinas de sueño y otros hábitos cotidianos. Prueba más que superada, ja, ja, ja, efectivamente son insignificantes.

¿Qué fue lo más difícil para ti en vuestro proceso de ser familia enlazada?

M: Las dificultades de convivencia con nuestros hijos, que a su vez vienen de otros hogares con otros valores.

E: Incluir a nuestros hijos como hermanos, dándoles lugar a los dos y entendiendo al mismo tiempo que tienen otro papá y otra mamá.

Si tuvieras que destacar uno o dos aprendizajes después de todos estos años, ¿cuál sería?

M: Que es posible crear un hogar con amor, cariño, respeto en el que poder compartir y construir juntos.

E: Que la comunicación todo lo puede. La importancia de hablar cada detalle en familia, tanto lo que nos gusta como lo que nos ha molestado de forma pausada y después de que hayan pasado las emociones de enfado.

Otro aprendizaje es ver la riqueza de una familia que aprende cada día con el reto de hábitos diferentes, porque nuestros hijos conviven también en sus otros hogares. Y creces cuando dejas el juicio o la crítica hacia cómo se organizan en la otra casa.

Desde tu punto de vista, ¿cuáles son las tres cuestiones fundamentales o imprescindibles que debe tener en cuenta una pareja que se inicia teniendo uno de los dos o ambos hijos de su relación anterior?

M: Respeto, comunicación, transparencia y remar juntos con un proyecto común.

E: En nuestro caso, la primera cuestión que ya he mencionado es la COMUNICACIÓN. Hablar sin miedos, eso sí, desde el Respeto y la Responsabilidad para expresar tanto lo positivo como lo que nos afecta de manera negativa.

La segunda cuestión, los espacios de familia, el espacio para la pareja y también para los hijos. En nuestro caso, como cada uno aporta un hijo a la familia continuamente buscamos el equilibrio para ayudarlos y expresarles amor incondicional a los dos. Eso no significa que ambos tengan que recibir exactamente lo mismo, porque son dos seres humanos maravillosos cada uno con necesidades diferentes.

La tercera cuestión es el amor incondicional, con independencia de las actuaciones y los resultados.

¿Qué ha sido o es lo más difícil de tu rol de madrastra o padrastro?

M: La responsabilidad de hacerlo bien, dejando claro mi rol y respetando el de su padre.

E: Considero que es un rol retador. En los primeros años de convivencia de nuestra familia enlazada no sabía cómo actuar. Sin embargo, hoy día me siento bien con mi papel. Lo más complejo es callarse, comprender que la decisión final la tiene en este caso su padre, y a veces no estoy de acuerdo, y me parece que eso enriquece el hogar.

Y otro desafío es marcar límites sin invadir el espacio de sus progenitores.

¿Consideras que el proceso en sí es más fácil o más difícil si ambos aportan hijos de relaciones anteriores?

M: Da igual si aportan ambos o solo uno. Para mí, la comunicación fluida y respetuosa de la pareja es fundamental.

E: Solo puedo hablar de mi experiencia donde ambos tenemos hijos y, como he indicado, es retador. Al mismo tiempo me parece bellísimo para aprender a convivir con más paciencia, más empatía y más respeto.

¿Qué harías de una manera diferente ahora que cuentas con la experiencia y el conocimiento con los que no contabas antes?

M: Establecer límites antes y anticiparme a situaciones que sabía que podían generar conflictos.

E: Actuaría con menos miedo desde el principio. Asumiría mi papel de madrastra con menos etiquetas de «cuento». Me responsabilizaría antes de la educación de nuestros dos hijos. Creo que quise estar en un segundo plano al menos en los primeros años y la vida es una aventura en la que es interesante entrar desde el principio mojándose plenamente. Lo veo como bañarse en un lago profundo. Ahora me quitaría la ropa y me adentraría con curiosidad.

¿Qué le dirías a quien se encuentra en pleno proceso de ser pareja en una familia enlazada?

M: Que adelante, que se puede, que es un camino retador, pero apasionante y muy gratificante si está basado en el respeto mutuo, el amor, el cariño y que los niños pueden vivirlo de manera muy natural y amorosa.

E: Merece la alegría el atrevimiento a pesar de los retos del camino. ¡Adelante! Entra de cara con una mente abierta para aprender con tu hijo o tu hija y con los de tu pareja. Claro que llegarán discusiones y dificultades. Esos desafíos son enriquecedores, porque crecemos cuando nos caemos y nos volvemos a levantar. Es como un sendero donde hay piedras, eso permite que nuestros pies se adapten, se fortalezcan, mientras que en la llanura de algo cómodo como el césped casi siempre avanzamos sin más. ¡Gracias, Familia!

Familia 3

Familia de cinco. La pareja la formaban María y Noel. Ella aportaba una hija de ocho años y él dos criaturas de entre nueve y seis años.

Fueron familia enlazada durante dos años y medio, de los cuales convivieron dos.

La relación de pareja terminó y ambos se enfrentaron a una segunda separación. Es María quien te cuenta su experiencia.

¿Cuál era tu expectativa cuando iniciaste esta andadura y cuál ha sido la realidad con la que te chocaste?

Se puede decir que nunca imaginé formar parte de una familia enlazada y que llegué a ella por casualidad.

Digamos que el deseo que compartíamos mi expareja y yo era estar juntos y eso significaba, sí o sí, juntar a nuestras criaturas. Por aquel entonces, yo era una persona distinta de la que soy a fecha de hoy (entre otras cosas, gracias a la experiencia de haber formado parte de una familia enlazada), lo que me hizo funcionar de un modo poco consciente en la creación de este molde familiar.

Mi expareja y yo comenzamos a estar juntos de un modo brusco e intenso y fuimos muy deprisa en todo: comienzo de relación (yo estaba recién separada), convivencia de ambos e introducción de convivencia de nuestras criaturas. Al principio pensé que el hecho de juntar a los peques iba a facilitar que él y yo estuviéramos juntos más tiempo y mejor y luego me di cuenta de que quizá sí que pasábamos más tiempo juntos, pero todo era mucho más complejo.

Estoy segura de que has tenido una evolución desde que iniciaste el proceso de familia enlazada hasta ahora. ¿Cómo lo describirías?

Al principio estaba en una pompa. Estaba tan ilusionada con la nueva relación, con la idea de que mi hija pasara tiempo con peques de una edad similar a la de ella y la de poder convivir con unos «hijos postizos» (anteriormente había pensado en volver a ser madre), que no pensé en la de gestiones (emocionales o logísticas) por las que tendríamos que pasar. Me ayudó mucho la terapia. En ella aprendí que debía aceptar que mi familia no era una familia al uso (la expresión que más me repetía la gente cuando compartía alguna inquietud era «es complicado»); que mi pareja no era solo mi pareja, sino que también «venía» con sus dos peques y yo debía aceptar el *pack* completo; y que, aunque vivieran fuera, también formaban parte de nuestra familia los ex, es decir, la mamá de mis hijastros y el papá de mi hija.

Atravesamos por un momento dulce cuando por fin le dedicamos tiempo y energía a comprender y aprender acerca de una familia enlazada: ¿qué éramos?, ¿de dónde veníamos cada uno?, ¿qué patrones estábamos llevando a cabo? Era muy difícil. Leer acerca de otras experiencias similares y contar con el apoyo de Creada fue fundamental.

Empecé a ser consciente de mi papel: era madre, pareja, madrastra, ex (del padre de mi hija) y persona que convive temporalmente con las criaturas de otra mujer (la ex de mi pareja). En ese momento atravesamos una etapa muy agradable (¡casi nunca tranquila!) y divertida: de repente (yo, que venía de criar a una hija única) me encuentro con que somos cinco para movernos a los sitios, tres peques con quienes gestionar todo: desde los sitios en el coche hasta los cubiertos de colores.

Las conversaciones entre ellos, que llegaron a tener mucho vínculo, llegaban a ser muy graciosas, jugábamos todos juntos pero la gran mayoría de las veces ellos se entretenían y por momentos parecía que no había niños en casa. Aprendieron a llegar a acuerdos, a negociar (aunque, sobre todo al principio, se peleaban bastante).

Recuerdo momentos mágicos de lectura espontánea y en silencio donde mi pareja y yo nos mirábamos locos de amor al ver a nuestras criaturas tan en armonía. Era precioso ver cómo aprendían unos de otros.

¿Cuál ha sido el mayor reto al que os habéis enfrentado como pareja?

Uno de los peores momentos en nuestra relación como padres de peques dentro de una familia enlazada fue cuando yo comencé a sentir y a expresar un cierto «rechazo» hacia hábitos y conductas que llevaban a cabo mi pareja y sus hijos.

De repente me asaltó una especie de instinto irracional «salvador» de mi hija, tendía a posicionarla en todo lo positivo frente a sus hijos (ejemplo: creerla a ella y no a ellos, pensar que ella tenía la razón y no ellos, etcétera). Era una desagradable sensación de miedo irracional, de sentir que todo aquello en lo que había invertido tiempo y energía para darle una buena crianza y educación a mi hija iba a «estropearse» por dinámicas que se estaban dando en casa (costumbres como no recoger la ropa sucia o no tirar de la cadena).

Me sentí la malvada madrastra al expresar mi malestar a mi pareja, pero necesitaba ser honesta para poder superarlo. Pero a él le dolió mucho y a partir de entonces ya nada fue igual. Lo más complicado para mí era ponernos de acuerdo entre los dos sobre las normas de convivencia en la casa, aceptar que éramos muy diferentes en cuanto a hábitos y conseguir que hubiera armonía. Tratamos de resolverlo con muchas conversaciones, pero nos costaba hacerlo sin sentirnos atacados en nuestros modos de criar.

¿Cuáles eran esos miedos que tenías y que ahora consideras insignificantes?

Tuve miedo a que mi hija dejara de ser una niña como hasta ese momento (ordenada, tranquila, alegre, curiosa) y que empezara a ser una niña caótica, desordenada, infeliz.

También tuve miedo de que sintiera o pensara que mi amor hacia ella iba a disminuir si quería bien a sus hermanastros. Sin embargo, pude ver que gracias a sus hermanastros, mi hija pudo crecer, atreverse a hacer cosas nuevas, a probar nuevas formas. También pude ver que, como dice en el cuento, hay amor para todos, y cuanto más amor tenía yo para su padrastro y sus hermanastros, más amor obtenía yo.

Le encantaba cuando le decía que mi amor de Violeta era todo para Violeta y que era de color amarillo, igual que el amor de Pablo era todo para Pablo y que era de color rosa y mi amor de Esther era todo para Esther y era de color azul.

Al final pude ver que ella estaba contenta de tener una madre con tanta capacidad de amar y también tranquila porque todo el amor que yo tenía para darle a ella, estaba puesto enteramente en ella.

También tuve miedo de que le costara querer a mi pareja por tener miedo a traicionar a su padre. Esto fue posible gestionarlo gracias a hablar con su padre, decirle que hablar mal de mi pareja (o permitir que personas de su familia lo hicieran) delante de nuestra hija (algo que no me importaba que hiciera a solas, sin ella) no me hacía daño a mí, sino a lo que más queríamos en el mundo: nuestra peque.

Al mismo tiempo, ella pudo ir estableciendo un bonito vínculo con mi pareja gracias a que él respetaba su ritmo y esperaba a que fuera ella quien, poco a poco en su caso, le fuera abriendo las puertas.

¿Qué fue lo más difícil para ti en vuestro proceso de ser familia enlazada?

Pasar poco tiempo a solas los dos.

Si no estábamos trabajando, estábamos con mi hija; si no estábamos con mi hija, estábamos con los suyos. Con las prisas nos saltamos la «fase de novios», y eso nos pasó factura porque nuestro vínculo y madurez emocional no eran lo suficientemente fuertes para afrontar con energía, motivación y sabiduría todo aquello a lo que nos enfrentaríamos con los peques y, sobre todo, la convivencia.

Lo peor para mí fue sentirme la madrastra mala con sus peques por ponerme nerviosa con sus hábitos: eran niños pequeños que no habían elegido esta situación y a veces sentía rechazo hacia lo que hacían y hacia el modo de educar que tenía su padre y eso me hacía sentir horrible, tenía mucha culpa y fui amargándome cada vez más a pesar de desear con todas mis fuerzas que todo fuera bien.

Me sentía frustrada y torpe por no ser capaz de conseguir una armonía, buscaba como loca consejos y referencias por todas partes, pero había muy poco o nada. Recuerdo cuánto deseé y busqué un libro que estuviera centrado únicamente en las familias de nuestro tipo, pero todo lo que encontraba era referido a «problemas de familias desestructuradas» (con lo que no me sentía en absoluto identificada) o pequeños apartados en algunos libros sobre separaciones. Tener un libro de referencia me habría servido muchísimo.

Si tuvieras que destacar uno o dos aprendizajes después de estos años, ¿cuál sería?

Es imposible elegir solo uno o dos, lo siento. Si mi Yo de ahora pudiera aconsejar a mi Yo de entonces, le diría lo siguiente:

- Ir despacio: si te parece que es despacio, ve más despacio aún.
- Nutrir el vínculo de pareja antes de introducir a los peques: disfruta del tiempo en pareja. Conoceos, gozad de lo que os gusta de vosotros, aceptad lo que os disgusta de vosotros y gestionad lo que os haga sentir mal.
- Hablar menos, conversar mejor: a veces entrábamos en conversaciones farragosas que no nos llevaban a ningún lado, nos habría venido mucho mejor hablar menos pero conversar bien, siendo claros, sinceros, directos pero siempre cuidándonos el uno al otro.
- No hay nada irreversible en la educación: todo es susceptible de ser modificado si se es consciente de lo que se quiere y se busca activamente.
- Las necesidades de los demás y las propias son difíciles de compaginar al principio, hay que dedicarle mucho tiempo, esfuerzo y paciencia.
- No sentirlo como un ataque: trasciende tu necesidad de defenderte porque las personas están buscando vivir tranquilos, no tiene que ver contigo.
- Cada cual hacemos lo que podemos con lo que tenemos: estamos en el mismo barco.

Desde tu punto de vista, ¿cuáles son las tres cuestiones fundamentales o imprescindibles que debe tener en cuenta una pareja que se inicia teniendo uno de los dos o ambos hijos de su relación anterior?

¿Cuál es el proyecto de vida de cada cual? A veces se desea formar una familia enlazada genuinamente, otras lo que se busca es un proyecto de pareja donde las criaturas estén menos presentes.

Creo que es importante que cada cual sea sincero consigo mismo, comparta qué es lo que quiere en el futuro, lleguen a acuerdos y funcione según lo acordado, no según lo que crea que la otra persona quiere.

¿Estoy dispuesta a invertir tiempo y esfuerzo en cuidar una relación con unas criaturas que, como se dice en Andalucía, «son de su padre y de su madre» (en este caso literalmente)? Es decir, tienen caracteres distintos y costumbres diferentes, y tienes que aprender a intervenir en algunos aspectos pero no en otros.

¿Deseas invertir tiempo y energía en solucionar cuestiones complicadas que seguramente surjan? Si no es así, hay que ser sincera y salir, algo lícito, sobre todo porque lo que se va a comenzar es complejo.

¿Qué ha sido o es lo más difícil de tu rol de madrastra o padrastro?

Creo que está comentado arriba.

¿Consideras que el proceso en sí es más fácil o más difícil si ambos aportan hijos de relaciones anteriores?

Actualmente tengo una pareja sin criaturas y, tras haber vivido la experiencia de formar parte de una familia enlazada donde ambos aportamos peques, puedo decir que, en mi opinión, es mucho más sencillo ahora porque hay menos vínculos en juego.

Tampoco tengo que gestionar a los peques de otra persona. Pero, como contrapartida, siento que mi hija no se enriquece tanto como lo hacía al relacionarse con otros peques, sino que sigue la dinámica habitual desde que nació: ser «hija» única.

¿Qué harías de una manera diferente ahora que cuentas con la experiencia y el conocimiento con los que no contabas antes?

Muchísimas cosas: iría mucho más despacio, rebajaría las

expectativas, dedicaría más tiempo a conocernos, a conocerme a mí en familia enlazada, sería más sincera conmigo misma, cuidaría mucho más mi vínculo con los otros peques.

¿Qué le dirías a quien se encuentra en pleno proceso de ser pareja en una familia enlazada?

Bienvenida a esta aventura. Si nadie te prepara para ser madre o padre, y mucho menos para una separación o divorcio, imagínate para crear y formar parte de una familia enlazada.

Vas a pasar por muchísimas emociones, vas a conocer tu mejor y tu peor versión, vas a sentir lo bonito de amar a unas criaturas que no han nacido de ti y vas a tener la oportunidad de vivir en tu piel la esencia humana: amor, protección, ira, frustración, resiliencia... Va a ser una experiencia única en tu vida. Aprovéchala y diviértete conscientemente todo lo que puedas.

Familia 4

Familia de seis miembros. Carlos y Sandra son la pareja y cada uno aporta dos criaturas de entre trece y nueve años.

Conviven desde hace seis años e iniciaron la convivencia algo más de un año después de entablar la relación de pareja.

Carlos te cuenta su experiencia en este molde familiar.

¿Cuál era tu expectativa cuando iniciaste esta andadura y cuál ha sido la realidad con la que te chocaste?

Me entregué a este proceso sin expectativas muy amplias. Sabía de la dificultad de configurar una familia enlazada y los altos índices de separación que hay en estos casos. Así que decidí enfrentar como retos muchas de las dificultades, sobre todo las que tienen que ver con la distribución de tiempos y espacios juntos y separados y las necesidades de intimidad personal de cada uno.

Estoy segura de que has tenido una evolución desde que iniciaste el proceso de familia enlazada hasta ahora, ¿cómo lo describirías?

He crecido mucho, de eso no hay duda. Soy más tolerante y flexible, y me adapto a la incertidumbre con una mirada más amplia. He de decir que no ha sido fácil. Ha conllevado mucha comunicación, aprender a discutir sin herir y a escuchar sin juzgar. Sigo en esa tarea.

¿Cuál ha sido el mayor reto al que os habéis enfrentado como pareja?

Guardar tanto tiempos como espacios de intimidad personal cada uno. Además de amoldar las costumbres de cada uno.

Tampoco ha sido fácil escuchar sin interpretar y destilar claramente los mensajes.

¿Cuáles eran esos miedos que tenías y que ahora consideras insignificantes?

Probablemente los derivados de la convivencia entre hijos. Si se llevarían bien y qué el tipo de relación construirían. Y sobre todo el que no se sintieran desplazados en el amor de su padre. No diría que son insignificantes, pero ha sido mucho más sencillo de lo que parecía, en especial por lo fácil que lo han hecho los cuatro.

¿Qué fue lo más difícil para ti en vuestro proceso de ser familia enlazada?

En primer lugar, derribar mis creencias limitantes en cuanto a ser una familia de categoría inferior. Hoy lo más difícil me parece integrar los deseos y necesidades de cada miembro con el resto. Es un nuevo reto junto con la proximidad de la adolescencia, que posiblemente entrarán a la vez.

Si tuvieras que destacar uno o dos aprendizajes después de todos estos años, ¿cuál sería?

El primero que el amor siempre crece. El segundo que mi familia es perfectamente imperfecta y me encanta así. Hoy no lo cambiaría. Además, me siento muy fuerte junto a mi pareja.

Desde tu punto de vista, ¿cuáles son las tres cuestiones fundamentales o imprescindibles que debe tener en cuenta una pareja que se inicia teniendo uno de los dos o ambos hijos de su relación anterior?

Por un lado, mantener los roles bien identificados y claros. Es decir, yo soy padre de mis hijos pero no de los de mi pareja y con ella sucede igual.

Además, disfrutar del proceso, no esperar un fin en sí mismo.

Finalmente, conviene bajar expectativas para aprender a aceptar lo que la vida tiene.

¿Qué ha sido o es lo más difícil de tu rol de madrastra o padrastro?

Al principio, mantenerme al margen en las cuestiones educativas en las que no correspondía mi papel o intervención.

Después, vincular sin sentir culpa por la comparación con el afecto o la relación con mis propios hijos.

¿Consideras que el proceso en sí es más fácil o más difícil si ambos aportan hijos de relaciones anteriores?

Creo que en gran medida depende más de los miembros

de la pareja que del hecho de que ambos o uno de ellos tengan hijos. En mi caso ha sido mucho más fácil que ambos aportemos hijos. Si bien dificulta mucho más la logística porque hay que tener en cuenta más puntos de vista y posturas, es más sencillo porque tu pareja entiende perfectamente las emociones y situaciones que se comparten desde la maternidad y paternidad, así como los roles de padrastro o madrastra. Esa empatía me parece algo fundamental para compartir.

¿Qué harías diferente ahora que cuentas con la experiencia y el conocimiento con los que no contabas antes?
Sobre el pasado no haría nada diferente, ya que fue necesario para llegar al lugar en el que estoy. Sí que me gustaría a partir de hoy abrirme más a una relación más afectuosa y cercana con los hijos de mi pareja.

¿Qué le dirías a quien se encuentra en pleno proceso de ser pareja en una familia enlazada?
Que se lo piensen bien, porque las relaciones con hijos no deben ser fruto de experimentación o juego. Y una vez tomada esa decisión desde la consciencia, apostar y entregarse plenamente, sin mesura ni temor.

Familia 5

Familia compuesta por la pareja Xavi e Issa y los dos hijos que cada uno aporta: Judit, de diecinueve años, y Oriol, de quince, por un lado; y, por otro, Pere, de dieciocho años, y Martí, de dieciséis. Son familia enlazada desde hace doce años e iniciaron la convivencia por cuestiones económicas a los pocos meses de iniciar la relación de pareja.

Como Xavi e Issa ya eran amigos, los hijos ya se conocían. Es Issa quien te cuenta su experiencia.

¿Cuál era tu expectativa cuando iniciaste esta andadura y cuál ha sido la realidad con la que te chocaste?

Soy maestra y he ejercido como tal durante veinte años. Siempre formada en pedagogías respetuosas y alternativas. Pedagogías que promueven el libre movimiento, la autonomía, el empoderamiento, la cooperación y el respeto.

Mi expectativa era la de creer que podría gestionar, con amor y respeto, la unión y gestión de la «nueva familia». Pero nada más lejos de la realidad.

La realidad ha sido un camino lleno de curvas y altibajos.

Para empezar, no solo hay que tener en cuenta la gestión de la propia familia enlazada, sino, también, la gestión del sistema familiar amplio (es decir, los dos sistemas familiares anexos que siguen existiendo: el tuyo con tu expareja y el de tu pareja con su expareja), y eso no es moco de pavo.

Después debes sumarle tus emociones, que parecen una montaña rusa porque ya no disfrutas de tus hijos e hijas todo el tiempo porque tienes que repartir el tiempo con tu expareja (vacaciones, semanas normales, fiestas importantes).

También está el sostener esa nueva «familia» y su metodología ante todo tu grupo familiar amplio (abuelos, tíos y demás).

Por otro lado, cada persona tiene una forma de entender la educación y, cuando las maneras de educar son diferentes, todavía es más difícil, ya que lo que uno ve como permisividad, el otro lo ve como confianza y autonomía. Esto sucede en muchos aspectos de la crianza en el día a día. Y esto, a veces, puede ser un punto de tensión muy importante con esta nueva pareja.

Estoy segura de que has tenido una evolución desde que iniciaste el proceso de familia enlazada hasta ahora. ¿Cómo lo describirías?

Mi evolución en todo este tiempo ha consistido en observar y aceptar mucho. Aceptar las diferencias, los retos o las variaciones inesperadas.

Para mí fue difícil, y doloroso al mismo tiempo, aceptar que no podía unir a la «nueva familia» y convertirla en una familia extensa llena de amor y buen funcionamiento. Fue duro entender que, aunque nosotros como pareja hubiéramos decidido estar juntos, eso no significaba que fuéramos una «familia» como si no hubiera pasado nada (todavía nos influyen demasiado los modelos antiguos familiares y nos creemos que todas las familias tienen que seguir un mismo patrón). Ha habido una gran labor, por parte de todos, para dejarnos espacios y entendernos.

¿Cuál ha sido el mayor reto al que os habéis enfrentado como pareja?

No pelear por cuestiones de hijos. Hemos tenido que aprender que no podemos opinar sobre todo ni sobre todos, ya que no es lo mismo lo que decides sobre tus hijos que sobre los hijos de tu pareja (que ya tienen otra madre y otra forma de educar con su padre).

¿Cuáles eran esos miedos que tenías y que ahora consideras insignificantes?

Pues creo que el único miedo era ver si empezar una nueva relación se me daría bien... Ja, ja, ja.

¿Qué fue lo más difícil para ti en vuestro proceso de ser familia enlazada?

Parecerá una tontería, pero para mí lo más difícil ha sido la alimentación de nuestros hijos, ya que la alimentación de unos no tiene nada que ver con la de los otros. Y yo, como persona que lleva la mayoría del peso en este tema y me gusta que se coma de forma saludable (mucha fruta y verdura, ecológico), he acabado muy cansada.

Si tuvieras que destacar uno o dos aprendizajes después de todos estos años, ¿cuál sería?

El primero sería no seguir la «normativa cultural» en cuanto a que una familia debe estar unida, es decir, que seamos una familia enlazada no quiere decir que todos nos tengamos que querer igual, ni que tengamos que hacer lo que acostumbra a hacer una «familia convencional».

He llegado a entender que, muchas veces, ha sido mejor hacer actividades cada uno con nuestros hijos de sangre que todos juntos. Porque, al fin y al cabo, siempre he tenido claro cuál era la educación que yo quería tener con mis hijos y cómo quería que fuera nuestra relación, y esos momentos a solas eran momentos perfectos para nuestra conexión más profunda.

Y el segundo ha sido aprender a «dejar ir» lo que no me corresponde como madre. Es decir, en varias ocasiones he querido intervenir en situaciones que mis hijastros tenían con sus padres (según mi propio criterio, por el bien de mis hijastros y desde el amor), pero está claro que yo no soy quién para tomar según qué decisiones.

Así que mi gran aprendizaje ha sido el de mirar, callar y delegar a quien le tocaba decidir. Parece algo obvio, pero no lo es cuando intentas criar de forma más respetuosa y ves que hay situaciones que, bajo mi humilde criterio, para mí no lo han sido.

Desde tu punto de vista, ¿cuáles son las tres cuestiones fundamentales o imprescindibles que debe tener

en cuenta una pareja que se inicia teniendo uno de los dos o ambos hijos de su relación anterior?

La más básica, para mí, es saber diferenciar lo que es la pareja y lo que es la familia con hijos. Y trabajar con honestidad y sinceridad para que no se mezclen los dos tipos de relaciones (porque muchas veces acabas teniendo algún reto con la crianza que se toma como un ataque personal hacia los hijos de uno u otro y, en ese momento, te salen la loba o el lobo que llevas dentro y que hace que nada sea más importante que «defender a tus cachorritos»).

Otra es tener claros los métodos de crianza de cada uno y, si son muy diferentes, marcar qué se va a permitir y qué no hacia el bien común o la educación de cada uno de los hijos.

Y, por último, dejar bien claro dónde van a estar los límites en los que no van a entrar las exparejas. Por ejemplo, acordar qué días se van a disfrutar de vacaciones juntos y que no se van a mover diga lo que diga la expareja. (El tema de los calendarios poco claros genera mucha angustia).

¿Qué ha sido o es lo más difícil de tu rol de madrastra o padrastro?

Intentar ser equitativa cuando los comportamientos de los hijos son tan diferentes.

¿Consideras que el proceso en sí es más fácil o más difícil si ambos aportan hijos de relaciones anteriores?

Yo creo que si los dos aportan hijos es mucho más difícil porque aparecen luchas de poder.

¿Qué harías de una manera diferente ahora que cuentas con la experiencia y el conocimiento con los que no contabas antes?

No compartiría piso tan deprisa. Si se pudiera mantener económicamente, permitiría que cada familia tuviera su espacio y compartieran el momento que a todos les apeteciera.

¿Qué le dirías a quien se encuentra en pleno proceso de ser pareja en una familia enlazada?

Que pensara bien qué es aquello que NO están dispuestos a ceder en la nueva familia y que lo pudieran dialogar tranquilamente desde un inicio. También les diría que hablara siempre mucho sobre las emociones que les generan las situaciones, para poder entenderse mejor y no llegar a acumular malentendidos que pueden debilitar su relación.

Familia 6

Familia de cuatro formada por Fer y Celia y la hija que cada uno aporta, que al inicio de su relación tenían seis y siete años.

Son familia enlazada desde hace siete años e iniciaron la convivencia dos años después de ser pareja.

Es Celia quien te cuenta su experiencia.

¿Cuál era tu expectativa cuando iniciaste esta andadura y cuál ha sido la realidad con la que te chocaste?

Pensé que era más fácil. Lo que me he encontrado que no me esperaba es que es una situación bastante compleja con muchas circunstancias que por distintos lados de la familia y por diferentes razones (logísticas, emocionales o económicas) afectan a la nuestra.

Estoy segura de que has tenido una evolución en ti desde que iniciaste el proceso de familia enlazada hasta ahora. ¿Cómo lo describirías?

Pues empecé con mucha energía, ganas, hasta arriba de hormonas de enamoramiento, haciendo de todo para ser «la madre/pareja/madrastra ideal» y lo que tenía en mi imaginario de «lo que tenía que hacer» para que la familia funcionara.

Poco a poco he ido siendo consciente de cuándo he pasado mis límites, de lo que quiero aceptar y lo que no, de lo que tengo que soltar y de lo que me tengo que trabajar en mi propio desarrollo personal. Está siendo un máster en paciencia, tolerancia y autoconocimiento.

¿Cuál ha sido el mayor reto al que os habéis enfrentado como pareja?

Aprender a vivir con la influencia de las decisiones de otras personas de la familia enlazada. Es decir, aceptar que los vínculos que tenemos afectan a nuestra libertad de elección en pequeñas y grandes decisiones.

¿Cuáles eran esos miedos que tenías y que ahora consideras insignificantes?

No recuerdo tener miedo de manera consciente. Estaba muy ilusionada en los comienzos y con muchas ganas. Supongo que de manera inconsciente tenía miedo de no ser suficientemente buena en todos los roles que asumía como mujer de una familia enlazada.

¿Qué fue lo más difícil para ti en vuestro proceso de ser familia enlazada?

Darme cuenta de que las decisiones de otras personas afectan a mi vida y a mi libertad. Ubicarnos como pareja con tantas cosas externas por atender. Encontrar tiempo para nosotros sin tener en la cabeza todas las circunstancias que nos influyen.

Si tuvieras que destacar uno o dos aprendizajes después de todos estos años, ¿cuál sería?

He aprendido que necesito conocerme y observarme

para saber qué necesidades tengo y buscar por mí misma maneras de cubrirlas. He aprendido a reconocer los límites que no quiero traspasar.

Desde tu punto de vista, ¿cuáles son las tres cuestiones fundamentales o imprescindibles que debe tener en cuenta una pareja que se inicia teniendo uno de los dos o ambos hijos de su relación anterior?

1. Saber de antemano que la situación es compleja y requiere mucha conciencia y trabajo personal.
2. Estar en contacto con proyectos que ayudan a este tipo de familias para aprender de quienes saben más del tema para sentirse arropada cuando hay situaciones difíciles.
3. Aprender sobre el conflicto de lealtad para evitar que los niños lo sufran.
4. Añado una cuarta: hacer el duelo de la anterior relación de forma consciente antes de comenzar una nueva relación, especialmente si hay hijos.

¿Qué ha sido o es lo más difícil de tu rol de madrastra o padrastro?

Encontrar un lugar de equilibrio entre educar de la forma en la que creo y soltar lo que no me corresponde.

¿Consideras que el proceso en sí es más fácil o más difícil si ambos aportan hijos de relaciones anteriores?

Rotundamente es más difícil. Es enriquecedor y una oportunidad para conocerse y crecer como persona, pero sin duda más difícil.

¿Qué harías distinto ahora que cuentas con la experiencia y el conocimiento con los que no contabas antes?

Aprender antes sobre familias enlazadas, poner límites antes de desbordarme, pedir ayuda antes, buscar maneras de comprenderme y expresar mis necesidades de forma respetuosa, atender mis miedos y dificultades acompañada.

¿Qué le dirías a quien se encuentra en pleno proceso de ser pareja en una familia enlazada?

Le diría que sea consciente con antelación de que la situación es compleja. Que aprenda antes de dar pasos importantes (cuándo presentar a los hijos, que preste atención a no generar un conflicto de lealtad), que se acerque a proyectos que ayudan a estas familias, que se comuniquen con la mayor comprensión y empatía posibles.

También le diría que es una oportunidad de conocerse y crecer como persona inmensa, ahora, hace falta paciencia, consciencia, formación y ayuda cuando es necesario.

EPÍLOGO

Hay dos formas de arruinarte la vida: creerte mejor que los demás o creerte peor que los demás.

Formar parte de una familia enlazada pone de manifiesto la trascendencia de dejar de lado las comparaciones, pues en estas siempre vas a salir perdiendo. Incluso cuando parece que sales ganando porque te crees que lo haces mejor, no es así: tarde o temprano esa comparación se vuelve contra ti.

Si miras hacia fuera, que sea para desarrollar la compasión y poner límites cuando sean necesarios, pero nada más. No te midas con otras familias, y mucho menos con lo que sucede en la otra casa.

La clave está en ocuparte de todo lo que sucede de piel para dentro y de lo que ocurre de los muros de vuestra casa hacia dentro.

Ser familia enlazada es un reto inmenso que vale mucho el tiempo, energía y dedicación que se pone cuando hay amor, pues los regalos que ofrece son inmensos.

Recuerdo un día cualquiera en el que veía en Instagram un texto que compartió una compañera a la que sigo y admiro. Ella tiene una gran comunidad en esta red social y contaba una situación muy agradable que había vivido en casa con su nueva pareja y sus hijos.

Le escribí para felicitarla por el camino recorrido hasta llegar ahí. Intercambiamos varios mensajes y comentábamos lo poco que se puede entender desde fuera todo lo bueno que se puede llegar a vivir a partir de una familia enlazada.

Comentábamos las complejidades y sentenciábamos que, pese a estas, lo bueno merecía muchísimo la pena cuando hay amor real, pero que esto difícilmente llega sin ese proceso interno de crecimiento personal, pues de lo contrario es fácil caer en culpabilizar a los demás o a la situación misma, ya que hay muchos agentes a los que poder culpar.

La comparación es la gran enemiga y la paciencia, tolerancia y aceptación las grandes amigas de nuestro molde familiar, y si a estas se le añade unas cuantas dosis de sentido del humor y creatividad, mucho mejor.

Con estos ingredientes, sumado a lo que tanto me he referido que es la autorresponsabilidad emocional y autoconocimiento, solo queda confiar en el poder y la fuerza del amor.

Ya sabemos qué es familia cuando hay vínculo sanguíneo, pero familia va mucho más allá de esta realidad.

La familia es gente que se quiere y gente que se ayuda y apoya en el crecimiento, tome la forma que tome. La familia no es más o menos funcional dependiendo de la forma que tome; sino que es más o menos funcional dependiendo de las corrientes afectivas que haya en el grupo de personas.

Pocos días antes de escribir estas líneas escuché una definición de amor que me gustó mucho y te regalo: amor es el espacio que se genera entre dos personas en el que puedes ser tú mismo y favoreces el crecimiento de la otra persona para que pueda ser él o ella misma también.

Si lográis cultivar vuestra relación basándoos en el respeto a quienes sois, el respeto al ser de los demás será mucho más fácil y orgánico.

Tenemos un gran reto como sociedad, elevar nuestro nivel de consciencia, y eso no se hace desde grandes actos, sino desde lo cotidiano, desde el permitirnos ser en cada momento.

Desde el abrirnos a los aprendizajes que cada situación nos pone por delante trascendiendo lo mundano.

Así, cada vez nos acercaremos más a una vida vivida desde el amor y menos desde el miedo, que es la oportunidad que se nos brinda cada día.

Deseo que te dejes el libro bien cerquita para acudir tantas veces a él como necesites y así seguir construyendo unos muros y una base sólida para vuestra familia.

Os merecéis una vida próspera llena de amor.

¡Gozadla!

AGRADECIMIENTOS

Gracias a todas y cada una de las personas que han confiado en Creada para que las acompañemos en su proceso de enlazar su familia, pues de ellas aprendo mucho. Gracias por vuestra confianza y apertura de corazón desde el primer día.

Gracias a cada persona y pareja que me ha regalado su tiempo y testimonio para mostrar la realidad interna de su familia enlazada. Sus tropiezos, sus aciertos, sus miedos… Gracias por decirme que sí, aun aquellas que no me conocíais antes de haceros llegar mi atrevida propuesta.

Gracias a todo el equipo que hay detrás de Creada y que de una manera más o menos consciente, ha hecho posible que yo pueda retirarme para darle forma a este libro.

Gracias a Sara, Carmen, Maribel, Anabel, Claudia, María y Susana por vuestro cariño, apoyo y confianza y por compartir valores y uniros a servir a un bien superior.

Y por supuesto, gracias a Sergio, Jess, Pau, John y a todo el equipo de DespegUP, que os habéis convertido en un pilar fundamental para hacer llegar el mensaje lo más lejos posible y así ayudar a más personas.

Gracias a mis amistades, esas que me sostienen cuando lo necesito y cuando no. Tener amigas que saben verte de forma completa es un regalo, personas con las que conectar desde lo más profundo es un privilegio del que gozo, así que gracias Rocío, Isra, Elisa y Mateo, gracias de todo corazón.

Gracias a quien considero mi hada madrina y mi campanilla, a Eva Sandoval y Rafilla. Gracias por recordarme mi grandeza y poder y ayudarme a seguir soñando con la cabeza en las nubes y los pies en la tierra.

Gracias a mi familia de origen, a mi madre, mi padre y a mis hermanos, Emilio y J. Silverio, gracias por vuestro apoyo, respeto y miradas de admiración.

Y por supuesto gracias a las mejores cuñadas que se pueden tener: María y Claudia, que os quiero un montón.

Gracias a mi familia extensa, tan extensa, que tanto disfruto cuando nos juntamos, los Silverio, especialmente a mi abuela Rocío, por regalarme esa mirada de admiración y amor felicitándome por cada paso que doy. Gracias, abuela.

Gracias a mis hijos Unai y Nahuel y a Carmen y Pablo. Gracias por vuestras miradas, por vuestra escucha, por vuestro aliento, por vuestra paciencia y por enseñarme tanto, sobre todo a ser mejor persona, mejor madre y mejor madrastra.

Y por supuesto gracias a Migue, gracias porque no sabía que el amor pudiera ser tan libre y a tu lado lo he descubierto.

Gracias por ser el soplido que muchas veces necesito para atreverme.

Por confiar en mí antes de hacerlo yo y así ser aliento y el lugar al que agarrarme cuando pierdo la confianza en mí.

Este libro no habría sido lo mismo sin tu soplido, así que gracias.

Gracias por saber cuándo dar un paso atrás y además hacerlo mientras me sonríes con el rostro y corazón y me haces saber que todo está bien.

Gracias por verme completa y abrazarme con mi luz y mi sombra.

Gracias por amarme y por elegirme cada día.

Y termino con quien comencé estas páginas:

Gracias a la niña que fui por soñar con la luna, pues los sueños se cumplen cuando somos capaces de levantarnos tras la adversidad y tú te hiciste experta en ello, por eso he podido llegar hasta aquí. Infinitas gracias, pequeña.

Gracias, abuela Carmen, por amarme incondicionalmente. Por ser ese lugar seguro al que sabía que siempre podría acudir, pues pasara lo que pasara me seguirías amando. Tu amor me dio la resiliencia que me enseñó a levantarme una y otra vez.

Gracias, abuelo Silverio, por ser un ejemplo de vida. Gracias por regalarme tu valentía y perseverancia. Gracias por tu bondad, generosidad y honestidad.